事业单位会计与核算研究

范 敏 著

吉林科学技术出版社

图书在版编目（CIP）数据

事业单位会计与核算研究 / 范敏著. -- 长春 : 吉林科学技术出版社, 2024.5

ISBN 978-7-5744-1395-5

Ⅰ. ①事… Ⅱ. ①范… Ⅲ. ①行政事业单位—单位预算会计—成本计算 Ⅳ. ①F810.6

中国国家版本馆 CIP 数据核字 (2024) 第 101880 号

事业单位会计与核算研究

著　　范　敏
出 版 人　宛　霞
责任编辑　靳雅帅
封面设计　树人教育
制　　版　树人教育
幅面尺寸　185mm×260mm
开　　本　16
字　　数　310 千字
印　　张　14
印　　数　1~1500 册
版　　次　2024 年 5 月第 1 版
印　　次　2024 年10月第 1 次印刷

出　　版　吉林科学技术出版社
发　　行　吉林科学技术出版社
地　　址　长春市福祉大路5788 号出版大厦A 座
邮　　编　130118
发行部电话/传真　0431-81629529 81629530 81629531
81629532 81629533 81629534
储运部电话　0431-86059116
编辑部电话　0431-81629510
印　　刷　廊坊市印艺阁数字科技有限公司

书　　号　ISBN 978-7-5744-1395-5
定　　价　85.00元

前　言

新中国成立后，我国预算会计制度随着不同时期经济体制的改革经历了几次重大变革。《事业单位会计准则》、《事业单位财务规则》和《事业单位会计制度》的颁布和实施，给我国传统的预算会计实务处理方法带来了巨大的变化。随着我国经济的持续发展，原有的会计制度已经不能满足社会发展的需要，会计制度改革势在必行。随着新的经济业务的不断产生，会计教育者也面临一个新的问题：如何培养应用型、学习型的会计人才，即培养的学生既能对当前的企业会计业务进行核算，又能与时俱进地学习新的制度和要求，掌握新业务的核算知识，促进事业单位管理水平的提高。事业单位作为提供公共服务的主体，其会计与核算工作的重要性日益凸显。为了规范事业单位的财务管理，提高资金使用效益，加强对事业单位会计与核算的研究显得尤为重要。

本书不仅有助于完善事业单位会计与核算的理论体系，提高财务管理水平，还有利于推动事业单位的改革与发展。本书既可以为政策制定者提供决策依据，又可以为事业单位财务管理人员提供实践指导，还可以为学术界开展相关研究提供参考。此外，本书还又可以有助于提高事业单位的社会公信力和服务水平，促进公共资源的合理配置和社会经济的可持续发展。

在本书编写过程中，为了传承会计理论与实务研究成果，我们参考、吸收了相关专著、教材和论文中的观点和资料。在此，谨向这些文献资料的出版单位和作者表示衷心的感谢！由于撰写时间仓促，笔者水平有限，书中难免存在不足，恳请广大读者和专家赐教指正！

目 录

第一章　会计核基础知识总述

第一节　会计理论的定位与作用

一、会计理论的定位

财务会计理论是从会计实践中产生的，在历史的变迁中不断演化形成了现代财务会计的理论框架。研究财务会计理论对于理解今天的财务会计实务以及预测未来都具有重要的意义。

《韦氏新国际辞典》对“理论”的定义，是：“一套紧密相连的假定性的、概念性的和实用性的原理的整体，构成了对所要探索领域的可供参考的一般框架”。

我国《辞海》对“理论”的释义是：“概念、原理的体系，是系统化了的理性认识。”从学术研究的角度看，“理论”是实践中概括出来的关于自然和社会知识的科学且系统的结论。

对自然科学而言，“理论”往往体现为定理、推论或命题，而且随着实验者进行实验结果的不同而不断发展和完善，最终达到约束条件下的“广泛可接受性”，所以自然科学的理论较为精确，获得了“硬科学”的赞誉。而对社会科学来说，“理论”的普遍认可度大大降低，根本原因是社会科学领域的理论难以直接进行检验。以经济学为例，有主流经济学与非主流经济学之分。就管理学而言，所谓理论往往来自一些个案的经验，有时难以取得共识，众说纷纭。作为经济学和管理学的下游，会计学领域的会计理论同样具有多样化的特征。

关于会计理论的概念，不同的会计学者和组织有着不同的解释。

1966 年，美国会计学会在发表的《基本会计理论说明书》中将会计理论定义为：“前后一致的假定性的、概念性的和实用性的原理的整体，构成对所要探索领域的可供参考的一般框架。”与此同时，提出了会计理论研究的四项目的：

（1）确定会计的范围，以便定义会计的概念，并有可能发展会计理论；

（2）建立会计准则来判断、评价框架信息；

（3）指明会计实务中有可能改进的某些方面；

（4）为会计研究人员寻求扩大会计应用范围以及由于社会发展的需要扩展会计学科的范围，提供一个有用的基本框架。

这一定义，强调了会计理论的构成内容及其体系问题。

英国会计学教授麦克·哈卫和弗莱德·克尔在合著的《财务会计理论与准则》中指出："会计理论可以定义为：一套前后一贯的概念性、假设性和实用性主张，用于解释和指导会计师确认、计量和传输经济信息的行为。"

美国会计学家莫斯特在其《会计理论》中描述："理论是对一系列现象的规则和原则的系统描述，它可视为组织概念、解释现象和预测行为的框架。会计理论由对来自会计实务的原则和方法程序的系统描述组成。"

1977 年，美国会计学家亨德里克森在《会计理论》（1992）中指出："会计理论可以定义为一套逻辑严密的原则，它：（1）使实务工作者、投资人、经理和学生更好地了解当前的会计实务；（2）提供评估当前会计实务的概念框架；（3）指导新的实务和程序的建立。会计理论可用来说明现行实务，以获得对它们的最好理解。"这里强调的是，会计理论的表现形式是会计原则。

1986 年，瓦茨和齐默尔曼在《实证会计理论》中，从实证会计研究方法的认识角度，对会计理论做了如下解释："会计理论的目标是解释和预测会计实务""解释是指为观察到的实务提供理由""预测是指会计理论应能够预计未观察到的会计现象""包括那些已经发生但尚未搜集到系统证据的现象"。他们倡导的理论研究限于对"是什么"和"将会是什么"的解释，较少涉及"应当如何"的逻辑演绎领域。

2000 年，艾哈迈德·里亚希 - 贝克奥伊在《会计理论》中提出，理论可以被定义为"以解释和预测会计现象为目标，通过辨别变量之间关系来系统反映现象的系统观点的一套相互联系的概念、定义、命题"。这一观点与亨德里克森的观点极为相似，也是主要强调会计理论的构成内容，即认为"会计理论"应当是一套系统的原则或者互为关联的概念、定义所构成的体系。

2004 年，亨利·沃尔克等在《会计理论》（第六版）中指出，会计理论可被定义为"用于起草会计准则的基本规则、定义、原则和概念，以及它们的由来。站在实用主义的角度，会计理论的目的在于改进财务会计和财务报告"。这一观点是对会计理论功能的直接表述。

美国财务会计准则委员会（FASB）指出，财务会计概念框架（Conceptual Framework of Framework of Financial Accounting，简称 CF），是由相互关联的目标和基本概念所组成的逻辑一致的体系，这些目标和基本概念可用来引导首尾一贯的准则，并对财务报告的性质、作用和局限性做出规定。财务会计概念框架，实际上就是对财务会计基本理论的一种特定表述。现在大多数人认为，会计理论主要是指财务会计概念框架，它主要包括会计目标、会计假设、会计概念和会计准则，是一个旨在探索会计本质的总体性参考框架。

葛家澍（1996）在其著作《市场经济下会计基本理论与方法研究》中指出，财务会计理论是来自财务会计实务，高于会计实务，反过来又可以指导会计实务的一套规范性的概念框架。它的任务在于解释、预测并指导财务会计实务。需要说明的是，会计理论范围有广义和狭义之分，广义的会计理论包括财务会计理论、管理会计理论和审计理论，本书研究的是狭义的财务会计理论。

研究会计理论就要科学地界定会计的概念，合理地确定会计的范围，以进一步发展会计理论，指导会计实践，并不断改进会计实务，为会计信息使用者提供信息，为会计研究人员扩大会计应用范围提供有用的框架。

二、会计理论的功能

由于理论是对现实的抽象和简化，而现实世界错综复杂且日新月异，因此完美无缺的会计理论实际上是不存在的。人们对会计理论加以选择的一个重要标准就是会计理论所能解释和预测会计实务的范围及其对使用者的改进。

对会计理论的作用或功能的认识，有两种不同的观点，其中规范会计研究者认为会计理论的作用在于解释、预测和指导会计实务；而实证研究者认为理论的作用仅限于解释和预测。

规范研究学派的观点可以从美国会计学会对会计理论研究的目的中发现：

（1）确定会计的范围，以便定义会计的概念，并有可能发展会计理论；

（2）建立会计准则来判断、评价会计信息；

（3）指明会计实务中有可能改进的某些方面；

（4）为会计研究人员寻求扩大会计应用范围以及由于社会发展的需要扩展会计学科的范围，提供一个有用的框架。

实证研究对会计理论的认识，在瓦茨和齐默尔曼所著的《会计理论的供求：一个借口市场》中集中体现为三个方面：

（1）教学需要。通常不同的会计政策会产生不同的经济后果，为了降低企业的代理成本，需要设计不同的会计政策和会计程序，但是，程序的多样化会导致技术、格式上的不一致，增加教学难度，因此理论工作者往往从评价和检查现存的会计系统中总结不同程序的相似性和差别来发展会计理论。

（2）信息需要。会计理论的作用不限于对会计实务的解释和描述，还包括预测会计程序对不同利益相关者的影响。例如，在审计契约中，注册会计师往往需要会计理论对不同的会计程序可能导致的代理成本、审计风险以及诉讼可能性进行评估。

（3）辩解需要。按照代理理论，委托方和代理方的目标函数往往并不一致，前者以追求利润为首要目的，而后者除了希望公司货币收益最大化，还希望有较多的闲暇舒适的环境、带薪休假，甚至缔造个人的经理帝国。所以不能排除代理方存在牺牲委托方的利益来追求个人利益的行为。会计理论的存在，可以使审计人员充分了解企业管理当局操纵盈余的经济后果，提升审计人员的业务技能，也可使审计人员有充足的理由去抵制管理当局的盈余操纵行为。

概括地说，西方会计学者普遍认为会计理论的作用主要包括两个方面：一是解释现存的会计实务；二是预测或指导未来的会计实务。或者说，建立会计理论的意图是对现行的惯例进行论证和批判，而会计理论形成的主要动力来自必须对会计所做或期望要做之事提供证据。然而，会计理论又要接受会计实务的验证，所以，美国会计学家贝克奥伊认为："某种给定的会计理论应能解释和预测会计现象，但当这些会计现象出现时，它们又反过来验证理论。"美国会计学家亨利·沃尔克强调，理论的作用主要在于解释和预测不同事物或现象之间的关系。他认为，会计理论对会计实务的作用主要是通过会计理论对于会计政策选择（准则制定）的影响而得以实现。

国内学者魏明海总结了会计理论的三种基本功能。

（1）信息传递和经验总结功能。作为会计理论，包含关于现实存在会计实务的信息知识和对该项实务活动的描述，起信息搜集传播和经验归纳总结的效用。

（2）解释和评价功能。为什么现存的会计实务会被采用？它是如何产生的？实效如何？这些问题都可借助会计理论给予回答。所谓"解释"是指会计理论为现存的会计实务说明其理由。这是会计理论指导会计实务作用的具体体现。人们之所以研究会计理论，一个重要方面就是要对现存的会计实务做出合理的解释，以说明对某项交易之所以采用这种方法和程序，而不采用其他方法和程序的理由，从而为现存会计实务提供理论依据。

（3）预见和实践功能。会计理论不只是解释会计实务在一定时期内如何进行。产生何种作用，还要预见会计实务中将要产生的新现象和新问题，并预测会计实务的发展趋势和前景。所谓"预见"是指会计理论能对未来可能发生的新的会计实务进行预测或指导，对会计人员期望所做之事提供理论依据。在众多尚未制定出会计规范的领域中，利用会计理论的指导制定会计准则和制度在内的各种规范，以解决实务中的新问题。

我国目前正处在向市场经济转型的关键时期，会计理论面临新的发展机遇，会计理论研究空前活跃，会计改革涌现出来的新情况、新问题，迫切需要会计理论适时做出科学的解释与指导。制定适合中国市场经济特色的会计法规、会计政策、会计准则，也需要会计理论研究作为坚强的后盾。因此，我国会计理论研究，除了发挥信息需要、教学需要和政策支持功能外，还应积极吸收发达国家的先进会计理念、会计理论和会计方法，为我国会计改革服务，促进我国的经济发展和经济体制进一步完善。

三、会计要素

（一）会计要素的概念

会计工作的对象是资金运动，而资金运动所牵涉的具体内容不但十分广泛，而且性质与作用相差也很大。为了有条理地对会计的对象进行核算与监督，就必须按经济内容的特点对会计对象进行分类，以便在会计工作中根据不同的类别进行确认、计量、记录和报告。会计要素就是会计对象的最基本分类，也是会计对象的具体化。会计要素是设置会计科目的基本依据，也是会计报表的根本要素。我国《企业会计制度》将会计要素分为六类：资产、负债、所有者权益、收入、费用和利润。在这六类会计要素中，根据各会计要素的变动与否，又可将其分为动态会计要素和静态会计要素。其中，收入、费用和利润属于动态会计要素，而资产、负债和所有者权益属于静态会计要素。

将会计的对象分解成若干个会计要素，是对会计内容的第一步分类。其作用有如下三个方面：

（1）会计要素分类能够分类提供会计数据和会计信息，这就使得利用会计信息进行投资和经营决策、加强经济管理变得切实可行。

（2）会计要素分类使会计确认和计量有了具体的对象，为分类核算提供了基础。

（3）会计要素为会计报表搭建了基本框架，根据会计要素组成的会计报表可以很好地反映各个会计要素的基本数据，并科学地反映各会计要素之间的关系，从而为相关方面提供更有价值的经济信息。

（二）会计要素的内容

1. 资产

资产，是指过去的交易、事项形成的并且由企业拥有或者控制的资源，该资源预期能给企业带来经济利益。

一家企业要从事生产经营活动，必须具备一定数量的物质条件。在市场经济条件下，这些物质条件可以表现为货币资金、房屋场地、原材料、机器设备等，也可以是不具有实物形态的各种款项，如以债权形态出现的各种应收款项，还可以是以特殊权利形态出现的专利权、商标权等无形资产，以上这些物质条件统称为资产。资产是企业从事生产经营活动的物质基础。根据资产的定义，不难发现资产具有以下特点：

（1）资产是由企业过去的交易、事项所形成的。也就是说，资产一定是现时的资产，而不能是预期的资产。只有过去发生的交易或事项的结果才能增加或减少企业的资产，未来的、还未发生的或尚处于计划中的事项的可能后果不能确认为资产。比如，某企业在某年的1月份与另一企业签订了一项购买设备的合同，实际购入设备的时间在3月份，则该企业不能在1月份将该设备确认为自己的资产，因为交易并没有完成。

（2）资产应为企业拥有或控制的资源，拥有或控制的企业享有某项资源的所有权，或者虽然不享有某项资源的所有权，但该资源能被企业所控制。享有某项资源的所有权是指企业有权占有此项资源，完全可以按照自己的意愿使用或处置该资源并享有使用或处置该资源所带来的经济利益，其他单位或个人未经企业许可不得擅自使用。被企业所控制是指企业对某些资产虽不拥有所有权，但能够按照自己的意愿使用该资源并享有使用该资源所带来的经济利益。按照实质重于形式的原则，假如企业能够控制某项资源，则该资源也应确认为企业的资产，如融资租入固定资产。

（3）资产预期会给企业带来经济利益，是指资产直接或间接导致现金或现金等价物流入企业的潜力。这种潜力可能来自企业日常的生产经营活动，也可能是非日常的生产经营活动；带来的经济利益可以是现金或现金等价物的形式，也可以是转化为现金或现金等价物的形式，还可以是减少现金或现金等价物流出的形式。

资产预期是否会为企业带来经济利益是资产的重要特征。比如，企业采购的原材料在生产经营过程用于产品生产，产品对外出售后收回货款，货款就是企业所获得的经济利益。假如某一项目预期不能给企业带来经济利益，那么这一项目就不能确认为企业的资产。前期已经确认为资产的项目，假如不能再为企业带来经济利益，那么也不能再确认为企业的资产。

会计人员在具体核算和反映资产时是分类进行的，会计信息的使用者在分析企业资产及其他财务状况时也需要按照一定的标准对资产进行分类。总体来说，资产分类的目的如下：

（1）便于管理当局对企业进行有效的管理；

（2）便于财务报表使用者更好地了解企业及其经营状况；

（3）向财务报表使用者提供有关变现能力的信息；

（4）完整地描述企业的经营活动；

（5）有助于更好地理解财务报表信息。

按照不同的标准，资产有不同的分类，这里主要根据资产的流动性对其进行分类。资产按其流动性可分为流动资产、长期投资、固定资产、无形资产和其他资产。

（1）流动资产。流动资产是指可以在一年或者超过一年的一个营业周期内变现或者耗用的资产，主要包括现金及各种存款、短期投资、应收及预付款项、存货等。现金及各种存款，包括库存现金以及在银行和其他金融机构的存款。现金和各种存款处于货币形态，所以又称货币资产。短期投资是指各种能够随时变现并且持有时间不准备超过一年的投资。应收及预付款项包括应收票据、应收账款、其他应收款、预付账款等。存货是指企业在日常活动中持有以备出售的产成品或商品、处在生产过程中的在产品、在生产过程或提供劳务过程中耗用的材料和物料等。

（2）长期投资。长期投资是指除短期投资以外的投资，包括持有时间准备超过一年（不含一年）的各种股权性质的投资、不能变现的或不准备随时变现的债券投资及其他股权投资。例如，股票、债券以及其他企业联营的投资，它们只有在收回投资时才可以变为现金。

（3）固定资产。固定资产是指使用期限超过一年的房屋、建筑物、机器、机械、运输工具，以及其他与生产、经营有关的设备、器具、工具等。

（4）无形资产。无形资产是指企业为生产商品或者提供劳务、出租给他人或为管理目的而持有的、没有实物形态的非货币性长期资产，如专利权、非专利技术、商标权、著作权、土地使用权、商誉等。

（5）其他资产。其他资产是指除流动资产、长期投资、固定资产、无形资产以外的其他资产，如长期待摊费用。

2. 负债

负债，是指过去的交易、事项形成的现时义务，履行该义务预期会导致经济利益流出企业。负债表示企业的债权人对企业资产的部分权益，即债权人权益。它具有以下特征：

（1）负债是指由于过去的交易或事项而使企业现时承担的对其他经济实体的经济责任和义务，只有企业承担经济义务或事项确实发生时才给予确认。比如，企业从银行借入资金，就具有还本付息的义务；从供应商赊购材料或商品的同时，应对其负有偿还货款的义务。对于还没有履行的合同或者是在将来才发生的交易意向，则并不构成企业当前的负债。比如，企业与供应商签订的购货合同（或订单），约定在3个月后进行交易，这仅仅是未来交易的意向，并不能作为企业的负债。

（2）负债是预期会导致经济利益流出企业的现时义务，负债不能够无条件地取消。不管是哪种原因产生的负债，企业在偿还负债时都将使企业经济利益流出企业。在履行现时义务清偿负债时，导致经济利益流出企业的形式有很多种，可以是用现金偿还或用实物资产形式清偿，还可以是举借新债偿还旧债；可以用提供劳务的形式偿还，还可以将债务转为资本等。

总之，负债是企业的一项现时义务，必须在未来某一特定时日以牺牲自己的经济利益作为代价偿还，而偿还的对象和金额是可以确认的，也是可以合理估计的。

企业的负债按其流动性，可以分为流动负债和长期负债。

（1）流动负债。流动负债是指将在一年（含一年）或者超过一年的一个营业周期内偿还的债务，包括短期借款、应付票据、应付账款、应付职工薪酬、应交税费、应付利润、其他应付款等。

短期借款是指企业从银行等金融机构和其他单位借入的期限在一年以内的各种借款。

应付票据是指由出票人出票，并由承兑人允诺在一定时期内支付一定款项的书面证明，包括银行承兑汇票和商业承兑汇票。

应付账款是指企业在生产经营过程中因购买商品或接受劳务而发生的债务。

应付职工薪酬是指企业为获得职工提供的服务而给予的各种形式的报酬以及其他相关支出。

应交税费是指企业应当上交给国家财政的各种税费。

应付利润是指企业应付而尚未支付给投资者的利润或股利。

（2）长期负债。长期负债又称非流动负债，是指偿还期限在一年以上或者超过一年的一个营业周期以上的债务，包括长期借款、应付债券、长期应付款等。

长期借款是指企业从银行或其他金融机构借入的期限在一年以上（不含一年）的各项借款。

应付债券是指企业通过发行债券，从社会上筹集资金而发生的债务。

长期应付款是指企业除长期借款和应付债券以外的其他各种长期负债，包括应付融资租入固定资产的租赁费、以分期付款方式购入固定资产等发生的应付款项等。

3. 所有者权益

所有者权益是指所有者在企业资产中享有的经济利益，其金额为资产减去负债后的余额。

所有者权益在股份制公司中被称为股东权益，在独资企业中被称为业主权益。它具有以下特征：

（1）所有者权益是企业的投资人对企业净资产的要求权，这种要求权是受企业资产总额和负债总额变动的影响而增减变动的。

（2）投资者的原始投资行为采取的无论是货币形式还是实物形式，所有者权益与企业的具体资产项目并没有直接的对应关系，所有者权益只是在整体上、抽象意义上与企业资产保持数量上的关系。

（3）权益的所有者凭借所有者权益能够参与企业的生产经营管理，并参加利润的分配，同时承担企业的经营风险。

所有者权益包括实收资本（或者股本）、资本公积、盈余公积和未分配利润等。

实收资本是指投资者按照企业的章程或合同、协议的约定，实际投入企业的资本，包括国家投入资本、法人投入资本、个人投入资本和外商投入资本等。

资本公积是指由所有者共有的、非收益转化而形成的资本，主要包括资本溢价或股本溢价、资产评估增值、接受捐赠的资产价值等。

盈余公积是指按照国家有关规定从税后利润中提取的积累资金，主要包括法定盈余公积和任意盈余公积等。

未分配利润是指企业留待以后年度分配的利润或待分配利润。

4. 收入

收入是指企业在销售商品、提供劳务及让渡资产使用权等日常活动中所形成的经济利益的总流入，包括主营业务收入和其他业务收入。收入不包括为第三方或者客户代收的款项。此处的收入主要是指企业在连续不断的生产经营活动过程中通过交易而产生的收入，所有不对外的销售商品、提供劳务服务等非交易活动不产生收入。换言之，企业只有在对外发生交易的过程中，才能使经济利益流入企业，也才能产生收入。

由收入的定义可知收入具有以下特征：

（1）收入是企业在日常交易活动中形成的经济利益流入

日常交易活动，是指企业为完成其经营目标而从事的所有活动以及与其相关的其他活动，如企业销售商品、提供服务或劳务等活动。日常交易活动取得的收入，是指企业在销售商品、提供劳务等主营业务活动中获得的收入，以及因他人使用本单位资产而取得的让渡资产使用权的收入。

（2）收入会导致企业所有者权益的增加

与收入相关的经济利益的流入会导致所有者权益的增加，不会导致所有者权益增加的经济利益的流入不符合收入的定义，不能确认为收入。比如，企业向银行借入款项，虽然导致了企业经济利益的流入，但是该流入并不导致所有者权益的增加，反而使企业承担了一项现时义务，因此，企业对于因借入款项所导致的经济利益的增加，不应当确认为收入，而应当确认为一项负债。

（3）收入只包括本企业经济利益的流入

收入只包括本企业经济利益的流入，不包括为客户或第三方代收的款项和从偶发的交易或事项中产生的经济利益的流入。代收的款项一方面增加了企业的资产，另一方面增加了企业的负债，因此，不属于本企业的经济利益，不能作为企业的收入。偶发的交易或事项产生的经济利益的流入属于非日常活动所形成的利润，不符合收入的定义，也不能确认为企业的收入。

企业收入按照性质的不同可分为商品销售收入、劳务收入和让渡资产使用权等取得的收入；按照日常经营活动在企业所处的地位，收入可分为主营业务收入和其他业务收入。

5. 费用

费用是指企业为销售商品、提供劳务等日常活动所发生的经济利益的流出。成本是指企业为生产产品、提供劳务而发生的各种耗费。企业应合理划分期间费用和成本的界,：期间费用应当直接计入当期的损益；成本应当计入所生产的产品、提供劳务的成本。

按照费用的定义，经分析可知费用具有以下特征。

（1）费用是企业在日常活动中发生的经济利益流出

在日常活动中发生的经济利益流出，是指企业为取得收入而发生的所有活动以及与之相关的其他活动产生的经济利益流出，如物资采购过程中发生的采购费用，为生产商品所消耗的直接材料费、直接人工费和制造费用，商品销售过程中发生的销售成本以及销售费用，为管理和组织生产发生的管理费用，因使用其他单位资产而支付的租赁费、财务费用等。有些交易或事项虽然能使经济利益流出企业，如对外捐赠、存货盘亏、固定资产报废损失等，但因其不属于企业在日常活动中发生的，故不属于费用而属于支出或者损失。

（2）费用会引起所有者权益的减少

按照费用与收入的关系，费用可以分为营业成本和期间费用。

营业成本是指销售商品、提供劳务或销售材料等业务活动中所发生的成本。营业成本按照其与主营业务收入和其他业务收入的关系，可以分为主营业务成本和其他业务支出（也称其他业务成本）。主营业务成本是指企业在销售商品和提供劳务等日常活动中发生的成本。其他业务支出是指除主营业务成本以外的其他销售或其他业务所发生的支出和相关费用等。根据配比性原则，发生的营业成本必须与其对应的收入项目在同一会计期间确认。

期间费用包括销售费用、管理费用和财务费用。销售费用是指企业在销售商品过程中发生的费用，管理费用是指企业为组织和管理企业生产经营所发生的各种费用，财务费用是指企业为筹集生产经营所需资金等而发生的费用。

6. 利润

利润是指企业在一定会计期间内实现的全部收入和利得减去全部费用和损失后的差额。利润是企业在一定会计期间的经营成果，包括利润总额、营业利润和净利润。影响企业利润的因素有营业活动和非营业活动，其中营业活动是主要因素。利润不仅是企业经营的目的和动力，也是考核和比较企业经济效益高低的一个重要经济指标。

利润总额是指营业利润加上补贴收入、营业外收入，减去营业外支出后的金额。

营业利润是指主营业务收入减去主营业务成本和税金及附加，加上其他业务利润，减去销售费用、管理费用和财务费用后的金额。

净利润是指利润总额减去所得税费用后的金额。

四、会计的职能

会计的职能，是指会计在经济管理中所具有的功能，也就是人们在经济管理工作中能用会计做什么。马克思认为："过程越是按社会的规模进行，越是失去纯粹个人的性质，作为对过程的控制和观念总结的簿记就越是必要"。我国会计界普遍认为，马克思在这里所说的"簿记"指的就是会计，"过程"指的是再生产过程，"观念总结"则是用观念上的货币（是价值尺度而不是实际货币）对各单位的经济活动情况进行综合的数量核算（或反映），而"控制"则是按照一定的目的和要求，对单位的经济活动进行控制并使其达到预期目标，也就是监督。因此我们认为，核算和监督是会计最主要的两项职能。

（一）会计的核算职能

会计的核算职能是指会计能以货币为计量单位，综合反映企事业单位的经济活动，为其经营管理提供会计信息。核算职能也称反映职能，是会计最基本的职能，更是会计发挥其他职能的基础。日常会计工作中经常提到的记账、算账、报账，就是会计核算职能的具体体现。

记账，就是运用一定的记账方法，将一个企事业单位所发生的全部经济业务在账簿上予以记载。算账，就是在记账的基础上，计算企业在生产经营过程中的资产、负债、所有者权益、成本和经营成果，或是计算行政事业单位预算资金的收入、支出和结余情况。报账，就是在记账、算账的基础上，将企业的财务状况、经营成果或事业单位的资金收支情况，通过会计报表向企事业单位内外部的有关各方通报。

一般来说，会计的核算职能具有以下两个方面的特点。

（1）会计主要是利用货币计量对经济活动的数量方面予以反映的。在反映经济活动时，会计一般会采取实物、劳动和货币这三种量度。在商品经济条件下，作为价值尺度，货币可以综合计算劳动的耗费、生产资料的占有、收入的实现等，综合反映经济活动的过程和结果，所以会计主要是以货币为计量单位，从数量上去反映经济活动。

（2）会计对经济活动所作的反映是连续的、系统的、完整的。要反映经济活动的整个过程，会计反映所提供的数据资料就不能只是简单的记录，而要对初始资料进行分类、分析和汇总，将其转换成有条理且成系统的会计信息，而非杂乱无章、支离破碎的会计信息。需要注意的是，会计反映的内容一定要完整，不能有丝毫遗漏。

（二）会计的监督职能

会计的监督职能是指会计按照一定的目的和要求，利用会计核算所提供的经济信息，控制企事业单位的经济活动，使其达到预期目标。会计的监督职能具有以下特点。

1. 单位内部会计监督、社会监督和国家监督共同构成了会计监督体系

单位内部会计监督是一个企业为了保护其资产的安全完整，保证它的经营活动符合国家法律、法规和内部规章制度要求，提高经营管理效率，防止舞弊，控制风险等目的，在企业内部采取的一系列相互联系、相互制约的制度和方法。会计的社会监督主要是由社会中介机构，如会计师事务所的注册会计师依法对受托单位的经济活动进行审计，并据实做出客观评价的一种监督形式，是一种外部监督。会计的国家监督是指政府有关部门依据法律、行政法规的规定和部门职责权限，对有关单位的会计行为、会计资料所进行的监督检查。单位内部会计监督、有关部门对单位实施的国家监督以及由注册会计师承办的社会审计监督，组成了“三位一体”的会计监督体系。它们之间相互依存，共同为社会经济服务。

2. 会计监督是以国家法律、行政法规和国家统一会计制度为依据的

为了促进有序竞争和有效配置资源，打击违法行为，规范会计工作，保证会计资料正确、可靠，为投资者、债权人、社会公众以及政府宏观调控部门提供真实、准确的会计资料，为了维护社会经济秩序，会计监督必须以国家法律、行政法规和国家统一会计制度为依据。

3. 会计监督主要是利用会计核算所提供的各种价值指标所进行的货币监督

会计主要是通过提供单位一系列经济活动的经济指标，综合核算经济活动的过程和结果，如资产、负债、所有者权益、收入、成本费用、利润以及偿债能力、获利能力、营运能力等指标。会计监督就是根据这些价值指标而进行的。由于价值量指标具有综合性，所以利用价值指标进行监督，不仅可以比较全面地考核和控制各单位的经济活动，而且可以经常并且及时地对经济活动进行指导和调节。

会计监督不仅利用价值指标进行货币监督，而且可以进行实物监督。

4. 会计监督是通过会计核算经济活动同时进行事前、事中和事后监督

事前监督，是指会计部门根据有关法律法规、政策和国家统一的会计制度，通过参与各种决策以及制订相关的各项计划和费用的预算，对各项经济活动的合理性、合法性进行审查；对于那些违反相关的法律法规、政策、制度以及相关的各种计划和费用预算的，加以限制或制止，以便于限制浪费，促进经济效益的提高。事中监督，是指在日常会计工作中，对已经发现的问题提出建议，迫使有关部门采取相应的措施，调整经济活动，使其按照预定的要求和预期的目标进行，也就是通过会计监督控制经济活动。事后监督，是指以事先制定的目标、计划、预算为依据，通过分析已获得的

会计资料对已发生或完成的经济活动的合法性、合理性、有效性进行评价和考核。

为经济管理提供信息是会计核算的主要职能。会计是为经济管理服务的，是经济管理必不可少的工具。会计的监督职能就是对经济活动加以控制、促进、指导和考核，是经济管理的主要构成部分。会计的核算职能和监督职能是密不可分、相辅相成的。如果没有会计核算，会计监督就会失去存在的基础；如果没有会计监督，会计核算就会失去存在的意义。因此，只有把会计核算和会计监督结合起来，才能发挥会计在经济管理中的作用。

五、会计的内容

会计的内容就是会计要核算和监督的内容，即会计的对象。对研究和运用会计方法而言，明确会计的内容具有非常重要的意义，因为只有了解了会计要核算和监督的内容，才能有针对性地采用恰当的方法予以核算和监督，进而才能发挥会计在经济管理中的作用。

（一）会计内容的一般说明

在社会再生产过程中，各种各样的经济活动并存，会计并不能核算和监督再生产过程中经济活动的所有方面，而只能核算和监督能用货币表现的经济活动。在商品经济条件下，这部分能用货币表现的经济活动既构成了实物运动，也构成了价值运动。会计核算和监督的内容是商品经济中的价值运动，具体包括在再生产过程中价值的耗费和收回，价值的取得、分配和积累的过程，而这正是会计核算和监督的一般内容。

（二）会计的具体内容

不同的会计主体，其经营活动范围和类型会有所不同。以工业企业为例，一般包括筹资活动、投资活动和经营活动，其中经营活动的资金运动包括资金投入、资金运用、资金退出三个阶段，而资金运用又包括供应过程、生产过程和销售过程三个过程。

1. 筹资活动

筹资活动是企业重要的经济活动之一。企业可以通过自有资金或借入资金来实现筹资活动。自有资金是指企业所有者投入资金，这些资金有可能来源于所有者的投入，也有可能来源于企业利润的留存；借入资金是指企业通过向银行、其他金融机构以及其他债权人融资而筹集的资金，主要目的在于补充企业自有资金的不足。

2. 投资活动

投资活动是指企业使用所筹集的资金获取所需的各种经济资源的过程，是企业重要的经济活动之一。企业的投资分为对内投资和对外投资。对内投资是指对为了维护和扩大企业的经营能力而进行的投资，如建造厂房、购买机器设备等。对外投资是指将企业资金投放到企业之外的其他经济实体来赚取投资报酬。对外投资既可以表现为以货币资金、厂房、机器设备等方式进行的直接投资，也可以表现为通过在证券市场上购买股票、债券等方式进行的间接投资。

3. 经营活动

经营活动是指企业利用内部投资进行经营的过程，也是企业的重要经济活动之一。企业的经营活动是由各个不同的经营环节构成的。工业企业的资金运动通常由三个阶段（资金投入、资金运用和资金退出）以及三个过程（供应过程、生产过程和销售过程）构成。

下面以商品流通企业为例进行讲解。商品流通企业是国家经济中组织商品交换的基层组织，它也是自主经营、自负盈亏的经济实体。商品流通企业的主要经济活动是商品购销存活动。通过商品流通，能满足市场对各种商品的需要；同时为投资者提供利润，也为企业自身发展积累资金。

商品流通企业的经济活动分为供应和销售两个过程。在供应过程中，企业为了购进商品就需要支付商品价款、运输费、装卸费，需要与供应单位等发生货币结算业务，然后验收商品入库等待销售，在这一期间，还需要支付商品保管费存储费。在销售过程中，企业为了销售商品，需要支付运输、包装、广告宣传等销售费用，商品销售后就能取得营业收入，在补偿全部劳动耗费之后，剩余部分就构成企业盈利。企业盈利要按照规定上缴税费，提取公积金和公益金，并在投资者之间分配利润。在商品流通企业中，财产物资的增减变化，购销存过程中发生的各项费用、营业收入，以及财务成果和利润分配，是会计核算和会计监督的内容。另外，商品流通企业除开上述的经营活动以外，还要和税务、银行、其他单位以及职工个人发生款项的上交下拨、存贷和结算等经济活动，这些也是会计核算和会计监督的内容。

在商品经济和商品交换的情况下，商品流通企业的经营过程必须利用价值形式组织流通与分配，同样也存在着经营资金运动。因为这个缘故，商品流通企业中会计核算和会计监督的内容，换一种说法就是企业的价值运动，主要包括价值的取得和退出、价值循环和周转、价值耗费和收回等方面。由于商品流通企业的经济活动中没有生产过程，所以就没有产品、产成品，在价值循环中没有生产过程中的价值循环和周转，在价值耗费中也没有生产过程中的各项费用和产品成本。

六、会计理论的性质

会计理论的目标是解释和预测会计实务。我们给会计实务下的定义较为广泛，由于会计的性质和发展与审计紧密相关，审计实务也被视作会计实务的组成部分。

解释是指为观察到的实务提供理由。譬如，会计理论应当解释为什么有些公司在存货计价时采用后进先出法，而不是先进先出法。

预测是指会计理论应能够预计未观察到的会计现象。未观察到的会计现象未必就是未来现象，它们包括那些已经发生，但尚未收集到与其有关的系统证据的现象。例如，会计理论应能够针对采用后进先出法公司与采用先进先出法公司的不同特征提出假想。这类预测可以利用历史数据对采用这两种方法的公司的属性加以验证。

上述理论观点直接或间接构成了经济学上大部分以经验为依据的研究基础，它也是科学上广为采用的理论观点。

许多人都必须做出与对外会计报告有关的决策。公司管理人员必须决定采用何种会计程序计算对外报告中的有关数据。例如，他们必须决定是采用直线折旧法还是采用加速法来计算折旧；管理人员必须向会计准则制定机构陈述意见；管理人员必须决定何时陈述意见，赞成或反对哪种程序；管理人员还必须选聘一个审计事务所。

注册会计师经常应管理人员的要求就对外报告应采用何种会计程序提出建议。

此外，注册会计师自己也必须决定是否对提议中的会计准则进行表态，如果要表态应持何种立场。

信贷机构（如银行与保险公司）的负责人也必须采用不同会计程序对公司的资信进行评比。作为债权人或投资者，他们在做出贷款或投资决策之前，必须对不同会计程序的含义加以权衡。此外，贷款协议一般都附有以会计数据为依据的、公司必须遵循的条款，否则贷款将被取消，信贷机构的负责人必须规定贷款协议中的有关数据应采用何种会计程序（如果有的话）来计算。

投资者和受雇于经纪人事务所、养老金、基金会以及诸如此类机构的财务分析专家也必须分析会计数据，作为他们投资决策的依据之一。具体地说，他们必须对采用不同会计程序和聘请不同审计师的公司的投资进行评价。与注册会计师和公司经理人员一样，财务分析专家也必须对潜在的会计准则陈述自己的意见。

会计准则制定机构，如财务会计准则委员会和证券交易委员会的成员负责制定会计准则。此外，他们必须决定何种会计程序应予认可，据以限制各个公司可供使用的会计程序。他们还必须决定公司对外报告的频率（如月、季、半年或年度）和必须加以审计的内容。

我们假定所有这些团体在对会计和审计程序做出选择或提出建议时，都是为了尽可能地维护其自身的利益（他们的预期效用）。为了做出有关会计报告的决策，这些团体或个人都需要了解备选报告对其利益的影响程度。例如，在选择折旧方法时，公司管理人员需要分别了解直线折旧法与加速折旧法对其自身利益的影响状况。如果公司管理人员的利益依赖于公司的市场价值（通过优先认股计划、贷款协议和其他机制加以表现），那么公司管理人员就希望了解会计决策对股票和债券价格的影响。因此，管理人员需要一种能够解释会计报告与股票、债券价格之间的相互关系的理论。

股票和债券的价格并不是进行会计报告决策借以影响个人利益的唯一变量，证券交易委员会的成员还关注国会议员对会计准则的态度，因为国会议员的态度影响着证券交易委员会的预算，以及证券交易委员会成员所能控制的资源。

要确定会计报告决策与影响个人利益的变量之间的关系相当困难。会计程序与证券市场价值的关系错综复杂，不能单纯通过观察会计程序变化时证券价格的变化来加以确定。同样，备选会计程序和备选报告以及审计方法对债券价格、证券交易委员会的预算和会计实务的影响也相当复杂，不能仅仅依靠观察予以确定。

注册会计师或公司管理人员也许会观察到会计程序变化与证券价格变化等变量之间存在着联系，但无法断定这种联系是否属于因果关系。证券价格的变化可能不是由于程序变化所引起的；也就是说，这两种变化都可能是其他事项发生变化的结果。在这种情况下，会计程序变化并不一定导致证券价格的变化。为了做出合乎因果逻辑的解释，实务工作者需要一种能解释变量之间相互联系的理论。这种理论能够使实务工作者把因果关系与某个特定变量（如程序的变化）联系起来。

当然，根据其自身的经验，注册会计师、信贷机构等团体的负责人也可建立一套含蓄的理论，并在决策时用以评估不同会计程序或会计程序变化的影响。然而，这些理论受到实务工作者特定经历的限制。这种限制可能导致实务工作者形成的理论类似于小孩由于观察到滑稽剧的演员一般又老又秃而得出滑稽剧使人变老的结论。

采用大量观测值进行结构严谨的经验性检验，研究人员可建立一种比小孩之见更具有说服力和预测力的关于解释现实世界的理论。总之，研究人员应能够提供更有助于决策者尽可能增大其利益的理论。

第二节 会计的职责与工作流程

财务会计的职责主要是对企业已经发生的交易或事项，通过确认、记录和报告等程序进行加工处理，并借助以财务报表为主要内容的财务报告形式，向企业外部的利益集团（政府机构、企业投资者和债权人等）及企业管理者提供以财务信息为主的经济信息。这种信息是以货币作为主要计量尺度并结合文字说明来表述的，它反映了企业过去的资金运动或经济活动历史。

一、设置会计科目

会计科目，就是对会计对象的具体内容进行分类核算的项目。按其所提供信息的详细程度及其统驭关系不同，会计科目又分为总分类科目（或称一级科目）和明细分类科目。前者是对会计要素具体内容进行总括分类，提供总括信息的会计科目，如“应收账款”“原材料”等科目；后者是对总分类科目做进一步分类，提供更详细、更具体的会计信息的科目，如“应收账款”科目按债务人名称设置明细科目，反映应收账款的具体对象。

会计科目是复式记账和编制记账凭证的基础。我国现行的统一会计制度中对企业设置的会计科目做出了明确规定，以保证不同企业对外提供的会计信息的可比性。

一般来讲，一级科目应严格按照《企业会计准则——应用指南》中的内容设置，明细科目可参照设置。

设置会计科目就是在设计会计制度时事先规定这些项目，然后根据它们在账簿中开立相关账户（针对部分科目），并分类、连续地记录各项经济业务，反映由于各经济业务的发生而引起各会计要素的增减变动情况。

会计科目与账户的关系：账户是根据会计科目设置的，具有一定格式和结构，用于分类反映会计要素增减变动情况及其结果的载体。实际上，账户就是根据会计科目在会计账簿中的账页上开设的户头，以反映某类会计要素的增减变化及其结果。

会计科目的设置原则主要包括如下三点：

（1）合法性原则。应当符合国家统一会计制度的规定。

（1）相关性原则。应为提供有关各方所需要的会计信息服务，满足对外报告与对内管理的要求。

（1）实用性原则。应符合企业自身特点，满足企业实际需要。

设置会计科目主要包括两项工作：一是设计会计科目表，以解决会计科目的名称确定、分类排列、科目编号问题；二是编写会计科目使用说明，其内容主要包括各个会计科目的核算内容、核算范围与核算方法，明细科目的设置依据及具体明细科目设置，所核算内容的会计确认条件及时间和会计计量的有关规定，对涉及该科目的主要业务账务处理进行举例说明，以便会计人员据此准确地处理会计业务。

二、复式记账

复式记账是与单式记账相对称的一种记账方法。这种方法的特点是对每一项经济业务都要以相等的金额，同时记入两个或两个以上的有关账户。通过账户的对应关系，可以了解有关经济业务内容的来龙去脉；通过账户的平衡关系，可以检查有关业务的记录是否正确。

复式记账法的类型主要有借贷记账法、收付记账法和增减记账法，但我国和大多数国家都只使用借贷记账法。该记账方法的特点如下：

（1）使用借贷记账法时，账户被分为资产类（包括费用）和负债及所有者权益类（包括收入与利润）两大类别。

（2）借贷记账法以“借”“贷”为记账符号，以“资产 = 负债 + 所有者权益”为理论依据，以“有借必有贷，借贷必相等”为记账规则。

（3）借贷记账法的账户基本结构分为左、右两方，左方称为借方，右方称为贷方。在账户借方记录的经济业务称为“借记某账户”，在账户贷方记录的经济业务称为“贷记某账户”。至于借方和贷方究竟哪一方用来记录金额的增加，哪一方用来记录金额的减少，则要根据账户的性质来决定。

资产类账户的借方登记增加额，贷方登记减少额；负债及所有者权益类账户的贷方登记增加额，借方登记减少额。

（4）账户余额一般在增加方，如资产类账户一般为借方余额，负债类账户一般为贷方余额。资产类账户的期末余额公式为：

期末借方余额 = 期初借方余额 + 本期借方发生额－本期贷方发生额

负债及所有者权益类账户的期末余额公式为：

期末贷方余额 = 期初贷方余额 + 本期贷方发生额－本期借方发生额

（5）为了检查所有账户记录是否正确，可进行试算平衡。这里有两种方法，一是发生额试算平衡法，其公式为：

全部账户本期借方发生额合计 = 全部账户本期贷方发生额合计

二是余额试算平衡法，其公式为：

全部账户的借方期初余额合计 = 全部账户的贷方期初余额合计

全部账户的借方期末余额合计 = 全部账户的贷方期末余额合计

三、填制和审核凭证

会计凭证是记录经济业务、明确经济责任的书面证明，是登记账簿的依据。凭证必须经过会计部门和有关部门审核，只有经过审核并正确无误的会计凭证才能作为记账的依据。

四、登记账簿

账簿是用来全面、连续、系统记录各项经济业务的簿籍，是保存会计数据、资料的重要工具。登记账簿就是将会计凭证记录的经济业务，序时、分类记入有关簿籍中设置的各个账户。登记账簿必须以凭证为依据，并定期进行结账、对账，以便为编制会计报表提供完整、系统的会计数据。

五、成本计算

成本计算是指在生产经营过程中，按照一定对象归集和分配发生的各种费用支出，以确定该对象的总成本和单位成本的一种专门方法。通过成本计算，可以确定材料的采购成本、产品的生产成本和销售成本，可以反映和监督生产经营过程中发生的各项费用是否节约或超支，并据此确定企业经营盈亏。

六、财产清查

财产清查是指通过盘点实物、核对账目，保持账实相符的一种方法。通过财产清查，可以查明各项财产物资和货币资金的保管和使用情况，以及往来款项的结算情况，监督各类财产物资的安全与合理使用。如在清查中发现财产物资和货币资金的实有数额与账面结存数额不一致，应及时查明原因，通过一定审批手续进行处理，并调整账簿记录，使账面数额与实存数额保持一致，以保证会计核算资料的正确性和真实性。

七、编制会计报表

会计报表是根据账簿记录定期编制的、总括反映企业和行政事业单位特定时点（月末、季末、年末）和一定时期（月、季、年）财务状况、经营成果以及成本费用等的书面文件，主要的财务报表包括资产负债表、利润表和现金流量表。

第三节　会计凭证、会计账簿与会计报表基础内容

在会计核算方法体系中，就其工作程序和工作过程来说，主要是三个环节，即填制和审核凭证、登记账簿、编制会计报表。在一个会计期间所发生的经济业务，都要通过这三个环节进行会计处理，从而将大量的经济业务转换为系统的会计信息。这个转换过程，即从填制和审核凭证到登记账簿，再到编制会计报表周而复始的变化过程，就是一般称谓的会计循环。

一、会计凭证

会计凭证是记录经济业务、明确经济责任、按一定格式编制的据以登记会计账簿的书面证明。

会计凭证分为原始凭证和记账凭证，前者是在经济业务最初发生之时即行填制的原始书面证明，如销货发票、款项收据等；后者是以原始凭证为依据，对原始凭证进行归类整理，并编制会计分录的凭证，它还是记入账簿内各个分类账户的书面证明，如收款凭证、付款凭证、转账凭证等。

会计分录是指对某项经济业务标明其应借应贷账户及其金额的记录，简称分录。会计分录的三个要素分别是：应记账户名称、应记账户方向（借或贷）和应记金额。会计分录的步骤包括四步：第一步，分析经济业务事项涉及的会计要素；第二步，确定涉及的账户；第三步，确定所记账户的方向；第四步，确定应借应贷账户是否正确，借贷金额是否相等。

收款凭证和付款凭证是用来记录货币收付业务的凭证，它们既是登记现金日记账、银行存款日记账、明细分类账及总分类账等账簿的依据，也是出纳人员收、付款项的依据。

出纳人员不能依据现金、银行存款收付业务的原始凭证收付款项，而必须根据会计主管人员审核批准的收款凭证和付款凭证收付款项，以加强对货币资金的管理。

凡是不涉及银行存款和现金收付的各项经济业务，都需要编制转账凭证。例如，购买原材料，但没有支付货款；某单位或个人以实物投资等，此时都应编制转账凭证。

如果是银行存款和现金之间相互划拨业务，如将现金存入银行，或者从银行提取现金，按我国会计实务惯例，此时应编制付款凭证。

如果按适用的经济业务来划分，记账凭证可分为专用记账凭证和通用记账凭证两类。其中，专用记账凭证是用来专门记录某一类经济业务的记账凭证。按其所记录的经济业务是否与现金和银行存款的收付有无关系，又分为收款凭证、付款凭证和转账凭证三种。通用记账凭证是以一种格式记录全部经济业务，它不再细分为收款凭证、付款凭证和转账凭证。在经济业务比较简单的经济单位，为了简化凭证，可以使用通用记账凭证记录所发生的各种经济业务。

如果按记账凭证包括的会计科目是否单一，记账凭证又可分为复式记账凭证和单式记账凭证两类。其中，复式记账凭证又称多科目记账凭证，它要求将某项经济业务所涉及的全部会计科目集中填列在一张记账凭证上。复式记账凭证可以集中反映账户的对应关系，便于更好地了解经济业务的全貌，了解资金的来龙去脉，以及便于查账。复式记账凭证可以减少填制记账凭证的工作量，减少记账凭证的数量，其缺点是不便于汇总计算每一会计科目的发生额，不便于分工记账。上文介绍的收款凭证、付款凭证和转账凭证等都是复式记账凭证。

单式记账凭证，是指把一项经济业务涉及的各个会计科目分别填制凭证，即一张凭证只填列一个会计科目的记账凭证。单式记账凭证包括单式借项凭证和单式贷项凭证。单式记账凭证的内容单一，有利于汇总计算每个会计科目的发生额，可以减少登记总账的工作量；但制证工作量较大，不利于在一张凭证上反映经济业务的全貌，不便于查找记录差错。在实务中使用单式记账凭证的单位很少。

二、会计账簿

会计账簿是指由一定格式的账页组成，以会计凭证为依据，全面、系统、连续地记录各项经济业务的簿籍。设置和登记会计账簿是重要的会计核算基础工作，是连接会计凭证和会计报表的中间环节。

填制会计凭证后之所以还要设置和登记账簿，是由于二者虽然都是用来记录经济业务，但二者具有不同作用。在会计核算中，对每一项经济业务都必须取得和填制会计凭证，因而会计凭证数量很多、又很分散，而且每张凭证只能记载个别经济业务的内容，所提供的资料是零星的，不能全面、连续、系统地反映和监督一个经济单位在一定时期内某一类和全部经济业务活动情况，不便于日后查阅。

因此，为了给经济管理提供系统的会计核算资料，各单位都必须在凭证的基础上设置和运用登记账簿，把分散在会计凭证上的大量核算资料加以集中和归类整理，生成有用的会计信息，从而为编制会计报表、进行会计分析以及审计提供主要依据。

（一）账簿的分类

账簿的分类方法主要有三种，即可以分别按用途、账页格式、外形特征分类。

1. 按用途分类

如果按用途分类，会计账簿可分为序时账簿、分类账簿和备查账簿。其中，序时账簿又称日记账，它是按照经济业务发生或完成时间的先后顺序逐日逐笔进行登记的账簿，序时账簿是会计部门按照收到会计凭证号码的先后顺序进行登记的。库存现金日记账和银行存款日记账是最典型的序时账簿。

分类账簿是对全部经济业务事项按照会计要素的具体类别而设置的分类账户进行登记的账簿。按其提供核算指标的详细程度不同，分类账簿又分为总分类账和明细分类账。其中，总分类账简称总账，它是根据总分类科目开设账户，用来登记全部经济业务，进行总分类核算，提供总括核算资料的分类账簿；明细分类账简称明细账，它是根据明细分类科目开设账户，用来登记某一类经济业务，进行明细分类核算，提供明细核算资料的分类账簿。

备查账簿又称辅助账簿，是对某些在序时账簿和分类账簿等主要账簿中都不予登记或登记不够详细的经济业务事项进行补充登记时使用的账簿，它可以对某些经济业务的内容提供必要的参考资料。备查账簿的设置应视实际需要而定，并非一定要设置，而且没有固定格式，如租入固定资产登记簿、代销商品登记簿等。

2. 按账页格式分类

如果按账页格式分类，会计账簿可分为两栏式账簿、三栏式账簿和数量金额式账簿。其中，两栏式账簿是只有借方和贷方两个基本金额的账簿，各种收入、费用类账户都可以采用两栏式账簿；三栏式账簿是设有借方、贷方和余额三个基本栏目的账簿，各种日记账、总分类账以及资本、债权、债务明细账都可采用三栏式账簿；数量金额式账簿在借方、贷方和金额三个栏目内都分设数量、单价和金额三个小栏，借以反映财产物资的实物数量和价值量。原材料、库存商品、产成品等明细账通常采用数量金额式账簿。

3. 按外形特征分类

如果按外形特征分类，会计账簿可分为订本账、活页账和卡片账。其中，订本账是在启用前将编有顺序页码的一定数量账页装订成册的账簿，它一般适用于重要且具有统驭性的总分类账、现金日记账和银行存款日记账。

活页账是将一定数量的账页置于活页夹内，可根据记账内容的变化随时增加或减少部分账页的账簿，它一般适用于明细分类账。

卡片账是将一定数量的卡片式账页存放于专设的卡片箱中，账页可以根据需要随时增添的账簿，它一般适用低值易耗品、固定资产等的明细核算。在我国，一般只对固定资产明细账采用卡片账形式。

（二）记账规则

1. 登记账簿的依据

为了保证账簿记录的真实性、正确性，必须根据审核无误的会计凭证登账。

2. 登记账簿的时间

各种账簿应当多长时间登记一次，没有统一规定，一般的原则是：总分类账要按照单位所采用的会计核算形式及时登账，各种明细分类账要根据原始凭证、原始凭证汇总表和记账凭证每天进行登记，也可以定期（三天或五天）登记。但是，现金日记账和银行存款日记账应当根据办理完毕的收付款凭证，随时逐笔顺序进行登记，最少每天登记一次。

3. 登记账簿的规范要求

（1）登记账簿时应当将会计凭证日期、编号、业务内容摘要、金额和其他有关资料逐项记入账内。同时，记账人员要在记账凭证上签名或者盖章，并注明已经登账的符号（如打“√”），以防止漏记、重记和错记情况的发生。

（2）各种账簿要按账页顺序连续登记，不得跳行、隔页。如发生跳行、隔页，应将空行、空页画线注销，或注明“此行空白”或“此页空白”字样，并由记账人员签名或盖章。

（3）凡需结出余额的账户，应当定期结出余额。现金日记账和银行存款日记账必须每天结出余额。结出余额后，应在“借或贷”栏内写明“借”或“贷”的字样。没有余额的账户，应在该栏内写“平”字并在余额栏“元”位上用“0”表示。

（4）每登记满一张账页结转下页时，应当结出本页合计数和余额，写在本页最后一行和下页第一行有关栏内，并在本页的摘要栏内注明“转后页”字样，在次页的摘要栏内注明“承前页”字样。

三、财务报表

常见的企业财务报表主要包括“资产负债表”“利润表”“现金流量表”等，通过这些报表可了解企业的财务状况、变现能力、偿债能力、经营业绩、获利能力、资金周转情况等。投资人可以据此判断企业的经营状况，并对未来的经营前景进行预测，从而进行决策。

在现代企业制度下，企业所有权和经营权相互分离，使企业管理层与投资者或债权人之间形成了受托、委托责任。企业管理层受委托人之托经营管理企业及其各项资产，负有受托责任；企业投资者和债权人需要通过财务报表了解管理层保管、使用资产的情况，以便评价管理层受托责任的履行情况。

（一）资产负债表

资产负债表又称财务状况表，表示企业在一定日期（通常为各会计期末）的财务状况（资产、负债和所有者权益）。资产负债表利用会计平衡原则，将合乎会计原则的资产、负债、股东权益交易科目分为“资产”和“负债及所有者权益”两大区块，在经过分录、转账、分类账、试算、调整等会计程序后，以特定日期的静态企业情况为基准，浓缩成一张报表。

（二）利润表

利润表是反映企业在一定会计期间经营成果的报表，又称动态报表，也称损益表、收益表等。

通过利润表，可以反映企业一定会计期间的收入实现情况，即实现的主营业务收入有多少、其他业务收入有多少、投资收益有多少、营业外收入有多少等；可以反映一定会计期间的费用耗费情况，即耗费的主营业务成本有多少、主营业务税金有多少，营业费用、管理费用、财务费用各有多少，营业外支出有多少等；可以反映企业生产经营活动的成果，即净利润的实现情况，据以判断资本保值、增值情况。

将利润表中的信息与资产负债表中的信息相结合，还可以提供进行财务分析的基本资料（如将赊销收入净额与应收账款平均余额进行比较，计算出应收账款周转率；将销货成本与存货平均余额进行比较，计算出存货周转率；将净利润与资产总额进行比较，计算出资产收益率等）可以表现企业资金周转情况以及企业的盈利能力和水平，便于会计报表使用者判断企业未来的发展趋势，做出经营决策。

（三）现金流量表

现金流量表是财务报表的三个基本报告之一，也称账务状况变动表，所表达的是在一固定期间（通常是每月或每季）内企业现金（包含现金等价物）的增减变动情形。

现金流量表主要反映了资产负债表中各个项目对现金流量的影响，并根据其用途划分为经营、投资及融资三个活动分类。现金流量表可用于分析企业在短期内有没有足够现金去应付开销。

第四节　会计等式

会计要素中所包括的资产、负债、所有者权益、收入、费用和利润是相互联系、相互依存的。这种关系在数量上可以用数学等式加以描述，用来解释会计要素之间增减变化及其结果，并保持相互平衡关系的数学表达式，称为会计平衡等式，也称会计等式。

会计等式是我们从事会计核算的基础和提供会计信息的出发点，所以，会计等式又是进行复式记账、试算平衡以及编制财务报表的理论依据，是复式记账的前提和基础。

一、资产、负债、所有者权益之间的数量关系

对一家企业而言，要进行生产经营活动并且获取利润，就一定要拥有相当数额可供支配的资产，而企业的资产最初进入企业的来源渠道主要有两种：一是由债权人提供，二是由所有者提供。既然企业的债权人和所有者为企业提供了全部资产，就必定对企业的资产享有要求权，在会计上这种对企业资产的要求权被总称为权益。其中，属于债权人的部分，称为债权人权益，即负债；属于所有者的部分，称为所有者权益。由此可见，资产表示企业拥有经济资源的种类和拥有经济资源的数量；权益则表示是谁提供了这些经济资源，并对这些经济资源拥有要求权。资产与权益相辅相成，二者是不可分割的。从数量上看，有一定数额的资产，就一定有对该资产的权益；反之，有一定权益，就一定有体现其权益的资产。世界上不存在无资产的权益，也没有无权益的资产，一家企业的资产总额与权益（负债和所有者权益）总额一定是彼此相等的。这种关系可以用如下等式表示：

资产 = 权益

资产 = 债权人权益 + 所有者权益

资产 = 负债 + 所有者权益

会计等式说明了企业在某一时点上的财务状况，反映了资金运动中有关会计要素之间的数量平衡关系，同时体现了资金在运动过程中存在分布形态和资金形成渠道两个方面之间的相互依存及相互制约的关系。会计等式贯穿财务会计的始终。

二、收入、费用和利润之间的数量关系

收入、费用和利润三个会计要素，在上面的三个要素的数量关系描述中没有被明确地表示出来，然而实际上已体现在该会计等式之中。所有者权益不但会因企业所有者向企业投资或抽资而变动，还会随着企业的经营成果（利润或亏损）的变化而变动。企业发生费用，标志着资产的减少；企业获得收入，则标志着企业资产的增加。若收入大于费用，就会产生利润；若收入小于费用，就会产生亏损。所以，费用的发生，收入的取得，利润的形成，使收入、费用、利润这三个会计要素之间产生了如下相互关系：

利润＝收入—费用

企业的利润由企业所有者所有，企业的亏损也归所有者承担。企业一定时期得到的收入、支出的费用、形成的利润，是在一段时间内一天天积累起来的，在会计期间的起点与终点之间慢慢形成了一个时间跨度。所以，“利润＝收入—费用”这一会计等式是企业资金运动状态的动态表现形式，因此，这一等式又称动态会计等式。这一等式说明，企业在经营过程中取得的利润或发生的亏损，对静态会计等式中的所有者权益数额一定会有部分增加或冲抵。

三、会计等式的不同表达形式

上述两个会计等式从不同的角度反映了企业资金运动的方式及结果。从资金运动的动态角度来看，随着企业生产经营活动的开展，不断地取得收入和发生支出，经过一定时间后，资金表现为“收入—费用＝利润”的数量关系。它表明资金在企业生产经营过程中发生的耗费、取得的收入和形成的利润，反映了企业在一定时期实现的经营成果。从资金运动的静态角度来看，在特定时点上表现为“资产＝负债＋所有者权益”的平衡关系。它反映了资金在企业生产经营活动过程中所拥有和控制的经济资源及其来源渠道，同时也=反映了企业在一定时点上的财务状况。这两个会计等式只是分别反映了企业资金运动的动态和静态，不具备全面性和综合性。因为企业的资金运动实际上是连续不断的，是动态运动与静态运动相互交替的统一体，这两个会计等式必然存在有机的内在联系。

把上述两个基本会计等式中的会计要素结合起来，就可以得到会计要素间的综合关系等式：

资产＝负债＋所有者权益＋（收入—费用）

或是

资产 = 负债 + 所有者权益 + 利润

将等式右边的费用移到与它具有相同性质的资产一侧，就得到了会计要素间的综合关系等式：

资产 + 费用 = 负债 + 所有者权益 + 收入

上面等式中的费用是资产的使用与耗费所造成的资产的减少；收入是使利润增加的要素，在性质上等于企业资金来源。这一会计等式体现了企业在某个会计期间内净资产的变动状况，是将企业的静态财务状况和动态的经营成果联系在一起的综合成果，它描述了各会计要素之间的内在关系。

企业在每个会计期末结算时，收入与支出项目构成计算利润的项目，利润经过分配后，上述综合等式又回到起始形式，即资产 = 负债 + 所有者权益。

四、经济业务发生对会计等式的影响

经济业务，就是企业在生产经营过程中从事的各种经营管理活动，这些经营管理活动能够用货币加以表现，因而也称会计事项。企业的经济活动种类多样，而且彼此之间差别较大，但总的来说，可以归纳为以下两类：

（1）应该办理会计手续，并且可以用货币表示的经济活动，即经济事项，如企业采购原材料、缴纳税金等，本书主要介绍的就是这类经济活动。

（2）不需要办理会计手续，或是不能用货币表示的经济活动，即非会计事项，如签订购销经济合同等。

尽管企业的经济活动种类多样，而且彼此之间差别较大，但经济业务发生后都会引起会计要素的增减变化。然而，不管怎样变化，都不会使会计等式的平衡关系发生变化。

按照各项经济活动对资产、负债与所有者权益的影响不同，可将其归纳为九种基本类型。

（1）资产和负债同时等额增加

经济业务的发生，引起资产项目和负债项目同时增加，双方增加的金额相等。

（2）资产和所有者权益同时等额增加

经济业务的发生，引起资产项目和所有者权益项目同时增加，双方增加的金额相等。

（3）资产和负债同时等额减少

经济业务的发生，引起资产项目和负债项目同时减少，双方减少的金额相等。

（4）资产和所有者权益同时等额减少

经济业务的发生，使得资产项目和所有者权益项目同时减少，双方减少的金额相等。

（5）一项资产增加，另一项资产减少

经济业务的发生，引起资产项目之间此增彼减，增减的金额相等。

（6）一项负债增加，另一项负债减少

经济业务的发生，使得负债项目之间此增彼减，增减的金额相等。

（7）一项所有者权益增加，另一项所有者权益减少

经济业务的发生，使得所有者权益项目之间此增彼减，增减的金额相等。

（8）负债减少，所有者权益等额增加

经济业务的发生，使得负债项目减少和所有者权益增加，双方增减的金额相等。

（9）负债增加，所有者权益等额减少

经济业务的发生，使得负债项目增加和所有者权益减少，双方增减的金额相等。

第五节　会计科目

一、设置会计科目的意义

经济业务的发生必定会引起会计要素发生增减变动。为了系统、全面、分门别类地反映各项经济业务的发生情况及其引起各项会计要素的增减变动及变动结果，从而便于更好地为会计信息使用者和管理当局提供所需要的会计信息，因此要设置会计科目。

会计科目，是指对会计要素的具体内容按其特征和管理上的要求进行分类核算的项目。比如，工业企业的各种厂房、机器设备及其他建筑物等的共性就是劳动资料，我们将之归为一类，根据其特点取名为“固定资产”。为了体现和监督负债和所有者权益的增减变化，设置了短期借款、应付账款、长期借款、实收资本、资本公积、盈余公积等科。为了反映和监督收入、费用和利润的增减变动而设置了主营业务收入、生产成本、本年利润和利润分配等科目。科学地设置会计科目是会计方法体系中非常重要的内容，对会计核算具有重要意义。

通过设置这些会计科目，不仅可以对会计要素的具体项目进行分类，更为重要的是它规范了相同类别业务的核算范围、核算内容、核算方法和核算要求。设置会计科目是进行会计核算的一个必需环节，也是设置账户、处理账务所必须遵守的依据和规则，是正确组织会计核算的一个重要条件。

显而易见，假如不对经济业务进行科学的分类，并确定其归属，会计核算将无法进行。

设置会计科目，为全面、系统、分类地体现和监督各项经济业务的发生情况，由此引起的各项资产、负债和所有者权益的增减变动情况，以及经营收入、经营支出和经营成果创造了条件。

二、会计科目的设置原则

要科学地设置会计科目，就必须要按照以下的原则进行。

（1）必须全面客观地反映会计对象的内容。设置会计科目时，一定要结合会计对象的特点，全面反映会计对象的内容。会计科目作为对会计工作对象具体内容进行分类核算的项目，其设置一定要结合会计对象的特点，以便分类反映经济业务的发生情况，及其引起的某一会计要素的增减变动和产生的结果，从而更好地为会计信息使用者和管理者提供所需要的会计信息。同时，会计科目的设置要能够系统、全面地反映会计对象的全部内容，不能有一点遗漏。除了设置各行业的共性会计科目以外，还要根据各单位业务特点和会计对象的具体内容设置相应的会计科目。例如，工业企业的经营活动主要是制造工业产品，因此必须设置反映生产耗费、成本计算和生产成果的“生产成本”“制造费用”“库存商品”等会计科目；零售商业企业采用售价金额核算，因此一定要设置反映商品进价与售价之间差额的“商品进销差价”会计科目；而行政、事业单位则应设置反映经费收支情况的会计科目。

（2）既要保持相对的稳定性，又要有适度的灵活性。会计科目的相对稳定，能使核算资料上下衔接，指标前后可比，便于对比分析和会计检查。但是，相对稳定并非一成不变，而要有适当的灵活性。这里所说的灵活性有以下两方面的含义：

①要根据客观经济发展的需要，适时调整会计科目。

②要根据企业经济业务的繁简程度，适度增设或合并某些会计科目。比如，用实际成本进行材料日常核算的企业，可以不设“材料采购”这一科目，而另外设置“在途物资”科目；低值易耗品、包装物较少的企业，可以将其并入“原材料”科目，以便于简化核算。

对于灵活性的这个“度”，要以不影响报表的编报、汇总，也不会影响企业内部管理的需求为前提。

（3）既要符合企业内部经济管理的需要，又要符合对外报告、满足宏观经济管理的要求。会计科目的设置，要满足企业内部财务管理的要求，既要提供资金运动的全部资料，又要根据不同行业或不同环节的特殊性，提供对应的资料。例如，工业企业要设置反映和监督生产过程的会计科目，如“生产成本”“制造费用”等。利润的实现和分配，牵扯到国家相关政策的执行和投资者的经济利益，所以，设置“本年利润”科目以反映利润实现情况时，还要设置“利润分配”“应交税费”和其他相关科目，从而反映利润的分配、抵交、提留和及时交款的情况。

设置会计科目除了要满足企业财务管理的要求外，还必须符合国家宏观管理的要求，以保持统一性，要与财务计划、统计等相关报表指标进行衔接。企业会计核算汇总的数据是企业进行经营预测和做出决策的重要根据，是编制有关报表的基础和前提，应该能从中直接取得数据和有关资料，从而保证提高工作效率和保证报表质量。只有统一的会计科目和报表，才能满足管理层汇总的方便和决策的要求。

（4）既要适应经济业务发展的需要，又要保持相对稳定。会计科目的设置要适应社会主义经济的发展变化和本单位业务发展的需要。比如，随着《中华人民共和国知识产权法》的实施，为核算企业拥有的专有技术、专利权、商标权等无形资产的价值及其变动情况，就有必要专门设置“无形资产”科目。再如，随着社会主义市场经济体制的不断发展和完善，商品交易中因为商业信用而形成债权债务关系的现象越来越普遍，与此相适应，就应该设置反映该类经济业务的会计科目。

为了在不同时期对比分析会计核算所提供的核算指标和在一定范围内综合汇总，会计科目的设置要保持相对稳定，同时要使核算指标具有可行性。

（5）既要保持会计科目总体上的完整性，又要保持会计科目之间的互斥性。会计科目的完整性是指设置的一套会计科目，应该能反映企业所有的经济业务，所有的经济业务都有相应的会计科目来反映，不能有遗漏。会计科目的互斥性是指每个科目核算的内容相互排斥，不同的会计科目不能有相同的核算内容，不然，就会造成会计核算上的不统一。保持会计科目的互斥性是保证会计核算的准确性、统一性以及会计信息可比性的重要前提。

三、会计科目分类

各单位设置的会计科目并不是彼此独立的，而应相互联系、相互补充，从而组成一个完整的会计科目体系，用来系统、全面、分门别类地核算和监督会计要素，为经济管理提供一系列的核算指标。为了能够正确地掌握和使用会计科目，就要对会计科目进行分类。会计科目的分类方法主要有两种：按会计科目反应的经济内容分类和按会计科目提供指标的详细程度分类。

（一）会计科目按其反映的经济内容分类

会计科目按其反映的经济内容不同，可分为资产类科目、所有者权益类科目、负债类科目、成本类科目和损益类科目。

（1）资产类科目又分为流动资产和非流动资产两类。其中，流动资产包括“现金”“银行存款”“其他货币资金”“短期投资”“应收账款”“原材料”等会计科目。

（2）所有者权益类科目包括“实收资本”“资本公积”“盈余公积”“本年利润”“利

润分配”等会计科目。

（3）负债类科目又分为流动负债、长期负债两类。其中，流动负债包括“短期借款”“应付票据”“应付账款”“应交税费”等会计科目。

（4）成本类科目包括“生产成本”“制造费用”“劳务成本”等会计科目。

（5）损益类科目包括“主营业务收入”“主营业务成本”“投资收益”“销售费用”“管理费用”等会计科目。

（二）会计科目按其提供指标的详细程度分类

会计科目按其提供指标的详细程度，可分为总分类科目和明细分类科目。

总分类科目又称总账科目或一级科目，是对会计对象的具体内容进行总括分类，提供总括信息的会计科目。“固定资产”“原材料”“实收资本”“应付账款”等就是总分类科目。

明细分类科目又称明细科目，是对总分类科目做进一步分类，提供更为详细和具体会计信息的科目。比如，“应付账款”总分类科目下面按照具体单位分设明细科目，具体体现应付某个单位的款项。

在实际工作中，总分类科目一般由财政部统一制定，明细分类科目则由各单位根据经济管理的实际需要自行规定。假如某一总分类科目所统驭的明细分类科目较多，可以增设二级科目（也称为子目），再在每个二级科目下设置多个明细科目（细目）。二级科目是介于总分类科目和明细分类科目之间的科目。比如，在原材料总分类科目下面按材料的类别设置的“原料及主要材料”“燃料”“辅助材料”等科目，就是二级科目。

第六节　会计账户

一、会计账户的概念

会计科目只是对会计要素具体内容进行分类的项目，在进行会计核算的时候，不能用来直接记录经济业务的内容。假如要把企业发生的经济业务全面、系统、连续地反映并记录下来，提供各种会计信息，就必须要有一个记录的载体。这个载体就是按照会计科目所规范的内容而设置的会计账户。通过会计账户中所记录的各种分类数据，就能够生成各种有用的财务信息。

设置并登记会计账户是对会计对象的具体内容进行科学分类、反映、监督的一种方法。企业任何一项经济业务的发生都会引起会计要素数量上的增减变化，为了分别反映经济业务引起的会计要素的增减变化，便于为日常管理提供核算资料，就一定要设置账户。比如，“原材料”账户就是用来核算企业材料的收入、发出和结存的数量和金额。通过这个账户，就可以很方便地了解企业原材料购入、发出和结存的情况。

设置会计账户的基本原则与设置会计科目的基本原则是完全相同的。通过设置账户，有助于科学合理地组织会计核算，从而提供管理所必需的会计信息资料。设置账户可以把实物核算与金额核算有机地结合起来，从而有效地控制财产资源。设置科学的账户体系可以全面、系统、综合地核算和反映企业生产经营的全貌。另外，科学地设置账户还便于会计检查和会计分析。

二、会计账户的基本结构

要想记录好会计要素的变化情况，就一定要设置好账户的结构。经济业务多种多样，但是它引起会计要素数量的变化只有增加和减少两种情况，所以，账户应设置增加栏、减少栏，以及体现增减变化结果的余额栏。为了全面反映经济业务的时间、内容、记录依据等情况，还要相应地设置日期、摘要、凭证号数等栏次。

账户的基本结构通常应包括下列内容：

（1）账户的名称（会计科目）；

（2）日期（记录经济业务的时间）；

（3）凭证号数（登记账户的依据）；

（4）摘要（简单说明经济业务的主要内容）；

（5）增加金额；

（6）减少金额；

（7）余额（增减变化后的结果）。

在借贷记账法下，账户的借方和贷方记录经济业务的增减金额，假如贷方记录增加金额，借方就记录减少金额；假如借方记录增加金额，贷方就记录减少金额，具体哪方记录增加、哪方记录减少，就要看账户的性质。有关借贷记账法的详细内容，将在后面的内容中具体介绍，此处不再赘述。

在教学及工作实践中，为了便于说明问题，可以将账户结构简化成“T”字形，只保留记录金额的两栏，其他栏都省略掉，将增减相抵后的余额写在下面。这种简化后的账户称为“T 字账”或“丁字账”。

借贷记账法下的账户，其左方称为“借方”，右方称为“贷方”。至于到底是哪一方登记增加数、哪一方登记减少数，则需要依据经济业务的内容和会计账户的性质而定。

因为会计期间的划分，我们把每个账户在某个时期内（月、季、年）因经济活动引起的增减金额称为本期发生额。其中，把因经济活动引起的减少金额称为本期减少发生额（又称本期减少额）；反之，把因经济活动引起的增加金额称为本期增加发生额（又称本期增加额）。本期减少发生额与本期增加发生额两者相抵后的差额加上期初余额称为期末余额。另外，因为企业的经营活动是一期接一期连续不断地进行的，这一会计期间的期末必定是下一会计期间的期初，因此，本期期末余额也就是下一会计期间的期初余额。

期初余额、本期减少发生额、本期增加发生额和期末余额这四项金额之间的相互关系可以用如下公式表述：

期初余额－本期减少发生额＋本期增加发生额＝期末余额

比如，某企业 5 月份“原材料”账户期初余额为 40 万元，本月购进 60 万元，本月领用 70 万元，那么该企业 5 月末“原材料”账户的期末余额为：

期末余额＝期初余额 40 万元－本期减少发生额 70 万元＋本期增加发生额 60 万元＝30 万元

这 30 万元既是 5 月份的期末余额，也是 6 月份的期初余额。

三、会计科目与会计账户的关系

会计科目与会计账户是两个不同的概念，不能加以混淆。这两者之间既有联系又有区别。

（一）会计科目与会计账户的联系

会计科目和会计账户用于分门别类地反映企业资金变化的经济内容，会计账户是根据会计科目来设置的，会计科目就是会计账户的名称，会计科目规定的核算内容就是会计账户应记录反映的内容。在实际工作中，会计科目和会计账户往往是互相通用的。

（二）会计科目与会计账户的区别

会计科目是对会计核算对象的具体内容进行分类核算的项目，只有分类的名称，没有一定的格式，不能把发生的经济业务全面、连续、系统地记录下来；而会计账户不仅有名称，而且有一定的结构（格式），能把发生的经济业务系统地记录下来，具有反映和监督资金增减变化的独特作用。

第七节　财务会计的确认、计量和报告

财务会计的确认、计量和报告是在财务会计目标的指引下，基于权责发生制，按照会计信息质量特征的要求，将会计对象定性判断和定量归类于会计要素中，并通过格式化的报告进行信息汇报的操作规程，是财务会计信息系统运作的具体方法。财务会计的确认、计量和报告在财务会计信息系统中具有战术性作用，因此居于财务会计概念框架的第三层次。

权责发生制是我国企业会计确认、计量和报告的基础。

权责发生制又称“应计基础”（Accrual Basis），是指会计不是根据实际的现金收付时间，而是根据收现权利和付现义务的形成时间，作为反映经济交易或事项的基础。

在合同中企业形成收现权利和付现义务的时间与实际收到现金和支付现金的时间可能不一致，在持续经营和会计分期假设下，确认、计量和报告企业的资产、负债、收入以及费用时，会出现两种选择：①权责发生制，即按照收现权利和付现义务的形成时间进行确认、计量和报告；②收付实现制，即按照实际收付现金的时间进行确认、计量和报告。

经济交易或事项的核心并非形式上的商品或劳务交换，而是附着于形式背后的权利与义务交换，交换的权利和义务由各方签订的显性或隐性合同来规定。因此，会计反映经济交易或事项，既要反映报告主体静态和动态的经济资源信息，也要反映报告主体静态和动态的经济资源要求权信息，收付实现制只能反映前者，不能反映后者，而权责发生制可以两者兼得。由此可知，会计应采用权责发生制，而非收付实现制进行确认、计量和报告。

（一）确认

1. 确认的概念

确认（Recognition）是指将会计对象（经济交易或事项）定性判断和定量归类于会计要素（资产、负债、所有者权益、收入、费用和利润）中，正式列入财务报表的过程，是将会计对象转化为会计要素，通过会计信息系统进行反映的程序。

广义的确认概括了识别、记录和传递三个过程，具体而言，需要做三步判断：

第一步，是否该将某项经济交易或事项输入会计信息系统并通过财务报表输出信息？

第二步，如果是，那么该经济交易或事项应该录入哪项要素并通过财务报表进行传递？

第三步，如果要素确定，那么上述记录和传递应在何时进行？金额是多少？

第一步是识别过程，第二步和第三步是记录与传递过程，包括记录和传递的空间、时间和金额。在第二步和第三步判断中，记录先于传递，因此，记录的确认程序称为“初始确认”，传递的确认程序称为“再确认”。

狭义的确认只针对记录程序，即需要判断是否应该记录、录入哪项要素、何时进行记录。

2. 确认的标准

某一项目确认为会计信息需要符合以下三个标准：

标准一，该项目需要符合会计要素的定义。被确认的项目是通过经济交易或事项所产生，可以按照其承载的权利和义务特征归入财务会计要素。

标准二，与该项目有关的未来经济利益很可能流入或流出企业。未来经济利益的流入或流出存在不确定性，但这种不确定性可以根据经验或模型进行明确的评估。

标准三，与该项目有关的未来经济利益的流入或流出金额能够可靠地计量。该项目应有可计量的属性，如成本、价值等，并能根据经验或模型计算获得可靠的金额。

例如，我国房地产企业采取预售制度，房地产开发企业将未完工的房屋预先销售给房产承购人，收到预售款后，房地产开发企业继续建造房屋，直至完工交房。当房地产企业收到承购人的预售款时，从确认的角度，则需要做三步判断：

第一步，是否该将某项经济交易或事项输入会计信息系统并通过财务报表输出信息？

当房地产企业收到承购人预售款时，是双方按照房屋购销合同而发生的交易行为，对企业而言，需要将收到预售款行为录入房地产企业的会计信息系统并通过财务报表输出信息。

第二步，如果是，那么该经济交易或事项应该录入哪项要素并通过财务报表进行传递？

当房地产开发企业收到房屋承购人的预售款时，需要判断这部分预售款应归属于企业的负债还是收入。按照确认的标准一，该项目需要符合会计要素的定义。企业收到预售款时，属于按照房屋购销合同条款要求完成的事项，但企业尚未按照房屋购销合同履行交房义务，因此，该经济事项符合负债的定义，应录入负债要素并通过财务报表进行传递。

第三步，如果要素确定，那么上述记录和传递应在何时进行？金额是多少？

按照确认标准二和标准三，企业收到预售款形成的负债，将来会随着企业向房屋承购人的交房事项而履行义务，导致企业经济利益流出；同时，这项流出的计量可以确定，房屋承购人的预售款即为负债的金额，这样，当房地产企业收到承购人的预售款时，即可确认为负债要素，金额即为收到的预售款数额。

（二）计量

1. 计量的概念

计量（Measurement）是指将符合确认条件的会计要素登记入账并列报于财务报表而确定其金额的过程。计量问题是财务会计的核心问题。

某一项目的计量过程包含两方面内容：①实物计量；②金额计量。实物计量，顾名思义就是这一实物的数量，而金额的计量则涉及计量单位和计量属性两个因素。

2. 计量单位

货币计量假设为计量单位提供了答案，即企业在提供财务会计报告信息时，采用货币作为反映经济资源的价值及其变动的基本单位。

在会计实务中，世界各国或地区往往要求在编制财务会计报告时选定一种货币作为记账本位币，如美元、欧元和英镑等。

《中华人民共和国会计法》第十二条规定："会计核算以人民币为记账本位币。"

3. 计量属性

计量属性是指所用量度的经济属性，从会计角度而言，计量属性反映的是会计要素的金额确定基础，如原始成本、现实成本等。

（1）五种计量属性。《企业会计准则——基本准则》第四十二条规定了五种计量属性：

①历史成本。在历史成本计量下，资产按照购置时支付的现金或者现金等价物的金额，或者按照购置资产时所付出的对价的公允价值计量。负债按照因承担现时义务而实际收到的款项或者资产的金额，或者承担现时义务的合同金额，或者按照日常活动中为偿还负债预期需要支付的现金或者现金等价物的金额计量。

②重置成本。在重置成本计量下，资产按照现在购买相同或者相似资产所需支付的现金或者现金等价物的金额计量。负债按照现在偿付该项债务所需支付的现金或者现金等价物的金额计量。

③可变现净值。在可变现净值计量下，资产按照其正常对外销售所能收到现金或者现金等价物的金额扣减该资产至完工时估计将要发生的成本、估计的销售费用以及相关税费后的金额计量。

④现值。在现值计量下，资产按照预计从其持续使用和最终处置中所产生的未来净现金流入量的折现金额计量。负债按照预计期限内需要偿还的未来净现金流出的折现金

额计量。

⑤公允价值。在公允价值计量下，资产和负债按照市场参与者在计量日发生的有序交易中，出售资产所能收到或者转移负债所需支付的价格计量。

例：2019 年 12 月 1 日，A 公司付出 10000 元购入苹果计算机 iMac 一台，预计使用期限为 5 年，无残值，按照直线法提取折旧。

A.2019 年 12 月 31 日，如果 A 公司在固定资产账户上将该计算机记录为 10000 元，即为按照历史成本计量，也就是按照购买该计算机时所付出对价的公允价值计量。

B.2020 年 12 月 31 日，在市场上购买同样型号的计算机，价格为 8500 元。如果 A 公司在固定资产账户上将该计算机记录为 8500 元，此时即为按照重置成本计量，即按照现在购买相同或者相似资产所需支付的现金或者现金等价物的金额计量。

C.2020 年 12 月 31 日，如果 A 公司将该计算机在市场上出售，那么扣除相关税费后的净将为 8000 元。如果 A 公司在固定资产账户上将该计算机记录为 8000 元，此时即为按照可变现净值计量，即按照其正常对外销售所能收到现金或者现金等价物的金额扣减该资产至完工时估计将要发生的成本、估计的销售费用以及相关税费后的金额计量。

D.2020 年 12 月 31 日，如果 A 公司估计该计算机在未来的 4 年，每年为公司带来的净现金流入为 2500 元，市场的折现率为 10%，该计算机的现值为 $2500\times(1+10\%)+2500\times(1+10\%)^2+2500\times(1+10\%)^3+2500\times(1+10\%)^4=12762.75$ 元。如果 A 公司在固定资产账户上将该计算机记录为 12762.75 元，此时即为按照现值计量，即按照预计从其持续使用和最终处置中所产生的未来净现金流入量的折现金额计量。

E.2020 年 12 月 31 日，如果上 A 公司将该计算机在二手市场上出售，那么可以获得 8100 元。如果 A 公司在固定资产账户上将该计算机记录为 8100 元，此时即为按照公允价值计量，即按照市场参与者在计量日发生的有序交易中，出售资产所能收到的价格计量。

（2）五种计量属性的评价。就资产的计量而言，根据资产的概念，资产是指企业过去的交易或者事项形成的、由企业拥有或者控制的、预期会给企业带来经济利益的资源。从资产的定义角度观察计量属性问题可以发现，在五种计量属性中，前两种是按照买入价计量，即资产进入、现金流出，这两种定义是基于投入产出理念下的定义，适合于计算会计利润；后三种是按照脱手价计量，即资产流出、现金进入，这三种定义是基于经济学理念下的定义，适合于计算经济利润。因此，符合资产定义的计量属性应该是可变现净值、现值和公允价值。

（3）公允价值计量属性的进一步说明。公允价值是指市场参与者在计量日发生的有序交易中，出售一项资产所能收到或者转移一项债务所需支付的价格。从这一定义中，明确了公允价值是资产的脱手价值和负债的清偿价值，即计量资产时，表示现金流入；计量负债时，表示现金流出，保证了其与资产和负债概念的一致性。

从现金流向上看，就资产的计量而言，历史成本计量和重置成本计量是资产进入、现金流出，与公允价值的定义相比较可以发现，公允价值避免了与历史成本和重置成本两种计量属性存在的交叉；而可变现净值和现值是资产流出、现金进入，因而公允价值定义的计量属性虽避免了与历史成本和重置成本两种计量属性存在的交叉，却仍不能解决与可变现净值和现值这两种计量属性的重叠，从上述五个例子来看，很难区分可变现净值与公允价值的差别。

在实际操作层面上，公允价值计量存在市场法、收益法和成本法三种估值技术。分析三种估值技术，市场法的实际操作方法与可变现净值的应用类似，收益法和现值的应用类似，而成本法则与重置成本的应用类似。

这使得公允价值计量属性在操作层面上仍与可变现净值和现值计量属性难以区。

在时间维度上，历史成本也可视作过去时点市场参与者在计量日发生的有序交易中，出售一项资产所能收到或者转移一项债务所需支付的价格，即历史成本可以视作过去时点的公允价值，现行市价可以视作现在时点的公允价值，而约定价格可以视作未来时点的公允价值。而现行市价在会计上对应重置成本、可变现净值，约定价格对应现值。因此，无论从概念层面，还是从操作层面，公允价值计量属性都存在与历史成本、重置成本、可变现净值和现值四种计量属性的交叉现象。Barth（2006）指出，公允价值计量将未来的估计反映于当期财务报表中，有利于提供经济决策有用性信息。就目前的理解而言，可以将公允价值理解为计量未来的计量属性。总之，公允价值要“洗尽铅华呈素姿（属性）”尚需努力。

（三）报告

1. 报告的概念

报告又称列报，是通过标准化的格式进行信息汇报的操作规程，包括编制财务会计报表及其附注和其他财务列报，是账面资料的分类和汇总。

2. 财务报告与财务报表

财务报告是财务会计信息系统的最终产品，是会计信息的“物质载体”，也是将会计信息传递给使用者的媒介。财务报表是对企业财务状况、经营成果和现金流量等信息的结构性表述，包括基本报表和附表。在实务中，财务报告和财务报表经常混用，但两者既有联系又有区别。财务报表的出现早于财务报告，财务报告的内涵大于财务报表。一般认为，财务会计信息主要由财务报表提供，财务报表是财务报告的核心。

《企业会计准则——基本准则》第四十四条规定：“财务会计报告是指企业对外提

供的反映企业某一特定日期的财务状况和某一会计期间的经营成果、现金流量等会计信息的文件。财务会计报告包括会计报表及其附注和其他应当在财务会计报告中披露的相关信息和资料。会计报表至少应当包括资产负债表、利润表和现金流量表等报表。”

财务会计的确认、计量和报告是在财务会计目标的指引下，基于权责发生制，按照会计信息质量特征的要求，将会计对象定性判断和定量归类于会计要素中，并通过格式化的报告进行信息汇报的操作规程，是财务会计信息系统运作的具体方法。财务会计的确认、计量和报告在财务会计信息系统中具有战术性作用，因此居于财务会计概念框架的第三层次。

如果以时间维度按过去到现在和未来到现在来划分的话，财务会计的目标、主要的信息质量特征、计量属性以及制定会计准则的理念上存在两对对应关系：

（1）过去—现在—受托责任—可靠性—历史成本—收入费用观

在时间上，当反映从过去时点到现在时点的经济交易或事项时，财务会计的目标强调受托责任，会计信息质量特征对应可靠性，在计量属性上对应历史成本，而在会计准则理念上则对应收入费用观，某个会计期间企业净资产的变化是“利润”计量的结果，即期初的净资产+当期利润=期末的净资产，也即利润确定在先，期末净资产的确定在后。

（2）未来—现在—决策有用—相关性—公允价值—资产负债观

在时间上，当反映从未来时点到现在时点的经济交易或事项时，财务会计的目标强调决策有用，会计信息质量特征对应相关性，在计量属性上对应公允价值，而在会计准则理念上则对应资产负债观，某个会计期间的利润是企业“资产负债”计量的结果，即期末的净资产–期初的净资产=当期利润，也即期末的净资产确定在先，当期利润的确定在后。

财务会计目标、主要的会计信息质量特征、计量属性和会计准则理念对应关系。

第八节　会计核算的基本前提和会计信息质量要求

一、会计核算的基本前提

会计核算的目的，是通过对经济活动进行的记录、计量，来提供会计信息。会计所记录、计量的经济活动是非常复杂的，此中有些经济现象的规律性并没有被人们所认识，因而还无法用科学方法去计量和描述。为了使会计工作顺利进行，就必须对会计实务中产生的一些尚未确知的事物，根据客观的正常情况或者发展趋势做出合乎情理的判断和假设。这种判断和假设就是会计核算的前提条件，也称为会计假设。会计假设，简单来说就是指开展会计工作时对变化不定的环境所做的限定。会计核算的基本前提规定了计核算工作赖以存在的前提条件，只有规定了这些会计核算的前提条件，才能够使会计核算正常地进行下去。

按照国际会计准则与国际惯例，会计核算的基本前提包括会计主体、持续经营、会计分期和货币计量四个方面。

（一）会计主体

会计主体假设也称为经济实体假设。会计主体是指会计工作所服务的特定单位和组织，简单来说就是替“谁”做账，“谁”就是会计主体。会计核算的对象也就是企业的经营活动。生产经营活动由多种经济业务事项构成，每一经济业务事项又与其他有关经济业务事项相互关联；同时，不同企业之间的经济业务事项也彼此关联。因此，在进行会计核算时，首先要明确核算的范围，即要明确会计主体。

《企业会计准则——基本准则》第五条规定：“企业应当对其本身发生的交易或者事项进行会计确认、计量和报告。”企业的会计核算和财务报表的编制应当将企业发生的各项交易或者各个事项作为对象，记录并且反映企业本身的各项生产经营活动。

会计主体的作用在于划定不同会计主体会计核算的范围、内容，它主要是规定了会计工作的空间范围。会计法规要求我们必须以企业作为会计核算的主体，也要求会计核算能够区分企业自身的经济活动和其他企业单位的经济活动；把企业和与之相关的利益主体，更重要的是和投资者、关联方企业的经济活动分别开来。会计主体仅仅核算本身发生的各项交易和各个事项，记录并反映企业本身的各项生产经营活动。只有这样才能正确地反映会计主体的资产、负债以及所有者权益情况，准确地提供反映经营成果和企业财务状况的会计信息。

所谓交易，就是企业与外部主体之间发生的价值交换行为。比如，企业向供应商购买物资，面向经销商出售产品或者商品等。所谓事项，就是企业主体内部所发生的价值转移的行为，如制造业企业中的生产车间所领用的材料以及产成品完工入库等，同时包含一些外部环境因素对企业所产生的直接影响，如洪水、火灾等给企业造成的实际损失等。

按照不同的标准，会计主体可以进行不同的分类。依据会计主体的目标，会计主体可以分为营利性会计主体（如各类企业、政府机构）和非营利性会计主体（如学校、医院和慈善机构等）；从经济活动规模来看，会计主体既可以是独立核算的单位和组织，又可以是它下属的单位、部门（如企业的生产车间、医院的住院部或者门诊部等），还可以是由各个独立核算会计主体组合而成的集团企业。依据存在期限来看，会计主体可以是长期进行经济活动而存在的会计主体，也可以是为完成某项工作而建立的组织，如某项建筑工程、某场文艺演出的组织团队等。

会计主体和法律主体并不是同一个概念，不能相互混淆。按照一般情况，法律主体一定是会计主体，而会计主体不一定是法律主体，任何一家企业，无论以哪一种形式存在，都是一个会计主体。但是在企业规模较大时，可以将它内部的某一个机构作为一个会计主体，要求它在规定时期内编制会计报表。在控股经营时，母公司及其子公司都是独立的法律主体，也都是会计主体，在编制会计报表的时候，同样可以将其组成的企业集团作为一个会计主体，将其所属的各会计主体予以合并，来反映整个企业集团的财务状况和经营成果。所以，会计主体既可以是独立的法人，也可以是非法人；既可以是一家企业，也可以是企业内部的某一单位；既可以是单一的企业，也可以是由几家企业构成的企业集团。

随着经济的发展和技术的进步，会计主体的外延不断拓展。比如，在如今这个网络经济时代，出现在互联网上的没有大量有形资产的网上企业、网上银行等虚拟主体，其界限无法准确确认，这就给经济业务的确认、计量及报告带来了许多新的问题。

（二）持续经营

持续经营是指会计主体在可以预见的将来能够持续、正常地以现时的规模和状态继续经营下去，不但不会破产清算，也不会大规模削减业务。

企业是否能够持续经营对会计原则以及会计方法的选择影响特别大。只有持续经营，使企业所持有或者所控制的资产按照预定目标在生产经营的过程中被耗用、出售和转让，并且按照原先承诺的条件偿还债务，才能建立会计确认的原则和计量属性，企业的各项资产、负债在这一系列基础上得到正常确认、计量，收益、费用在这一系列基础上得以确定，企业在信息的收集和处理上所采用的会计处理方法才能确保稳定，会计核算才能正常运行。假如判断企业不会持续经营，企业的资产、负债、损益就会改变计量属性。《企业会计准则——基本准则》第六条规定："企业会计确认、计量和报告应当以持续经营为。"

在社会主义市场经济条件下，企业破产清算的风险自始至终是存在的。换句话说，企业不能够持续经营的可能性是存在的。这就必须要求企业会计人员一定要定期对其持续经营前提做出分析和判断。假如判断企业不具备持续经营的条件，就不能够运用持续经营的会计程序和方法，而应该运用终止清算的会计程序和方法。

（三）会计分期

会计分期是指将会计主体持续不断的经营活动分割为一定的期间，以便分期结算账目和编制财务会计报告。会计分期的目的就在于利用会计期间的划分，定期核算经济活动以及报告经营成果，以便快速地向有关方面提供反映经营成果、财务状况和现金流量的会计信息，满足企业内部加强经营管理和其他有关方面进行经营的需要。

在持续经营的状态下，要计算会计主体的盈亏状况，反映其生产经营成果。如果只是根据理论上说的，那只能等到会计主体所有的生产经营活动最后完成时，才能够利用收入和费用的归集与比较，进行准确的计算。可是实际上这是不允许的，更是行不通的。这是因为，企业的投资者、债权人、国家财税部门必须及时了解企业的财务状况、经营成果和现金流量，这就需要企业定期提供会计信息，以作为决策、管理和纳税的根据。要做好这一切，就要求会计人员将企业持续不断的生产经营活动人为地划分为相等的、较短的时期进行核算，反映企业的财务状况、经营成果和现金流量，这种人为的分期就是会计期间。

会计期间通常是一年，叫作会计年度。按照《企业会计准则》的规定，我国企业的会计期间按照年度划分，而且以日历年度为一个会计年度，即从每年 1 月 1 日至 12 月 31 日作为一个会计年度。每一个会计年度还具体划分为半年期（中期）、季度、月份，因而会计人员也就需要对会计资料按归属期进行年度、半年期、季度和月份的计算，提供年度、半年期、季度和月份的财务会计报告。我国以日历年度作为会计年度，更重要的是考虑到我国的财政年度和计划年度采用的是日历年度，会计年度与财政年度统一对国家的计划管理、财政管理和税收管理工作的进行都十分有利。由于不同国家的政治、经济、文化等环境的不同，会计年度的起止日期也不一定相同。有的国家以营业年度作为会计年度，如每年的 4 月 1 日到下一年度的 3 月 31 日。

会计期间的划分对会计核算有着很大的影响。因为有了会计期间，所以产生了本期与非本期的差别，从而产生了权责发生制、收入和费用配比、划分收益性支出与资本性支出等会计处理准则。在这些基础上，会计处理可以运用预收、预付、应收、应付、预提和摊销等一系列会计处理方法。

会计期间假设的意义就在于确定了会计核算的时间范围，并由会计期间假设产生了具有期间特点的会计要素，如收入、费用以及这些要素的确认与计量问题。

从上面的分析可以看出，会计分期假设是持续经营假设的必需补充。当一个会计主体持续经营且无限期时，就需要为会计信息的提供规定期间。

（四）货币计量

货币计量是指企业会计核算过程运用货币作为计量单位，记录和报告企业的生产经营活动，而且假定币值不变。

对于企业生产经营活动的计量，可以采用多种计量单位，如实物数量、重量、长度、体积、货币等。在会计核算中之所以选择货币作为计量单位，主要是由货币本身的属性决定的。在社会主义市场经济前提下，如果没有货币计量，单位只能依靠一个侧面核算企业的生产经营情况，不能在数量上汇总与比较企业的经营活动情况和成果，不利于管理和核算。一般商品的等价物是货币，它是衡量商品价值的共同尺度，为了全面核算企业的生产经营、业务收支等情况，会计核算就确定以货币作为计量单位，核算和监督企业经营活动的整个过程。当然，统一运用货币作为计量单位也有不好的地方。譬如，影响企业财务状况和经营成果的部分因素（企业经营战略、企业技术开发能力、在消费者中的信誉度等）是不能用货币计量的。《企业财务会计报告条例》要求采用一些非货币指标作为会计报表的补充就是为了弥补货币计量的局限性。

在货币计量的前提下，企业的会计核算应以人民币作为记账本位币。业务收支以外币为主的企业，可以选种外币作为记账本位币，但编制的财务会计报告应当折算为人民币核算。境外设立的中国企业向国内报送的财务会计报告，应该折算为人民币。

二、会计信息的质量要求

为包括所有者在内的各方面提供经济决策所需要的信息就是会计工作的基本任务。会计信息质量的高低是评价会计工作成败的准则之一。根据《企业会计准则——基本准则》的规定，对会计信息质量的要求包括可靠性、相关性、及时性、可比性、明晰性、重要性、稳健性和实质重于形式等几个方面。

（一）可靠性

《企业会计准则——基本准则》第十二条规定："企业应当以实际发生的交易或者事项为依据进行会计确认、计量和报告，如实反映符合确认和计量要求的各项会计要素及其他有关信息，保正会计信息真实可靠、内容完整。"这一原则要求会计核算应当以实际发生的交易和事项为基础，真实反映企业的财务状况、经营成果和现金流量。

（二）相关性

《企业会计准则——基本准则》第十三条规定："企业提供的会计信息应当与财务会计报告使用者的经济决策的需要相关，有助于财务会计报告使用者对企业过去、现在或者未来的情况作出评价或者预测。"会计信息是不是具有相关性，有两个基本的标准可据以做出判断。

（1）会计信息不但可以帮助会计信息使用者对过去、现在或将来的经济事项进行正确评价，还会影响会计信息使用者做出相关的决策行为。

（2）证实或纠正会计信息使用者过去做出的判断和评价，而且影响会计信息使用者的有关决策行为。

（三）及时性

《企业会计准则——基本准则》第十九条规定："企业对于已经发生的交易或者事项，应该及时进行会计确认、计量和报告，不得提前或者延后。"会计核算工作要讲求实效，积极准时地处理各项经济业务事项，这有利于会计信息的及时利用。

（四）可比性

《企业会计准则——基本准则》第十五条规定："企业提供的会计信息应当具有可比性。同一企业在不同时期发生的相同或者相似的交易或者事项，应当采用一致的会计政策，不得随意变更。确需变更的，应当在附注中说明。不同企业发生的相同或者相似的交易或者事项，应该采用规定的会计政策，确保会计信息口径一致、相互可比。"会计可比性原则就是要求企业的会计信息应当在下面两个方面做到相互可比：

（1）同一家企业在不同时期内发生的相同或者相似的交易和事项，应该采用一致的会计政策，不能够随便变更。如果有必要变更，应该将变更的内容和理由、变更的累积影响数或影响数不能够合理确定的理由等，在会计报表附注中给予说明。

（2）对不同的企业发生的相同或者类似的交易和事项，应该运用规定的会计政策，以确保会计信息口径一致、相互可比。

（五）明晰性

《企业会计准则——基本准则》第十四条规定："企业提供的会计信息应当清晰明了，便于财务会计报告使用者理解和使用。"明晰性要求会计核算提供的信息简明、通俗、易懂，可读性强，能满足不同层次报表使用者的信息需要，以迅速、准确、完整地了解企业财务状况和经营成果。

（六）重要性

《企业会计准则——基本准则》第十七条规定："企业提供的会计信息应该反映与企业财务状况、经营成果和现金流量等有关的所有重要交易或者事项。"因经济业务的重要程度不同而采用不同的核算形式是会计核算中的重要内容。

（七）稳健性

"企业对交易或者事项进行会计确认、计量和报告应当保持应有的谨慎，不应高估资产或者收益、低估负债或者费用。"也就是说，企业在面对经济环境的不确定性因素时，在使用专业判断、计量和披露会计信息时，应当保持谨慎或稳健的态度，必须避免高估资产和收益的会计处理。

（八）实质重于形式

《企业会计准则——基本准则》第十六条规定："企业应当按照交易或者事情的经济实质进行会计确认、计量和报告，不应仅以交易或者事项的法律形式为依据。"也就是说，企业应该按照交易或事项的经济实质来进行会计核算，不应该只按照它们的法律形式作为会计核算的依据。它的宗旨在于准保证会计信息真实、准确地反映企业的财务状况、经营成果以及现金流量的情况。

三、会计计量属性

我国《企业会计准则——基本准则》规定，企业在将符合确认条件的会计要素登记入账并列报于会计报表（又称财务报表，下同）及其附注时，应当按照规定的会计计量属性进行计量，确定其金额。会计计量主要包括五种属性，即历史成本、重置成本、可变现净值、现值、公允价值。

（一）历史成本

历史成本又称实际成本，是指为取得或制造某项财产物资实际支付的现金或其他等价物。在历史成本计量下，资产按照购置时支付的现金或者现金等价物的金额，或者按照购置资产时所付出的对价的公允价值计量；负债按照因承担现时义务而实际收到的款项或者资产的金额，或者承担现时义务的合同金额，或者按照日常活动中为偿还负债预期需要支付的现金或者现金等价物的金额计算。物价变动时，除国家另有规定者外，一律不得调整其账面价值。对资产、负债、所有者权益等会计要素的计量采用实际交易价格或成本，主要是因为实际交易价格或成本有客观依据，既便于查核，也容易确定，比较可靠。

需要注意的是，假如资产已经发生了减值，它的账面价值已经不能够核算其未来可以收回的金额，企业就应该依照规定计提相应的减值准备。

（二）重置成本

在重置成本计量下，资产按照现在购买相同或者相似资产所需支付的现金或现金等价物的金额计量。负债按照现在偿付该项债务所需支付的现金或者现金等价物的金额计量。

（三）可变现净值

在可变现净值计量下，资产按照其正常对外销售所能收到现金或者现金等价物的金额扣减该资产至完工时估计将要发生的成本、估计的销售费用以及相关税费后的金额计量。

（四）现值

在现在值计量下，资产依照预计从其持续使用和最终处置中所产生的未来净现金流入量的折现金额计量，负债按照预计期限内需要偿还的未来净现金流出量的折现金额计量。

（五）公允价值

在公允价值计量下，资产和负债按照在公平交易中，熟悉情况的交易双方自愿进行资产交换或者债务清偿的金额计量。在公平交易中，交易双方应该是持续经营企业，未计划或不需要进行清算、大幅缩减经营规模。

企业在对会计要素进行计量时，一般应该运用历史成本，采用重置成本、可变现净值、现值、公允价值计量的，应该保证所确定的会计要素金额能够取得并且可计量。

第二章　事业单位会计理论概述

第一节　事业单位会计的适用范围和特点

事业单位会计是预算会计的重要组成部分，它同政府会计比较有较大的差别。过去，事业单位同行政单位采用相同的会计制度，自 1997 年已对两者分别制定会计制度。为了适应政府收支分类改革，根据《政府收支分类改革方案》《事业单位会计制度》的内容随之进行了部分调整。

一、事业单位的范围

事业单位会计是反映和监督事业单位业务资金活动的会计。所谓事业单位是指主要以精神产品和各种劳务的形式，以实现社会效益为宗旨，向社会提供生产性或生活性服务的单位。

事业单位按其具体的业务性质大体上包括以下两大类：

1. 科学、教育、文艺、广播电视、信息服务、卫生、体育等科学文化事业。

2. 气象、水利、地震、环保、计划生育、社会福利等公益事业。

从理论上讲，事业单位可以分为公立事业单位和非公立事业单位，但在实践中，事业单位一般是指公立非营利组织。我国民政部于 1999 年 12 月发布《民办非企业单位登记暂行办法》后，可以归为非公立事业单位的，都以民办非企业单位相称。

二、事业单位的特征

事业单位既不同于企业，也不同于政府和各个行政单位。事业单位经济活动的特点，既是决定其会计准则单独制定的根据，也是决定其会计特有内容的关键所在。

事业单位不同于企业的特点主要是：

1. 事业单位一般不提供物质产品，有的单位虽然提供物质产品，但它是作为知识、信息、技术的载体来提供的。

2. 事业单位进行业务活动不以营利为目的，有的单位虽然实行有偿服务，但往往并非足额补偿，社会效益是衡量其业绩的基本标准。

3. 出资者不要求回报，不准备收回资财，不具有明确的产权。

政府财政会计是以政府为会计主体用以核算政府财政资金活动情况的会计，事业单位会计与政府财政会计的差别是显而易见的。

在高度集中的计划经济体制和统收统支的财政体制下，大部分事业单位均系国有，甚至还实行过花钱国家拨、收入全上缴的收支两条线的管理办法，当时事业单位与行政单位在经济活动方面有较多的共性。但是，改革开放以后，事业单位同行政单位在经济活动方面的差别越来越明显。

1. 事业单位虽不以营利为目的，但实行有偿服务，有的还可以做到收支相抵，而行政单位的服务则是无偿的，不能搞创收，所办的经济实体要脱钩，从根本上看行政单位是依靠纳税人所缴的税款来进行活动的。

2. 事业单位虽然以实现社会效益为宗旨，但具有一定的经营性，并要实行经济核算，其事业收入和事业支出大多与业务活动相联系，这些单位可通过扩大服务规模、提高服务质量，实现增收节支，争取改善自身的运营条件。

3. 事业单位虽然不提供物质产品，但这些单位大多进行着能创造价值的智力劳动，向社会提供精神产品（知识形态的产品）和劳务，它具有一定的生产性，是一种特殊的生产部门。

各种事业单位大多属于第三产业中为提高科学文化水平和居民素质服务的部门（有人把这种提供精神产品和劳务的行业称为第四产业）。这些部门在现代社会中占有重要的地位，社会生产力的发展水平越高，智力劳动和智力开发的作用就越显著，物质产品再生产的发展就越依赖于精神产品再生产的发展。

事业单位经济活动的特殊性及其在国民经济中的特殊地位，使得事业单位会计正在成为会计的一个独特分支。

三、事业单位会计的特点

事业单位会计是各类事业单位对其预算资金及经营收支过程和结果进行全面、系统、连续的核算和监督的专业会计。与政府会计相比既有一定的共性，又有一定的差别性。其主要特点在于：

1. 以核算收支余超为主，有些事业单位还要进行成本核算。

2. 原则上实行收付实现制，有些事业单位则实行权责发生制。

3. 事业单位可以举办经济实体，进行对外投资，会发生对内对外投资和投资收益的核算。

第二节　事业单位会计的任务

由于事业单位经济活动的内容不同于政府的，其具体的会计任务也有自己的特点。事业单位要发生费用支出，除有的单位取得政府拨款以外，还不同程度地取得业务收入；而政府财政机关只组织财政收支，不直接收付款项，行政单位则不发生业务收入。事业单位会计主要反映非物质生产领域的业务收支，而不像企业会计那样着重反映生产经营成果。根据这一特点，事业单位会计主要有以下四项任务。

一、组织资金供应，合理使用资金

事业单位为了保证完成事业计划，要根据事业计划和财务预算，及时组织预算资金和业务收入，增强费用自给能力。同时要合理地安排资金使用，贯彻勤俭节约方针，坚持少花钱多办事，提高资金使用效益。

事业单位的资金来源，主要是政府拨款和业务收入，此外还有附属单位缴款、捐赠收入、其他收入等。对于政府拨款，各单位会计部门应根据事业计划，提供可靠的资料，核实经费总额，编造单位预算，及时取得资金。在组织预算拨款问题上，要处理好需要与可能的矛盾。根据国家的财力，各项事业经费只能随着经济的发展而逐步增长，一时不可能增长很多，而一些行政性经费，不但不能有较大增长，有时还要按照精简原则加以压缩。各单位安排预算收支，应当根据国家财力的可能，量入为出，有重点地保证事业的需要。对于业务收入，各单位应按照国家政策规定，积极开辟财源，组织收入，努力提高事业经费的自给能力。应在保证完成上级安排的事业计划的前提下，充分利用人力、物力，扩大业务规模，提高服务质量，增加业务收入，还可以利用本身人才、设备、技术等有利条件，开展社会有偿服务工作，挖掘潜力，开辟财源。对于所属经济实体，应利用事业单位本身的优势，面向市场，开拓业务，并努力改善经济管理，提高经济效益，以增加附属经营单位的缴款。对于有捐赠来源的单位，应立足于做好本身业务工作，努力扩大科学技术方面的影响，做好宣传工作，争取有较多的捐赠收入。

事业单位的费用支出多种多样，应有计划地进行预算分配，正确处理各种支出的关系。

1. 正确处理维持经费和发展经费之间的关系。首先要保证现有事业的维持费用，如经常性的人员工资和行政开支，常规设备的购置和维修；然后根据事业发展需要和财力可能，适当安排事业的发展经费，如大型、高档设备的购置。

2. 正确处理行政性支出和业务性支出的关系。要尽量压缩行政性支出，大力支持业务性活动，以保证专业任务的实现和贯彻厉行节约的原则。

3. 正确处理重点和一般的关系。对于各种业务性支出，要根据开支项目的轻重缓急，分别主次先后，妥善安排。对于重点项目、新设项目要优先保证；对于一般项目可按正常标准供应资金，凡能缓办、压缩的则要尽量缓办、压缩。

二、保护公共财产，合理分配结余

管好用好各项财产物资，是提高资金使用效益的重要途径。事业单位的经费支出以后，有一部分直接消耗掉了，有一部分则形成各种财产物资。财产物资是货币资金的转化形态，资金是财产物资的货币表现。合理使用财产物资，减少其消耗数量，延长其使用期限，可以有效节约资金；反之，消耗过多，损耗过快，必将增加财产物资的购买数量，造成货币资金的浪费。事业单位会计必须记录和计算各项财产物资的增减变动和结存情况，并监督其安全保管与合理使用。对于货币资金的收支，物资的进出、转移、领用都要加以审核，并及时填制凭证，登记账簿，按期进行清查盘点，做到家底清楚，责任明确，保管妥善，使用合理。对于浪费、毁损、贪污、盗窃公共财产的行为，必须及时揭露并报请有关部门严肃处理。

事业单位收支相抵后的结余，通常由单位留用，单位有较大的处理权限。对于收支结余，要按照政策规定进行合理分配，通常可用于事业发展和职工福利两个方面，要依照上级规定的比例加以安排。用于事业发展的部分要优先保证，用于职工福利的部分要规定最高比例，不得突破，防止消费基金膨胀。合理分配结余是经济体制改革以来事业单位会计的一项新的重要任务。

三、反映预算执行情况，参与制定经费预算

各单位的预算执行情况，不仅体现本单位业务活动和经济活动的过程和结果，而且体现政府预算的基层单位的具体执行情况，必须如实进行反映。各单位的会计部门要严格执行会计制度，认真做好记账、算账、报账工作，做到数字真实，计算准确，内容完整，编报及时。同时，要定期分析本单位预算执行情况，测定影响预算执行的因素，挖掘内部潜力，提出改进措施，促进增产节约，增收节支。

单位财务预算的执行情况，是制定事业计划和财务预算的基础。会计部门应利用掌握预算执行的各种数据的有利条件，参与制定本单位事业计划和财务预算，从提高经济效益的要求出发，对未来时期事业的发展和收支的安排提出建议，为单位的内部管理和上级主管部门的宏观管理出谋献策。

四、实行会计监督，维护财经纪律

会计监督就是利用货币形式对行政事业单位和业务活动所进行的控制和调节，其目的在于保证各项财经方针、政策、法令、制度的贯彻执行，维护财经纪律。在会计工作中，主要是通过控制预算收支和分析检查收支指标来进行的。

国家为了指导国民经济的发展，制定了一系列的财经方针、政策、法令和制度，其中包括对某些事项必须禁止的明确规定，作为财经工作者必须遵守的纪律，一般称为财经纪律。例如，不准私分国家物资，化预算内为预算外，化大公为小公，化公为私；不准用公款请客送礼，铺张浪费、挥霍国家资财等。各个单位只有严格遵守财经纪律，才能保证财经方针、政策、法令和制度的正确执行。各单位财务预算的执行过程，也是财经政策的贯彻过程。因此，在会计工作中，要在反映预算执行的同时，以财经方针、政策、法令、制度为依据，审核各项预算收支是否合理合法，有无违反财经纪律的情况。对于违反财经纪律的行为，必须及时揭露，坚决制止，以保障国家和社会的整体利益。

第三节　事业单位会计的一般原则

政府与事业单位会计的一般原则前文已有说明，此外不再赘述。在会计信息质量要求方面，事业单位会计应遵循的原则与政府会计基本相同，如有用性、客观性、可比性、一贯性、及时性、清晰性、重要性等。在会计确认计量要求方面，事业单位会计则有一些特点，除历史成本原则属于共同需要的以外，还要贯彻以下原则。

一、限制性原则

在企业会计改革中，对专用基金做了大量减并。目前除公积金、公益金外，已别无其他限定用途的资金。因此，事业单位也应尽可能地减少有限定用途的资金，以增加单位资金使用的自主性。但在事业单位中，限制性资金实际上是不可避免的，如提取的修购基金、积累的发展基金、捐赠的留本基金、拨入的学生贷款基金、各种专项拨款等。事业单位的出资者并不要求投资回报或资财回收，但往往要求按规定用途使用资金。从这个意义上讲，限制性资金的存在可以说是事业单位会计的一个重要特点。因此，有必要划分限制性资金（或称专用基金）和非限制性资金（或称事业资金），在基金、收入、支出项目的设置上都要体现这一要求。

二、权责发生制

事业单位会计过去一直采用收付实现制的收支确认原则，这在过去预算拨款单位统收统支、结余上缴的情况下是适当的。但是在新的形势下，事业单位经营业务一般应改为采用权责发生制。

权责发生制是进行成本核算、收支配比的需要。不少事业单位，如科研院所、医院等都已进行成本核算，有些高等学校也在试行人才成本核算，这都离不开权责发生制。事业单位实行权责发生制不是为了计算盈亏，但考核业务成果、制定收费标准、筹划资金来源、进行经济决策，都需要利用以权责发生制为基础的成本核算信息。

实行权责发生制固然有助于正确核算成本，但其重要作用更在于如实反映各单位在经济活动中的权利和责任。现在许多事业单位早已设置了应收应付、预收预付等会计科目，实际上已开始运用了权责发生制。在西方一些科学教育单位中，对已核定的应收政府预算拨款、已签约的应付购置合同价款都要进行核算，也是为了反映相应的权利和责任。可见，实行权责发生制是推行经济责任制的需要。

实行权责发生制要从实际出发，灵活运用。权责发生制可以在不同程度上来实行，事业单位实行权责发生制不一定同企业完全一样，如不进行成本核算或无须分月分批进行成本核算的单位，在年度内可以不进行费用的待摊、预提。在某些单位、某些业务上还可采用收付实现制。收付实现制在提供现金流入、流出信息上还是有重要作用的，不必一概排除。

三、配比原则

在事业单位的全部收支中，业务收入和业务支出占有很大比重，这种收入支出同行政单位的收支不同，具有密切的对应关系，即支出的发生、收入的取得都同业务工作的数量和质量有内在的联系，事实上政府拨款也往往与业务工作的数量和质量有关。因此，对事业单位有关业务支出和业务收入的核算，要在项目上和时间上进行配比，以便分析其业务活动的经济效益。这是事业单位会计不同于政府会计的一个重要特点。

第四节　事业单位会计工作的组织

一、事业单位的资金管理方式

事业单位的资金管理方式，也就是执行单位预算的事业单位的财务管理体制，它决定着事业单位同政府财政的拨款、缴款关系。

事业单位的劳动成果，大多具有巨大的经济价值或重要的经济意义，但是这些单位的劳动成果只能得到部分的价值补偿，有的则根本不能要求受益单位给予价值补偿。对事业单位很难像企业那样要求自负盈亏，其各项费用支出在相当程度上依靠国家预算拨款。随着经济体制改革的深入发展，有些事业单位在完成事业发展计划中，按照市场经济的原则，向社会提供劳务、技术、产品等，也可取得一定数量的业务收入，从而做到经费部分自给，乃至经费全部自给。从事业单位的整体来看，能够经费自给的单位还是少数，而且各个单位收入水平差别很大，有的单位收支差额还比较大。

（一）全额拨款制

实行全额拨款制，就是单位所需的全部经费基本上由政府预算拨款供应。这种资金管理方式，通常适用于没有收入或收入不稳定的事业单位，如各类学校、卫生防疫站等。这一期间具体实行经费包干制。也就是有关部门每年根据各单位业务活动的多少，对单位经费的全额或部分项目，核定经费包干定额，实行包干使用。各单位在完成事业计划的前提下，对经费包干结余可留到下一年继续使用，如有超支，财政不补。实行经费包干制以后，要求一切能够组织收入的事业单位，都能挖掘潜力，扩大服务项目，提高工作质量，开辟财源。

（二）差额补助制

实行差额补助制，就是单位所发生的各项支出，首先要用本身的业务收入来抵补，其不足部分由政府拨款补助。这种资金管理方式，通常适用于有经常、固定业务收入的单位，如各类医院、剧团、体育场、幼儿园、托儿所等。差额补助制按照补助的范围和计算方法，可分为定项补助制和定额补助制。定项补助制，就是根据单位的收支状况，确定支出中的一项或几项由政府拨款解决；定额补助制，则是对单位的收支差额，按照计划工作量和规定的补助标准（如医院的病床人日数、门诊人次数及每人日、人次补助金额）确定政府补助的金额。年终超支不补，结余留用。

（三）自收自支制

实行自收自支制，即单位以自身组织的业务收入，弥补其全部业务支出，做到以收抵支。它通常适用于提供一定产品或劳务的有固定收入的事业单位，如设计院、技术开发和推广应用的研究所、校办实习工厂等。这种自收自支单位在日常业务活动上同国家财政之间基本上没有预算缴款、拨款关系。国家兴办的事业单位，实行月收自支制，如有收益，可分别采取收益留用、收益包干上缴或收益比例上缴等收益分配办法。

在 1996 年预算会计改革中，鉴于现阶段典型的全额拨款单位已经很少，而且国家鼓励各种事业单位尽可能地自辟财源，减少政府拨款，有条件的要尽快实行经济自立，对事业单位资金管理方式做了较大的改革。自 1997 年 1 月 1 日开始施行《事业单位财务规则》规定后，取消了三种资金管理方式的划分，实行统一的资金管理方式，即“国家对事业单位核定收支、定额或者定项补助、超支不补、结余留用”。在会计核算方面，也不再分设三套会计科目，采用不同的核算方法。

当然，取消三种资金管理方式，并不等于取消财政对各类事业单位拨款数额的差别。财政部门将根据事业发展计划、事业单位收支状况、财政政策和财力水平，确定不同事业单位的不同定额（定项）拨款标准。各部门和各单位要按照拨款标准和计划工作量确定政府拨款金额，编制财务预算。

二、事业单位内部财务管理制度

研究事业单位内部财务管理制度，要着重解决事业单位内部各种会计主体之间的关系问题。在高等院校、科研单位及其他事业单位中，都有许多附属单位，并形成会计主体。其中，有的是企业型，实行独立核算或半独立核算，适用企业会计准则；有的是事业型，为事业单位内部的具有一定独立性的会计单位，或仅为报账单位。总的说来，这些会计主体都应在事业单位总部这个基本的会计主体统率下进行活动。尽管各单位的会计核算有一定的独立性，但各单位的资产收益都必须在事业单位总部的报表中反映。在会计科目和核算方法的设计上需要充分考虑这一要求。

事业单位与所属经济实体的关系要加以正确处理。目前许多事业单位兴办高新技术的经济实体，颇有成效，应该肯定。但是很多这样的经济实体，产权关系不清晰，收益不按资分配，费用未认真结算，一切还是吃“大锅饭”，导致国有资产大量流失。这些问题必须引起足够重视，并通过法规制度予以解决。

1. 产权关系要明确。事业单位对经济实体进行投资，必须核实资产，在双方资产负债表上分别以“对外投资”和“投入资金”项目明确揭示。目前，有些经济实体接受投入资金以后，实现利润，不是按股分红而是以“还贷”方式把原来的投资关系割断。有的单位甚至提出“媳妇变婆婆”的口号，实际上是把受资者同投资者的关系颠倒过来，这在产权理论上是站不住脚的，在实践上也是有害的，必须坚决杜绝。在明确产权关系方面如何对先进技术、专利权、商誉等无形资产进行计量和估价，是一个重要的问题，需要合理解决。

2. 收益要按资分配。许多经济实体有了利润并不向事业单位总部上缴，有的留作积累，有的则用以改善小单位的生活福利（大单位的生活福利照样享受）。经济实体应当按企业的资本保全、按资分红的原则行事，事业单位总部作为出资者参与利润分配的权益必须维护。

3. 费用要结算清楚。目前，许多事业单位的经济实体，在水、电、气、暖乃至房屋、用具方面往往无偿使用，以致费用少计，利润虚增。这对于正确考核经营成果、合理进行收益分配是很不利的。为此，在事业单位内部财务制度中，必须对各单位之间发生的费用规定出计价结算方法，使各单位应承担的费用得以如实反映。

事业单位对所属二级单位的资金要实行集中管理。在实际工作中，许多事业单位建立的内部资金结算中心（过去称为“内部银行”），是实行资金集中管理的有效办法。在健全内部资金结算中心的条件下，各二级单位不得直接在工商银行等金融机构开户，其全部资金必须存入内部资金结算中心，以便统筹调度使用。各单位之间的经济往来事项，一般不直接支付款项，而要通过内部资金结算中心办理转账。各单位如果一时资金短缺、不够使用，可向内部资金结算中心办理借款，其条件是近期有收入来源，并要按期还本付息。内部资金结算中心是事业单位财务部门的一个机构，它既为各单位财务管理服务，又发挥一定的指导、监督作用。

三、事业单位会计工作组织形式

大中型事业单位应当设置总会计师。总会计师协助单位领导人全面领导各项财经工作，负责处理日常财务管理的重大问题，审批重大的财务开支事项。未设置总会计师的单位，应由一名单位领导人主管会计工作。

按照《中华人民共和国会计法（以下简称《会计法》》第三十六条的规定，事业单位应当设置独立的会计机构，配备必要的会计人员。会计机构由单位领导人和总会计师直接领导，统一管理整个单位的各项财会工作。单独设置会计机构，即会计机构不与其他机构合并设置，有利于加强对财会工作的领导，有利于发挥会计部门的监督作用。实践证明，单独设置会计机构是十分必要的。只有事业规模不大、会计业务不多的单位，可以不单设由单位负责人直接领导的会计机构，在行政、总务等机构中配备专职会计员和出纳员办理会计工作，并要指定会计主管人员。

规模很小、缺乏适当的会计人员、不具备设置会计机构条件的事业单位，可以委托批准设立的从事会计代理记账业务的中介机构代理记账。

这里需要指出，取消事业单位已有的会计机构，把已配备的会计人员集中到“会计核算中心”，注销事业单位银行账户，移交会计档案的做法，是不符合《会计法》规定的，是不可取的。

事业单位的各内部单位，凡是规模较大、会计事项较多的，如校办工厂、出版社、印刷厂、基建处、招待所等，要设置财会机构，配备专职的财会人员；规模较小、会计事项较少的，要配备专项或兼职的财会人员。各内部单位的会计机构和人员，都要接受单位财务部门的业务指导和监督。

事业单位中规模很大，独立对外开展经营活动或业务活动，有独立收入支出并能以收抵支的单位，可以实行独立核算，如校办企业、出版社、医科大学附属医院等。独立核算单位是指对本身的经营活动或业务活动进行全面、系统、独立会计核算（尤其是盈亏核算）的企业、事业等单位。通常拥有一定量的自有资金，在银行独立开户、对外办理结算，独立编制计划，单独计算盈亏（结余）和编制会计报表。一般单独设置会计机构，配备必要的会计人员，有完整的财务处理程序，定期编报会计报表。而非独立核算单位则具有以下几个特征：（1）不具备独立的法人资格；（2）所有收入、支出纳入上级单位核算，由上级单位财务部门统一管理；（3）没有完整的会计工作组织体系。

单位内部会计工作的组织方式通常有以下以下两种：

1. 一级核算方式。规模较小，所属二级单位财务活动较少的单位，可实行一级核算方式。其二级单位为报账单位，不设账簿，发生各项支出持凭证向单位会计部门报销。

2. 二级核算方式。规模较大，所属二级单位财务活动较多的单位，可实行二级核算方式。其二级单位为单独核算单位，要设完整的账簿，自行编制会计报表，向单位会计部门报送。财务收支数额很大的二级单位，还可征得银行同意单独开设账户。

目前，在一部分高院学校和科研单位已实行二级核算方式，有些单位则实行二级核算方式与一级核算方式同时并用的混合核算方式。

随着经济体制、科技体制和教育体制改革的深入，许多科研、教学机构所属二级单位的社会服务活动广泛开展，业务收入迅速增加，财务收支数额相当可观，迫切需要建立二级核算。但是，其中有不少科研、教学机构的二级单位，没有专职财会人员，没有健全的财会制度和会计账目，收支不清，手续混乱，不仅不能提供真实可靠的数据，促进本单位业务活动的开展，而且容易出现铺张浪费、贪污盗窃等问题。这个问题必须引起重视。为此，凡是对外服务活动较多、业务收入较多的内部单位，应尽可能地建立二级核算，切实做好二级单位的会计核算工作。

第三章　事业单位债权债务的核算

第一节　应收及预付款项的核算

一、应收及预付款项基础

（一）资产的概念及特征

资产是指企业过去的交易或者事项形成的，由企业拥有或者控制的，预期会给企业带来经济利益的资源。资产具有以下特征：

1. 资产应为企业拥有或者控制的资源

资产作为一项资源，应当由企业拥有或者控制，具体是指企业享有某项资源的所有权，或者虽然不享有某项资源的所有权，但该资源能被企业所控制（如融资租入固定资产）。

2. 资产预期会给企业带来经济利益

资产预期会给企业带来经济利益，是指资产直接或者间接导致现金和现金等价物流入企业的潜力。这种潜力可以来自企业日常的生产经营活动，也可以是非日常活动。带来的经济利益可以是现金或者现金等价物，或者是可以转化为现金或者现金等价物的形式，或者是可以减少现金或者现金等价物流出。

如果某一项目预期不能给企业带来经济利益，那么就不能将其确认为企业的资产。前期已经确认为资产的项目，如果不能再为企业带来经济利益，也不能再确认为企业的资产。

3. 资产由企业过去的交易或者事项形成的资产是由企业过去的交易或者事项形成的，即只有过去的交易或者事项才能产生资产，企业预期在未来发生的交易或者事项不形成资产。

（二）资产的确认条件及分类

将一项资源确认为资产，需要符合资产的定义，还应同时满足以下两个条件：

1. 与该资源有关的经济利益很可能流入企业

如果根据编制财务报表时所取得的证据，与资源有关的经济利益很可能流入企业，那么应当将其作为资产予以确认；反之，不能确认为资产。

2. 该资源的成本或者价值能够可靠地计量

财务会计系统是一个确认、计量和报告的系统，其中可计量性是所有会计要素确认的重点，资产的确认也是如此。只有当有关资源的成本或者价值能够可靠地计量时，资产才能予以确认。

资产一般按流动性进行分类，具体分为流动资产和非流动资产（或称长期资产）。

流动资产是指可以在 1 年或者超过 1 年的一个营业周期内变现或耗用的资产，主要包括货币资金、交易性金融资产、应收及预付款项、存货等。非流动资产是指不能再 1 年或者超过 1 年的一个营业周期内变现或者耗用的资产，主要包括长期金融资产、投资性房地产、固定资产、无形资产及其他资产等。

（三）应收及预付款项的概念

应收和预付款项，是指企业在日常生产经营过程中发生的各项债权，包括应收款项和预付款项等。其中，应收款项包括应收票据、应收账款和其他应收款等；预付款项是指企业按照合同规定预付的款项，如预付账款。

二、应收账款的核算

（一）应收账款的概念

应收账款是指企业因销售商品、提供劳务等经营活动，应向购货单位或接受劳务单位收取的款项，主要包括企业销售商品或提供劳务等应向有关债务人收取的价款及代购货单位垫付的包装费、运杂费等。应收账款的入账价值包括销售商品或提供劳务从购货方或接受劳务方应收的合同或协议价款（应收的合同或协议价款不公允的除外）、增值税销项税额，以及代购货单位垫付的包装费、运杂费等。应收账款和贷款，属于在活跃市场中没有报价、回收金额固定或可确定的非衍生金融资产。

会计上所指的应收账款有其特定的范围。第一，应收账款是指因销售活动形成的债权，不包括应收职工欠款、应收债务人的利息等其他应收款；第二，应收账款是指流动资产性质的债权，不包括长期的债权，如长期应收款等；第三，应收账款是指本企业应收客户的款项，包括本企业付出的各类存出保证金，如投标保证金和租入包装物保证金等。

（二）应收账款的确认和计量

应收账款的确认，包括入账时间的确认和入账金额的确认两个方面。

1. 应收账款的确认时间

应收账款是在商业信用条件下由于赊销业务而产生的，因而在销售成立时既确认了营业收入，又确认了应收账款。也就是说，一般情况下，营业收入的确认时间，就是应收账款的入账时间。

2. 应收账款的计量

应收账款的初始计量应采用公允价值，因为大多数情况下，企业的应收账款为没有明确利率的短期应收账款，其现值与实际交易价格相差很小，所以应收账款一般按实际交易价格计量。但如果应收账款收账期较长，不论是否约定利息，企业均按已收金额或应收金额的公允价值计量。应收账款的后续计量，应当采用实际利率法，按摊余成本计量。在资产负债表日，还应当对应收账款的账面价值进行检查，有客观证据表明该应收账款发生减值的，应当计提坏账准备。

企业发生应收账款时，一般按实际发生额入账，即根据买卖双方在成交时的实际金额记账，它包括发票价款、代税务部门收取的增值税额（增值税专用发票上注明的增值税额）和代购货单位垫付的运杂费等部分，在有销售折扣（包括商业折扣和现金折扣）的情况下，还要考虑折扣因素。一般纳税人企业销售货物或提供应税劳务取得收入时，应向购货方出具增值税专用发票。三联次增值税专用发票分别是记账联抵扣联、发票联。记账联是销货方的记账凭证，据以核算商品销售收入和增值税销项税额。抵扣联与发票联一起交给购货方。发票联是购货方的记账凭证；抵扣联是购货方的扣税凭证，抵扣联认证完后另行装订保管，以备税务部门检查。目前，新版专用发票的发票联和抵扣联使用无色荧光油墨套印了防伪字和团花。

（1）商业折扣。商业折扣，是在实际销售商品或提供劳务时，从价目单的报价中扣减部分款项，以盈亏的金额作为发票价格，是企业为促进销售而在商品标价上给予的扣除。企业之所以对消费者（顾客）提供商业折扣，是由于多方面原因，如避免经常更改价目单、增加销售数额、照顾顾客等。如购买 10 件以上者给予 10% 的折扣，或每买 10 件送 1 件。商品报价并不是针对某一具体客户的应收款，只有业务发生时的成交价才能以应收客户款入账。商业折扣一般在交易发生时即已确定，它仅仅是确定实际销售价格的一种手段，不需要在买卖双方任何一方的账上反映，所以商业折扣对应收账款的入账没有什么实质性的影响。因此，在存在商业折扣的情况下，企业应收账款入账金额应按扣除商业折扣以后的实际售价确认。

（2）现金折扣。现金折扣，是企业为了鼓励顾客在一定期限内及早偿还货款而从发票价格中让渡给顾客一定数额的款项，是向债务人提供的债务扣除。现金折扣的条件通常用一定形式的“术语”来表示，如 2/10，1/20，n/30（信用期限为 30 天，如果在 10 天内付款可享受 2% 的现金折扣，如果在 20 天内付款可享受 1% 的现金折扣）。在这种情况下，当应收账款入账时，客户是否能享受到现金折扣还是个未知数，故应收账款的入账金额就是发票的实际金额，即尚未享受现金折扣前的金额（按总价法入账）。现金折扣于实际发生时确认为当期财务费用。

（三）应收账款核算的账户设置

“应收账款”账户核算企业因销售商品、提供劳务等经营活动应收取的款项。因销售商品、产品、提供劳务等，合同或协议价款的收取采用递延方式、实质上具有融资性质的，在“长期应收款”账户核算，不在本账户核算。不单独设置“预收账款”账户的企业，预收的账款也在本账户反映。

（四）应收账款的核算

1. 核算应收账款

为了反映和监督应收账款的增减变动及其结存情况，企业应设置“应收账款”科目，其借方登记应收账款的增加，贷方登记应收账款的收回及确认的坏账损失。不单独设置“预收账款”科目的企业，预收的货款也在“应收账款”科目核算，收到预收账款在“应收账款”的贷方登记，发出商品时在“应收账款”的借方登记。期末余额一般在借方，反映企业尚未收回的应收账款；如果期末余额在贷方，则反映企业预收的账款。“应收账款”应按往来单位设置明细分类账，进行明细核算。企业销售商品等发生应收款项时，借记“应收账款”科目，贷记“主营业务收入”“应交税费——应交增值税（销项税额）”等科目；收回应收账款时，借记“银行存款”等科目，贷记“应收账款”科目。企业代购货单位垫付包装费、运杂费时，借记“应收账款”科目，贷记“银行存款”等科目；收回代垫费用时，借记“银行存款”科目，贷记“应收账款”科目。如果企业应收账款改用应收票据结算，在收到承兑的商业汇票时，借记“应收票据”科目，贷记“应收账款”科目。

2. 一般经营中应收账款的形成和收回的账务处理

一般经营中企业应收账款的核算主要包括以下三种情况：

（1）企业发生的应收账款，在没有商业折扣的情况下，按应收的全部金额入账。

（2）企业发生的应收账款，在有商业折扣的情况下，应按扣除商业折扣后的金额入账。

（3）企业发生的应收账款，在有现金折扣的情况下，采用总价法入账，发生的现金折扣作为财务费用处理。

企业销售商品、提供劳务，形成应收账款时，账务处理如下：

借：应收账款（应收的金额）

　　贷：主营业务收入（实现的主营业务收入）

　　　　应交税费——应交增值税（销项税额）（增值税专用发票上注明的增值税税额）

收回应收账款时，账务处理如下：

借：银行存款

　贷：应收账款

例：2022 年 9 月 1 日，B 公司采用托收承付方式向 A 公司销售产品一批，开出的增值税专用发票上注明货款 3000 元，增值税额 510 元，以银行存款代垫运杂费 70 元（其中运输费 50 元），货已发出，已办理托收承付手续。2022 年 9 月 1 日实现销售，根据增值税专用发票（记账联）、托收凭证（回单联），编制会计分录如下：

借：应收账款——A 公司　　3580

　贷：主营业务收入　　3000

　　应交税费——应交增值税（销项税额）　　510

　　银行存款　　70

三、应收票据的核算

（一）应收票据的概念与分类

1. 应收票据的概念

应收票据是指企业因销售商品、提供劳务等而收到的商业汇票。应收票据是企业未来收取货款的权利，这种权利和将来应收取的货款金额以书面文件形式约定下来，它受到法律的保护。商业汇票是一种由出票人签发的，委托付款人在指定日期无条件支付确定金额给收款人或者持票人的票据。根据承兑人的不同，商业汇票分为商业承兑汇票和银行承兑汇票。商业承兑汇票是指由付款人签发并承兑，或由收款人签发交由付款人承兑的汇票。银行承兑汇票是指由在承兑银行开立存款账户的存款人（这里也是出票人）签发，由承兑银行承兑的票据。会计实务中见票即付的支票、银行本票、银行汇票则不属于应收票据的核算范围。应收票据核算的主要内容有：①取得应收票据和收回到期票款的核算；②应收票据的转让和贴现。

（1）核算商业汇票的取得和收回

为了反映和监督应收票据的取得、票款收回等经济业务，企业应当设置“应收票据”科目，借方登记取得的应收票据的面值，贷方登记到期收回票款或到期前向银行贴现的应收票据的票面余额。期末余额在借方，反映企业持有的商业汇票的票面金额。

（2）核算应收票据的转让和贴现

实务中，企业可以将自己持有的商业汇票背书转让，急需现金时，还可将未到期的商业汇票向银行申请贴现。

根据《支付结算办法》的有关规定，企业可以将持有的应收票据背书转让，用以购买所需物资或偿还债务。背书是指在票据背面或者粘单上记载有关事项并签章的票据行为，背书转让行为，背书人应当承担票据责任。

2. 应收票据的分类

依照不同的标准，应收票据可以划分为不同种类，如表 3-1 所示。

表3–1 应收票据的分类

标准	种类	含义
按承兑人不同	商业承兑汇票	是指由付款人签发并承兑，或由收款人签发交由付款人承兑的汇票
	银行承兑汇票	是指由在承兑银行开立存款账户的存款人签发，由承兑银行承兑的票据
按是否计息	不带息商业汇票	是指商业汇票到期时，承兑人只按票面金额向收款人或被背书人支付款项的票据
	带息商业汇票	是指商业汇票到期时，承兑人必须按票面金额加上应计利息向收款人或被背书人支付票款的票据

（二）应收票据的确认和计量

1. 应收票据的计价

在会计实务中，企业收到的商业汇票无论是否带息，均以票据面值入账。一般情况下，企业应在收到开出并承兑的商业汇票时，无论是否带息，均按应收票据的票面价值入账。同时，带息应收票据，应在期末（指中期期末和年度终了）计提利息，计提的利息计入“应收利息”账户，并同时计入当期损益，冲减“财务费用”账户。

2. 应收票据的期限与到期值的确定

（1）应收票据的期限。应收票据的期限有按月表示和按日表示两种。定日付款的汇票付款期限自出票日起按日计算，定月付款的汇票付款期限自出票日起按月计算。

①按日计算的票据，应从出票日起按实际经历天数计算。通常出票日和到期日只能算一天（算尾不算头）。如 3 月 3 日出票的 60 天的票据，到期日为 5 月 2 日。与此同时，计算利息使用的利率要换算成日利率（年利率 /360），票据期限按天数计算。

②按月计算的票据，以到期月份中与出票日相同的日期为到期日。次月对日为整月。如 3 月 1 日出票的 3 个月票据，到期日为 6 月 1 日。月末出票的票据，不论月份大小，均不考虑各月份实际天数的多少，以到期月份的月末一天为到期日。如 2 月 28 日出票的 1 个月票据，到期日为 3 月 31 日。与此同时，计算利息使用的利率要换算成月利率（年利率 /12），票据期限按月计算。

（2）应收票据的到期值

①不带息票据的到期值，就是票据的面值；

②带息票据的到期值是面值加上票面利息。其计算公式为：

带息票据到期值 = 面值 + 面值 × 票面利率 × 票据期限

（三）应收票据核算的账户设置

“应收票据”账户核算企业因销售商品、提供劳务等而收到的商业汇票，包括银行承兑汇票和商业承兑汇票。企业应当设置“应收票据备查簿”，逐笔登记每一商业汇票的种类、号数和出票日、票面金额、交易合同号和付款人、承兑人、背书人的姓名或单位名称、到期日、背书转让日、贴现日、贴现率和贴现净额以及收款日和收回金额、退票情况等资料。商业汇票到期结清票或退票后，应当在备查簿内逐笔注销。

（四）应收票据的核算

取得应收票据和收回到期票款。应收票据取得的原因不同，其会计处理亦有所区别。因债务人抵偿前欠货款而取得的应收票据，借记“应收票据”科目，贷记“应收账款”科目。因企业销售商品、提供劳务等而收到开出、承兑的商业汇票，借记“应收票据”科目，贷记“主营业务收入”“应交税费——应交增值税（销项税额）”等科目。商业汇票到期收回款项时，应按实际收到的金额，借记“银行存款”科目，贷记“应收票据”科目。

应收票据的转让，企业将持有的商业汇票背书转让以取得所需物资时，按应计入取得物资成本的金额，借记“材料采购”“原材料”“库存商品”等科目；按增值税专用发票上注明的可抵扣的增值税税额，借记“应交税费——应交增值税（进项税额）”科目；按商业汇票的票面金额，贷记“应收票据”科目；如有差额，借记或贷记“银行存款”等科目。对于票据贴现，企业应按实际收到的金额，借记“银行存款”科目；按贴现息部分，借记“财务费用”科目；按应收票据的票面价值，贷记“应收票据”科目。其会计分录如下：

1. 应收票据的取得、计息和到期收回的账务处理

（1）不带息应收票据的核算

①不带息应收票据取得的账务处理

因销售商品、提供劳务等而收到开出、承兑的不带息商业汇票，账务处理如下：

借：应收票据（票据面值）

　　贷：主营业务收入（实现的营业收入）

　　　　应交税费——应交增值税（销项税额）（增值税专用发票上注明的增值税额）

收到以应收票据抵偿应收账款时，账务处理如下：

借：应收票据（票据面值）

　　贷：应收账款

②不带息应收票据到期收回的账务处理

借：银行存款

　　贷：应收票据（票据面值）

③不带息应收票据到期，付款人无力支付票款的账务处理

如果企业持有的商业承兑汇票到期，因付款人无力支付票款，企业收到银行退回的商业汇票、委托收款凭证、未付票款通知书或拒绝付款证明等单据，应将到期票据的票面金额转入。“应收账款”账户，账务处理如下：

借：应收账款

　　贷：应收票据（票据面值）

例：2023 年 7 月 20 日，B 公司向 A 公司销售产品，开出的增值税专用发票上注明价款 50000 元，增值税 8500 元，收到 A 公司开出的 3 个月期限的不带息商业承兑汇票一张，面值 58500 元。2023 年 7 月 20 日实现销售，根据增值税专用发票（记账联）、商业承兑汇票（第二联复印件）编制会计分录如下：

借：应收票据——A 公司　　　　58500

　　贷：主营业务收入　　　　　50000

　　　　应交税费——应交增值税（销项税额）　　8500

如果 2023 年 12 月 31 日，票据到期收回票款，根据资金划拨补充凭证（回单联），编制会计分录如下：

借：银行存款　　58500

　　贷：应收票据——A 公司　　58500

如果 2023 年 12 月 31 日，B 公司持有的商业承兑汇票到期，因付款人无力支付票款，根据银行退回的商业承兑汇票、委托收款凭证、未付票款通知书或拒绝付款证明等单据，编制会计分录如下：

借：应收账款——A 公司　58500

　　贷：应收票据——A 公司　　58500

（2）带息应收票据的核算

①带息票据取得的账务处理。取得的应收票据，不论是带息票据还是不带息票据，其账务处理基本相同。

②带息票据期末计息的账务处理。票据到期之前，尽管利息尚未实际收到，但企业已取得收取票据利息的权利。按权责发生制会计核算基础于会计期末反映这部分利息收入，应编制利息计算表，进行账务处理：

借：应收利息（期末计提的利息）

贷：财务费用

至于企业于月末、季末还是年末对企业持有的应收票据计提票据利息，应根据企业采取的会计政策而定。一般情况下，应收票据的利息金额较大，对企业财务成果有较大影响的，应按月计提利息，否则可于季末或年末计提利息。

如应收票据利息金额不大或票据生效日和到期日在同一会计年度，为简化核算手续，可在票据到期收到票据本息时，将利息收入计入“财务费用”账户贷方，平时不进行计提利息的账务处理。

实务中，由于应收票据多为短期债权，利息收入金额不大，一般可按名义利率计算确定利息收入。

③带息应收票据到期收回的账务处理

带息应收票据到期收回时，账务处理下：

借：银行存款（票据本息）

贷：应收票据（票据面值）

应收利息（已计提的利息）

财务费用（差额：尚未计提的利息）

④带息应收票据到期未能收回的账务处理

应收票据到期，如因付款人无力支付票款，而收到由银行退回的商业承兑汇票、委托收款凭证、未付票款通知书或拒绝付款证明等单据，账务处理如下：

借：应收账款（票据本息）

贷：应收票据（票据面值）

应收利息（已计提的利息）

财务费用（差额：尚未计提的利息）

2. 应收票据贴现的账务处理

（1）票据贴现值的计算

票据贴现是指持票人为了解决临时的资金需要，将尚未到期的票据在背书后送交银行，银行受理后从票据到期值中扣除按银行贴现率计算确定的贴现利息，然后将余额付给持票人，作为银行对企业提供短期贷款的行为。可见，票据贴现是以票据向银行借入短期资金，其实质上是企业融通资金的一种形式。

在票据贴现中，不带息票据的到期值就是其票面价值，带息票据的到期值就是其票面价值加上到期利息。票据贴现日至票据到期日的间隔期称为贴现天数，但通常是在贴现日与到期日两天中，只计算其中的一天。贴现中所使用的利率称为贴现率。贴现银行按贴现率计算扣除的利息称为贴现息。

有关计算公式为：

票据到期价值 = 票据面值 × （1+ 票面利率 × 票据期限）= 票据面值 + 票据利息

贴现天数 = 贴现日至票据到期日实际天数— 1

按照《支付结算办法》的规定，实付贴现金额按票面金额扣除贴现日至票据到期前一日的利息计算。承兑人在异地的，贴现利息的计算应另加 3 天的划款日期。

贴现息 = 票据到期价值 × 贴现率 × 贴现期

票据贴现净额 = 票据到期价值—贴现息

（2）不带息票据贴现的账务处理

应收票据的贴现一般可以采用“无追索权”和“有追索权”两种方式。

①不带追索权的无息票据贴现的账务处理

背书人（持有应收票据的企业）在向银行转移票据所有权利益的同时，也宣布转嫁了票据的全部风险，票据到期时如果不能偿付，背书人并不承担连带责任，符合金融资产终止确认的条件。因此，应收票据一经贴现就可以从账簿记录中消除，不必提示与此有关的或有负债。

企业应将银行承兑汇票贴现的业务视为不带追索权的商业汇票贴现，按金融资产终止确认的原则处理。企业将应收票据贴现时，在贴现的应收债权到期，债务人未按期偿还，申请贴现的企业不负有任何偿还责任时，则属于应收债权的出售。企业将票据贴现，取得贴现凭证，其账务处理如下：

借：银行存款（贴现净额）

　　财务费用（贴现息）

　　　贷：应收票据（票面金额）

②带追索权的无息票据贴现的账务处理

在绝大多数情况下，银行都要求应收票据贴现采用“有追索权”方式，当付款人到期无法支付票据款项，背书人（贴现企业）在法律上要承担连带清偿责任，即贴现企业必须向贴现银行偿还这一债务，会计上称其为或有负债。这种负债直至贴现的票据到期由贴现银行收到票款后方可解除。因此，带追索权的商业汇票贴现后，不符合金融资产终止确认的条件，不应冲销票据的账面金额。商业承兑汇票贴现就是一种典型的带追索权的票据贴现业务。

企业将应收票据贴现时，如协议中规定，在贴现的应收债权到期，债务人未按期偿还款项，申请贴现的企业负有向银行等金融机构还款的责任，则属于以应收债权为质押取得的借款。企业将因票据贴现而产生的负债单独以“短期借款”账户核算。

（3）带息票据贴现的账务处理

①不带追索权的带息票据贴现

a. 收到贴现款时

借：银行存款（贴现净额）

财务费用（借方差额：贴现净额小于应收票据的票面金额及已计提的利息金额）

贷：应收票据（票面金额）

应收利息（已提利息）

财务费用（贷方差额：贴现净额大于应收票据的票面金额及已计提的利息金额）

b. 贴现票据到期时，承兑人无论是否付款，贴现企业均不做账务处理。

②带追索权的带息票据贴现

a. 收到贴现款时。

借：银行存款（贴现净额）

财务费用（贴现息）

贷：短期借款（票面金额）

b. 贴现票据到期时，承兑人足额付款，视为偿还短期借款。

四、预付账款的核算

（一）预付账款的概念

预付账款是指企业为取得生产经营所需要的原材料、物品等而按照购货合同规定预付给供应单位的款项。预付账款是商业信用的一种形式，它所代表的是企业在将来从供应单位取得材料、物品等的债权。从这个意义上讲，它与应收账款具有类似的性质。但预付账款与应收账款产生于两种完全不同的交易行为，前者产生于企业购货业务，后者产生于企业的销货业务，而且二者在将来回收债权的形式也不相同，因此，企业应分别核算这两种债权，在资产负债表上作为两个流动资产项目分别反映。企业应当设置“预付账款”科目，核算预付账款的增减变动及其结存情况，预付款项情况不多的企业，可以不设置“预付账款”科目，而直接通过“应付账款”科目核算。预付账款的核算包括预付款项和收到货物两个方面。

（二）预付账款的核算

1. 单设“预付账款”账户，预付账款的账务处理

预付账款的会计处理包括预付款项的账务处理、收到货物的账务处理和结清货款的账务处理三个方面。

（1）预付账款的账务处理

企业因购货而按照购货合同规定预付给供货单位款项时，账务处理如下：

借：预付账款（实际预付的金额）

　　贷：银行存款

（2）收到货物的账务处理

企业收到所购货物时，账务处理如下：

借：材料采购 / 原材料 / 库存商品 / 在途物资等（购入物资的成本）

　　应交税费——应交增值税（进项税额）（增值税专用发票上注明的增值税额）

　　　贷：预付账款（应付的金额）

（3）结清货款的账务处理

如果所购货物的成本和增值税之和大于预付的款项，在补付款项时，账务处理如下：

借：预付账款（补付的金额）

　　贷：银行存款

如果所购货物的成本和增值税之和小于预付的款项，在收到退回多付的款项时，账务处理如下：

借：银行存款

　　贷：预付账款（退回多付的金额）

例：2022 年 3 月 12 日，B 公司根据购货合同规定，预付明天公司货款 7200 元。2012 年 3 月 18 日，明天公司发出商品，并开来发票账单，增值税专用发票上注明货款 5000 元，增值税额为 850 元，材料已入库，不足款项于 2022 年 3 月 30 日以银行存款电汇支付。原材料按实际成本核算。B 公司单设“预付账款”账户进行核算。2012 年 3 月 12 日，向明天公司预付货款时，根据收据、电汇业务委托书（回执联）编制会计分录如下：

借：预付账款——明天公司　　　7200

　　贷：银行存款 7200

2022 年 3 与 18 日，收到明天公司开具的发票账单，原材料已入库，根据增值税专用发票编制会计分录如下：

借：原材料　　　5000

　　应交税费——应交增值税（进项税额）　　　850

　　　贷：预付账款——明天公司 5850

2. 不单设“预付账款”账户，预付账款的账务处理

预付款项情况不多的企业，也可以不设“预付账款”账户，将预付的款项直接计入“应付账款”账户的借方进行核算。

五、其他应收款的核算

（一）其他应收款的概念

其他应收款是指企业除应收票据、应收账款、预付账款、应收股利、应收利息、应收代位追偿款、长期应收款等以外的其他各种应收及暂付款项。主要包括以下内容：①应收的各种赔款、罚款，如因企业财产等遭受意外损失而应向有关保险公司收取的赔款等；②应收出租包装物租金；③应向职工收取的各种垫付款项，如为职工垫付的水电费、医药费、房租费等；④备用金（向企业各科室、车间等拨出的备用金）；⑤存出保证金，如租入包装物支付的押金，⑥其他各种应收、暂付款项，如应收出口退税等。

（二）其他应收款的核算

1. 备用金的账务处理

备用金是指为了满足企业内部各部门和职工生产经营活动的需要，而暂付给有关部门和个人使用的现金。

企业应在“其他应收款”账户下设置“备用金”二级账户，以更好地反映和监督备用金的领用和使用情况。

根据备用金的管理制度，备用金的核算分为定额备用金和非定额备用金两种情况。

（1）定额备用金的账务处理。定额备用金是指用款单位按定额持有的备用金。实行这种制度，通常是根据用款单位的实际需要，由财会部门会同有关用款单位核定备用金定额并拨付款项，同时规定其用途和报销期限，待用款单位实际支用后，凭有效单据向财会部门报销，财会部门根据报销数用现金补足备用金定额。

这种方法便于企业对备用金的使用进行控制，并可减少财会部门日常的核算工作，一般适用于有经常性费用开支的内部用款单位。实行定额备用金制度的企业，对于领用的备用金应定期向财会部门报销。向用款单位拨付备用金时，账务处理如下：

借：其他应收款——备用金

　　贷：库存现金 / 银行存款

用款单位向财会部门报销，财会部门根据报销数用现金补足备用金定额时，账务处理如下：

借：制造费用、管理费用等

　　贷：库存现金、银行存款

报销数和拨补数都不再通过“其他应收款——备用金”账户核算。只有不再使用定额备用金、负责人变动，收回预付备用金时，才做备用金减少的会计分录。

（2）非定额备用金的账务处理。非定额备用金是指用款单位或个人不按固定定额持有的备用金，它是为了满足临时性需要而暂付给有关部门和个人的现金，使用后实报实销。实行这种制度，当用款单位或个人临时采购、出差或其他日常开支需要使用备用金时，是按需要逐次借用和报销的。

2. 备用金以外的其他应收款的账务处理

企业发生备用金以外的其他应收款时，账务处理如下：

借：其他应收款

　　贷：库存现金 / 银行存款、营业外收入等

收回备用金以外的其他应收款时，账务处理如下：

借：库存现金 / 银行存款、应付职工薪酬等

　　贷：其他应收款

六、应收款项减值的核算

（一）应收款项减值损失的确认

企业的各种应收款项，可能会因购货人拒付、破产、死亡等原因而无法收回。这类无法收回的应收款项就是坏账。企业因坏账而遭受的损失为坏账损失。企业应当在资产负债表日对应收款项的账面价值进行检查，有客观证据表明应收款项发生减值的，应当将该应收款项的账面价值减记至预计未来现金流量现值，减记的金额确认减值损失，计提坏账准备。确定应收款项减值有两种方法，即直接转销法和备抵法，我国企业会计准则规定采用备抵法确定应收款项的减值。

1. 直接转销法

采用直接转销法时，日常核算中应收款项可能发生的坏账损失不予考虑，只有在实

际发生坏账时，才作为损失计入当期损益，同时冲销应收款项，借记“资产减值损失”科目，贷记“应收账款”科目。

2. 备抵法

备抵法是采用一定的方法按期估计坏账损失，计入当期费用，同时建立坏账准备，待坏账实际发生时，冲销已计提的坏账准备和相应的应收款项。采用这种方法，坏账损失计入同一期间的损益，体现了配比原则的要求，避免了企业明盈实亏；在报表上列示了应收款项净额，使报表使用者能了解企业应收款项的可变现金额。

资产负债表日，企业应对应收款项的账面价值进行检查，有客观证据表明其发生减值应当确认减值损失，计提坏账准备。

表明应收款项发生减值的客观证据，是指应收款项初始确认后实际发生的、对该应收款项的预计未来现金流量有影响，且企业能够对该影响进行可靠计量的事项。

应收款项发生减值的客观证据，包括下列各项：

（1）债务人发生严重财务困难；

（2）债务人违反了合同条款，如偿付利息或本金发生违约或逾期等；

（3）债权人出于经济或法律等方面因素的考虑，对发生财务困难的债务人做出让步；

（4）债务人很可能倒闭或进行其他财务重组；

（5）一组金融资产自初始确认以来的预计未来现金流量已减少且可计量；

（6）其他表明应收款项发生减值的客观证据。

无法收回的可能性极小的应收款项称为“坏账”，由于发生坏账而使企业遭受的损失为“坏账损失”。

计提坏账准备的范围是企业不能收回的应收款项，包括应收账款、应收票据、预付账款、长期应收款等。企业发生的坏账损失应根据企业的管理权限，报经股东大会或董事会，或厂长（经理）办公会或类似机构批准时予以确认。

（二）应收款项减值的计量

1. 应收款项以摊余成本进行后续计量，其发生减值时，应当将该应收款项的账面价值与预计未来现金流量现值之间的差额，确认为减值损失，计入当期损益。

对于应收款项，在计算未来现金流量现值时可采用合同规定的现行实际利率作为折现率。短期应收款项应的预计未来现金流量与其现值相差很小的，在确定相关减值损失时，可对其预计未来现金流量进行折现。

2. 应收款项减值测试的方法包括单项测试法和组合测试法。应收款项减值测试时，对于单项金额重大的应收款项单独进行减值测试。如有客观证据表明其已发生减值，应当确认减值损失，计入当期损益。

对单项金额不重大的应收款项，可以单独进行减值测试，或包括在具有类似信用风险特征的应收款项组合中进行减值测试。

3. 对以摊余成本计量的应收款项确认减值损失后，如有客观证据表明该应收款项价值已恢复，且客观上与确认该损失后发生的事项有关（如债务人的信用评级已提高等），原确认的减值损失应当予以转回，计入当期损益。但是，该转回后的账面价值不应当超过假定了计提减值准备情况下该应收款项在转回日的摊余成本。

（三）应收款项减值的核算

资产负债表日，企业应当对应收款项的账面价值进行全面检查，有客观证据表明该应收款项发生减值的，应当确认减值损失（坏账损失）计提减值准备（坏账准备）。

坏账损失的核算采用备抵法。备抵法是指企业于资产负债表日，对应收款项中可能发生的坏账损失予以合理估计，计入当期费用，同时将估计的坏账损失作为坏账准备金，待某一特定款项被确认为坏账时，再通过坏账准备金账户予以注销的一种方法。

1. 坏账准备的计提与转回的账务处理

对应收款项计提坏账准备需要编制坏账准备计提表，坏账准备的数额可按以下公式计算；当应收款项的账面价值大于未来现金流量现值时，按其差额计提坏账准备并计入当期损益。

当期应提取的坏账准备数额（会计分录的数额）= 计提后“坏账准备”账户的应有余额—计提前“坏账准备”账户贷方余额。

当期按应收款项计算的应提坏账准备余额大于“坏账准备”账户贷方余额，应按其差额提取坏账准备，账务处理如下：

借：资产减值损失——坏账损失

　　贷：坏账准备

如果当期按应收款项计算的应提坏账准备余额小于计提前“坏账准备”账户贷方余额，应按其差额冲减已计提的坏账准备，即转回坏账准备，账务处理如下：

借：坏账准备

　　贷：资产减值损失——坏账损失

如果当期按应收款项计算的应提坏账准备金额为零，则应将原“坏账准备”账户的余额全部冲回。

坏账准备可按以下公式计算：

当期应计提的坏账准备 = 当期按应收款项计算的应提坏账准备金额 ± “坏账准备”科目的贷方（或借方）余额

企业计提坏账准备时，按应减记的余额，借记“资产减值损失——计提的坏账准备”科目，贷记“坏账准备”科目。冲减多计提的坏账准备时，借记“坏账准备”科目，贷记“资产减值损失——计提的坏账准备”科目。企业确实无法收回的应收款项按管理权限报经批准后作为坏账转销时，应当冲减已计提的坏账准备。企业发生坏账损失时，借记“坏账准备”科目，贷记“应收账款”“其他应收款”等科目。已确认并转销的应收款项以后又收回的，应当按照实际收到的金额增加坏账准备的账面余额。已确认并转销的应收款项以后又收回时，借记“应收账款”“其他应收款”等科目，贷记“坏账准备”科目；同时，借记“银行存款”科目，贷记“应收账款”“其他应收款”等科目；也可以按照实际收回的金额，借记“银行存款”科目，贷记“坏账准备”科目。

例：2023 年 4 月 3 日，B 公司应收 A 公司款项的余额为 1000000 元，经对其进行减值测试，根据 A 公司的资信情况确定按应收款项的 10% 计提坏账准备。假设 B 公司对 A 公司应收款项的坏账准备账户期初无余额。

2023 年 4 月 3 日，B 公司对 A 公司应收款项计提坏账准备时，根据坏账准备计提表，编制会计分录如下：

借：资产减值损失——坏账损失　100000

　　贷：坏账准备　100000

2. 实际发生坏账予以转销的账务处理

当企业某一特定应收款项实际被确认为坏账时，通过“坏账准备”账户转销，账务处理如下：

借：坏账准备

　　贷：应收账款等

3. 收回已确认并转销的坏账的账务处理

当以前已确认并转销的坏账又收回时，应当按照实际收到的金额增加坏账准备的账面余额，账务处理如下：

借：应收账款等

　　贷：坏账准备

同时，应借记“银行存款”科目，贷记“应收账款”等科目。

第二节　应付及预收款项的核算

一、负债概述

负债是指企业过去的交易或者事项形成的，预期会导致经济利益流出企业的现时义务。其特征是：

1. 负债是企业承担的现时义务

现时义务是指企业在现行条件已承担的义务（包括法定义务、推定义务）。未来发生的交易或事项形成的义务，不属于现时义务，不应当确认为负债。

2. 负债预期会导致经济利益流出企业

在履行现时义务清偿负债时，导致经济利益流出企业的形式多种多样。如用现金偿还，以实物资产形式偿还，以提供劳务形式偿还，以部分转移资产、部分提供劳务形式偿还等。

3. 负债是由企业过去的交易或者事项形成的

只有过去的交易或者事项才形成负债，企业将在未来发生的承诺、签订的合同等交易或者事项，不形成负债。

将一项现时义务确认为负债，需要符合负债的定义，还应当同时满足以下两个条件：

1. 与该义务有关的经济利益很可能流出企业

如果有确凿证据表明，与现时义务有关的经济利益很可能流出企业，就应当将其作为负债予以确认；反之，如果企业承担了现时义务，但是会导致经济利益流出企业的可能性很小，就不符合负债的确认条件，不应将其作为负债予以确认。

2. 未来流出的经济利益的金额能够可靠地计量

对于与法定义务有关的经济利益流出金额，通常可以根据合同或者法律规定的金额予以确定，并考虑货币时间价值等因素的影响。对于与推定义务有关的经济利益流出金额，企业应当根据履行相关义务所需支出的最佳估计数进行估计，并综合考虑有关货币时间价值、风险等因素的影响。

负债按偿还期限的长短（流动性）进行分类，具体分为流动负债和非流动负债（或称长期负债）。流动负债是指将在 1 年（含 1 年）或者超过 1 年的一个营业周期内偿还的债务，主要包括短期借款、交易性金融负债、应付及预收账款、应付职工薪酬、应交税费等。非流动负债是指将在 1 年或者超过 1 年的一个营业周期以上偿还的债务，主要包括长期借款、应付债券、长期应付款等。

二、应付账款的核算

（一）应付账款的概念

应付账款是指企业在生产经营过程中因购买材料、商品或接受劳务供应等而应付给供应单位的款项。这是买卖双方在购销活动中由于取得物资与支付货款在时间上不一致而产生的负债。

（二）应付账款的确认和计量

1. 应付账款的确认时间

从理论上讲，应付账款入账时间的确认，应以与所购买物资的所有权有关的风险和报酬已经转移或劳务已经接受为标志。

但在实际工作中，应区别情况处理。在物资和发票账单同时到达的情况下，应付账款一般在物资验收入库后，才按发票账单登记入账。这主要是为了确认所购入的物资是否在质量、数量和品种上与合同上注明的条件相符，以免因先入账而在验收入库时发现购入物资错、漏、破损等问题再进行调账。在物资和发票账单未同时到达的情况下，由于应付账款要根据发票账单登记入账，有时候货物已到而发票账单要间隔较长时间才能到达，但由于这笔负债已经成立，应作为一项负债反映。为了在资产负债表上客观反映出企业所拥有的资产和承担的负债，在实际工作工作中一般于月份终了时时将所购物资和应付的债务估计入账予以确认，待下月初再用红字予以冲回。

2. 应付账款的计量

应付账款一般按实际发生额入账。如果购入的资产在形成一笔应付账款时是带有现金折扣的，则应付账款应按发票上记载的应付金额的总价（不扣除现金折扣）入账，获得的现金折扣冲减财务费用。

3. 应付账款的核算

（1）企业因购入物资而形成的应付账款的账务处理。在实际工作中，企业购入的物资和发票账单到达企业的时间往往不一致，有些情况下会形成应付账款，而有些情况下则不会形成应付账款。

（2）企业因接受劳务而形成的应付账款的账务处理。企业因接受劳务而发生的应付未付款项，账务处理如下：

借：生产成本 / 管理费用等（接受劳务的成本）

　　应交税费——应交增值税（进项税额）（增值税专用发票上注明的增值税额）

　　　贷：应付账款（应付金额）

（3）应付账款减少的账务处理。一般情况下，应付账款的减少是因为偿还所欠款项而发生的。偿还应付账款时，账务处理如下：

借：应付账款

　　贷：银行存款（偿还金额）/ 财务费用（享受的现金折扣）

在实际工作中，也会出现其他情况下的应付账款的减少，如企业开出商业汇票以抵付应付账款，保证债权人的利益。其账务处理如下：

借：应付账款

　　贷：应付票据

（4）无法支付的应付账款的账务处理。在实际工作中，可能出现由于债权单位撤销或其他原因而无法支付的应付账款，直接计入营业外收入，账务处理如下：

借：应付账款

　　贷：营业外收入（转销无法支付的应付账款）

三、应付票据的核算

（一）应付票据的概念与分类

应付票据是由出票人出票，委托付款人在指定日期无条件支付确定的金额给收款人或者持票人的票据。应付票据也是委托付款人允诺在一定时间内支付一定数额的书面证明。应付票据与应付账款不同，虽然二者都是由于交易而引起的流动负债，但应付账款是尚未结清的债务，而应付票据是延期付款的证明，有承诺付款的票据作为凭据。

在采用商业承兑汇票方式下，承兑人应为付款人，承兑人对这项债务在一定时期内支付，作为企业的一项负债；在采用银行承兑汇票方式下，商业汇票应由在承兑银行开立存款账户的存款人签发，由银行承兑。由银行承兑的汇票，只是为收款人按期收回债权提供了可靠的信用保证，对付款人来说，不会由于银行承兑而使这项负债消失。因此，即使是由银行承兑的汇票，付款人的现存义务依然存在，应将其作为一项负债。我国商业汇票的付款期限一般不超过 6 个月，因此，应将应付票据归于流动负债进行管理和核算。应付票据按是否带息可分为两种，一种是带息应付票据，另一种是不带息应付票据。带息应付票据要标明票面利率，它的到期值等于票据面值加上利息。票据到期时，除支付票面金额外，还需支付利息。

（二）核算应付票据的发生

由于商业汇票的付款期限一般不超过 6 个月，因此在实际工作中应将其作为流动负债进行管理和核算。企业应设置“应付票据”科目，用于核算企业购买材料、商品和接受劳务供应等开出、承兑的商业汇票，包括银行承兑汇票和商业承兑汇票。“应付票据”

科目期末贷方余额，反映企业尚未到期的商业汇票的票面余额。

企业开出、承兑商业汇票或以承兑商业汇票抵付货款、应付账款时，借记“材料采购”、“库存商品”“在途物资”“应付账款”“应交税费——应交增值税（进项税额）”等科目，贷记“应付票据”科目。支付银行承兑汇票的手续费时，借记“财务费用”科目，贷记“银行存款”科目。

1. 企业开出、承兑商业汇票或以承兑商业汇票抵付货款、应付账款等，借记“材料采购”“库存商品”等科目，贷记“应付票据”科目。涉及增值税进项税额的，还应进行相应的处理。

2. 支付银行承兑汇票的手续费，借记“财务费用”科目，贷记“银行存款”科目。

3. 支付票款，借记“应付票据”科目，贷记“银行存款”科目。

4. 银行承兑汇票到期，企业无力支付票款的，按应付票据的票面金额，借记“应付票据”科目，贷记“短期借款”科目。

5. 商业承兑汇票到期，企业无力支付票款的，按应付票据的票面金额，借记“应付票据”科目，贷记“应付账款”科目。

带息应付票据与不带息票据核算的不同之处是，期末计提利息，计入当期财务费用，借记“财务费用”科目，贷记“应付票据”科目。

（三）应付票据的核算

1. 企业开出、承兑商业汇票时的账务处理

当企业开出、承兑商业汇票或以承兑商业汇票抵付货款、应付账款时，账务处理如下：

借：材料采购 / 原材料 / 库存商品 / 应付账款等（财产物资的入账价值）

　　应交税费——应交增值税（进项税额）（增值税专用发票上注明的增值税额）

　　　贷：应付票据（票据面值）

若开出的是银行承兑汇票，则企业还需另外支付银行承兑汇票的手续费，账务处理如下：

借：财务费用

　　贷：银行存款

2. 持有期间计提利息的账务处理

（1）带息应付票据的账务处理

带息应付票据有效期内主要涉及对票据本身利息的处理。对于带息应付票据应于期每一会计末计提应付利息，账务处理如下：

借：财务费用

贷：应付利息（票据面值 × 票面利率）

（2）不带息应付票据的账务处理

由于不带息应付票据在其有效期内不会产生利息问题，因此不需要进行账务处理。

3. 应付票据到期偿付的账务处理

不带息应付票据到期时，需偿还的仅是票据的面值，账务处理如下：

借：应付票据（票据面值）

贷：银行存款

带息应付票据到期时，需偿还的是票据的本金和利息，账务处理如下：

借：应付票据（票据面值）/ 应付利息（已计提的利息）/ 财务费用（尚未计提的利息）

贷：银行存款（实际支付的金额）

4. 应付票据到期无力偿还的账务处理

对于到期的应付票据，如果企业不能如期支付，则应将"应付票据"账户的票面金额转入"应付账款"账户或"短期借款"账户（银行承兑汇票），账务处理如下：

借：应付票据（票据面值）/ 应付利息（已计提的利息）/ 财务费用（尚未计提的利息）

贷：应付账款（商业承兑汇票：将来应支付的金额）

短期借款（银行承兑汇票：将来应支付的金额）

四、预收账款

（一）预收账款的概念

预收账款是买卖双方协议商定，由购货方预先支付一部分货款给供货方而发生的一项负债，该负债以货物或劳务偿还。预收账款是指企业在销货之前预先向购买方收取的款项，应在一年内以产品或劳务来偿付。企业发生的预收账款业务，一般可以通过"预收账款"科目核算。收到预收账款时，应借记"银行存款"科目，贷记"预收账款"科目；销售货物或提供劳务时，应借记"预收账款"科目，贷记"主营业务收入""应交税费——应交增值税（销项税额）"等科目；退还多收的预收款时，应借记"预收账款"科目，贷记"银行存款"科目；收到购买方补付的货款时，应借记"银行存款"科目，贷记"预收账款"科目。在企业预收业务不多的情况下，为简化核算工作，可以不设置"预收账款"科目，而将预收的货款计入"应收账款"科目的贷方。

（二）预收账款的核算

（1）预收账款的账务处理。企业按照购货合同规定预收购货单位款项时，账务处理如下：

借：银行存款

　　贷：预收账款（实际预收的金额）

（2）销售货物的账务处理。企业销售货物时，账务处理如下：

借：预收账款（所售货物的价款与增值税之和）

　　贷：主营业务收入（实现的营业收入）/ 应交税费——应交增值税（销项税额）（增值税专用发票上注明的增值税额）

（3）结清货款的账务处理。如果所售货物的价款与增值税之和小于预收的款项，应退回多余款项，账务处理如下：

借：预收账款

　　贷：银行存款

如果所售货物的价款与增值税之和大于预收的款项，应补收款项，账务处理如下：

借：银行存款

　　贷：预收账款

例：A 公司单设“预收账款”账户核算。2020 年 10 月 12 日，A 公司预收 B 公司货款 5000 元时，根据收据、资金划拨补充凭证（回单联），编制会计分录如下：

借：银行存款　　5000

　　贷：预收账款——B 公司　　5000

2020 年 10 月 15 日，A 公司发出货物，根据增值税专用发票（记账联）编制会计分录如下：

借：预收账款——B 公司　　5850

　　贷：主营业务收入　　5000

　　　　应交税费——应交增值税（销项税额）　　850

（三）不专设“预收账款”账户预收账款的核算

预收款情况不多的企业，可以不单独设置“预收账款”账户，其所发生的预收款通过“应收账款”账户的贷方进行核算。

五、其他应付款的核算

（一）其他应付款的概念

其他应付款是指企业除应付票据、应付账款、预收账款、应付职工薪酬、应交税费、应付股利等经营活动以外的其他各项应付、暂收的款项，如应付租入包装物租金、存入保证金等。企业应通过“其他应付款”科目核算其他应付款的增减变动及其结存情况，并按照其他应付款的项目和对方单位（或个人）设置明细科目进行明细核算。该科目贷方登记发生的各种应付、暂收款项，借方登记偿还或转销的各种应付、暂收款项期末贷方余额反映企业应付未付的其他应付款项。企业发生其他各种应付、暂收款项时，借记“管理费用”等科目，贷记“其他应付款”科目；支付或退回其他各种应付、暂收款项时，借记“其他应付款”科目，贷记“银行存款”等科目。

具体包括以下内容：

（1）应付经营租入固定资产和包装物租金；

（2）存入保证金（如收入包装物押金等）；

（3）应付、暂收所属单位、个人的款项；

（4）其他应付、暂收款项。

（二）其他应付款的核算

企业发生其他各种应付、暂收款项时，账务处理如下：

借：管理费用等

　　贷：其他应付款

支付其他各种应付、暂收款项时，账务处理如下：

借：其他应付款

　　贷：银行存款等

例：2020 年 9 月 5 日，B 公司向 A 公司出租包装物一批，收取押金 8000 元。B 公司根据收据、银行进账单（收账通知联）编制会计分录如下：

借：银行存款　　8000

　　贷：其他应付款——存入保证金（A 公司）　　8000

如果租出包装物按期如数收回，B 公司应退还押金 8000 元，编制会计分录如下：

借：其他应付款——存入保证金（A 公司）　　8000

　　贷：银行存款　　8000

六、应付股利或利息

应付股利是企业根据股东大会或者类似机构审议批准的利润分配方案确定分配给投资者的现金股利或利润。企业应设置“应付股利”科目，以核算企业确定或宣告支付但尚未支付的现金股利或利润。该科目贷方登记应支付的现金股利或利润，借方登记实际支付的现金股利或利润，期末贷方余额反映企业应付未付的现金股利或利润。该科目应按照投资者设置明细科目进行明细核算。企业根据股东大会或者类似机构审议批准的利润方案，确认应付给投资者的现金股利或利润，借记“利润分配—应付股利或利润”科目，贷记“应付股利”科目。向投资者实际支付现金股利或利润时，借记“应付股利”科目，贷记“银行存款”科目。

应付利息是企业按照合同约定应支付的利息，包括分期付息、到期还本的长期借款，企业债券等应支付的利息。企业应当设置“应付利息”科目，以核算企业应付未付的利息。该科目应按照债权人设置明细科目进行明细核算。企业采用合同约定的名义利率计算确定利息费用时，应按合同约定的名义利率计算确定的应付利息金额，借记“财务费用”“在建工程”等科目，贷记“应付利息”科目；实际支付利息时，借记“应付利息”科目，贷记“银行存款”科目。

七、核算坏账损失

我国《企业会计准则》规定采用备抵法处理坏账损失。

备抵法是按期估计可能产生的坏账损失并提取坏账准备金的方法。当一项应收账款或其他应收款全部或部分确认为坏账时，冲减坏账准备金并核销“应收账款”或“其他应收款”等科目。采用备抵法计提坏账准备，企业应当设置“坏账准备”科目和“资产减值损失”科目进行核算。

“坏账准备”科目是应收账款的抵减科目，属于资产类。该科目借方确认并转销坏账损失；贷方登记提取的坏账准备和已核销坏账损失以后又收回的金额；余额通常在贷方，表示已经提取尚未转销的坏账准备。“资产减值损失”科目用于核算企业计提的各项资产减值准备所形成的损失。企业的应收款项、存货、长期股权投资、持有至到期投资、固定资产、无形资产等资产发生减值，按应减记的金额，借记本科目，贷记“坏账准备”“存货跌价准备”等科目。

企业计提坏账准备时，借记“资产减值损失”科目，贷记“坏账准备”科目；坏账损失实际发生时，借记“坏账准备”科目，贷记“应收账款”科目或“其他应收款”科目。如果已确认并转销的坏账又收回，则应按收回的金额，借记“应收账款”“其他应收款”

等科目，贷记“坏账准备”科目；同时，借记“银行存款”科目，贷记“应收账款”“其他应收款”等科目。至于如何估计坏账损失，则有三种方法可供选择，即年末余额百分比法、账龄分析法和销货百分比法。应用年末余额百分比法时，坏账准备的计提（坏账损失的估计）分首次计提和以后年度计提两种情况。

首次计提时，坏账准备提取数 = 应收账款年末余额 × 计提比例。以后年度计提坏账准备时，可进一步分为以下四种情况：

（1）应收账款年末余额 × 计提比例 >“坏账准备”年末贷方余额（坏账准备计提前的余额，下同），按差额补提坏账准备。

（2）应收账款年末余额 × 计提比例 <“坏账准备”年末贷方余额，按差额冲减已提坏账准备。

（3）应收账款年末余额 × 计提比例 =“坏账准备”年末贷方余额，不补提亦不冲减坏账准备，即不做会计处理。

（4）年末计提前“坏账准备”出现借方余额，应按其借方余额与“应收账款年末余额 × 计提比例”之和计提坏账准备。

总之，在采用年末余额百分比法的情况下，始终要掌握这样一个原则，即当年坏账准备计提后，一定要使“坏账准备贷方余额 ÷ 应收账款年末余额 = 计提比例”这一等式成立。

采用这种方法，可以分期提取坏账准备金，坏账损失分别计入各期损益，符合配比性原则，体现了谨慎性原则。在资产负债表中可以反映应收账款的净额，使报表使用者能够了解企业应收账款的可变现金额，同时在利润表中避免了因应收账款价值虚列而造成的利润虚增，避免了企业明盈实亏。

第三节　应交税费的核算

根据税法的规定，企业在生产经营过程中，应当缴纳的各种税费包括：增值税、消费税、城市维护建设税、资源税、企业所得税、土地增值税、房产税、车船税、土地使用税、教育费附加、矿产资源补偿费、印花税、耕地占用税等。税收是国家财政收入的主要来源，每一个企业都应依法诚信纳税，并加强对税费的核算与监督。为了总括反映企业各种税费的缴纳情况，企业应设置“应交税费”科目，并按照应交税费项目进行明细核算。该科目属于负债类，贷方登记应缴纳的各种税费，借方登记已缴纳的各种税费，期末贷方余额反映尚未缴纳的税费；期末如为借方余额，反映多交或尚未抵扣的税费。但是，企业缴纳的印花税、耕地占用税等不需要预计应交数的税金，不通过“应交税费”科目核算。

一、增值税核算

增值税是指对在我国境内销售货物、进口货物，或提供加工、修理修配劳务的增值额征收的一种流转税。增值税的纳税人是在我国境内销售货物、进口货物，或提供加工、修理修配劳务的单位和个人。按照纳税人的经营规模及会计核算的健全程度，增值税纳税人分为一般纳税人和小规模纳税人。一般纳税人应纳增值税额，根据当期销项税额减去当期进项税额计算确定。小规模纳税人应纳增值税额，按照销售额和规定的征收率计算确定。

（一）核算一般纳税企业的应交增值税

一般纳税企业应交的增值税，在“应交税费”科目下设置“应交增值税”和“未交增值税”两个明细科目进行核算。“应交增值税”明细科目的借方发生额，反映企业购进货物或接受应税劳务支付的进项税额、实际已缴纳的增值税额和月终转出的当月应交未交的增值税额；贷方发生额，反映企业销售货物或提供应税劳务收取的销项税额、出口企业收到的出口退税以及进项税额转出数和转出多交增值税。期末借方余额反映企业尚未抵扣的增值税。

为了详细核算企业应交增值税的发生和解缴、抵扣、退税、转出等情况，企业应在“应交增值税”明细科目下设“进项税额”“已交税金”“减免税款”“出口抵减内销产品应纳税额”“转出未交增值税”“销项税额”“出口退税”“进项税额转出”“转出多交增值税”等专栏。“未交增值税”明细科目的借方发生额，反映企业月终转入的多交的增值税；贷方发生额，反映企业月终转入的当月发生的应交未交增值税；期末借方余额反映多交的增值税，贷方余额反映未交的增值税。

1. 进项税额

根据《中华人民共和国增值税暂行条例》的规定，企业在采购物资或接受应税劳务时，应向销售方支付增值税进项税额，并按增值税专用发票（或海关开具的进口货物完税凭证）上的增值税额，借记“应交税费——应交增值税（进项税额）”科目；按发票上记载的应计入采购成本或加工修理等成本的金额，借记“材料采购”“在途物资”“原材料”“库存商品”“固定资产”“工程物资”“生产成本”“制造费用”“管理费用”“委托加工物资”等科目；按应付或实际支付的金额，贷记“应付账款”“应付票据”“银行存款”等科目。购入货物发生退货做相反的会计分录。需要注意的是，企业购进的货物如用于非应税项目，所支付的增值税应计入购入货物的成本。

按照《中华人民共和国增值税暂行条例》的规定，企业购入免征增值税的货物，一般不能抵扣增值税销项税额。但对于购入的免税农产品，可以按买价和规定的扣除率计算进项税额，并准予从销项税额中抵扣。购入农产品时，按经主管税务机关批准的收购凭证上注明的金额（买价）扣除依规定扣除率计算的进项税额后，作为购进农产品的成本，借记“材料采购”“在途物资”“原材料”等科目；按买价依规定的扣除率计算的进项税额，借记“应交税费——应交增值税（进项税额）”科目；按应付或实际支付的价款，贷记“库存现金”“银行存款”“应付账款”“应付票据”等科目。

另外，企业从废旧物资回收经营单位购进废旧物资，按废旧物资回收经营单位开具的由税务机关监制的普通发票上注明的价款和规定的扣除率计算进项税额予以抵扣。账务处理比照购入免税农产品进行。

2. 进项税额转出

企业购进的货物发生非常损失，以及将购进货物改变用途（如用于非应税项目、集体福利或个人消费等），其进项税额应通过“应交税费——应交增值税（进项税额转出）”科目转入有关科目，借记“待处理财产损溢”“在建工程”“应付职工薪酬”等科目，贷记“应交税费——应交增值税（进项税额转出）”科目。属于转作待处理财产损失的进项税额，应与遭受非常损失的购进货物、在产品或库存商品的成本一并处理。如存货按计划成本核算，还应结转相应的材料成本差异。

3. 销项税额

企业销售货物或提供应税劳务，应向购买方收取销项税额，按营业收入和应收取的增值税税额，借记“应收账款”“应收票据”“银行存款”等科目；按专用发票上注明的增值税税额，贷记“应交税费——应交增值税（销项税额）”科目；按照实现的营业收入，贷记“主营业务收入”“其他业务收入”等科目。发生的销售退回或折让，做相反的会计分录。

企业的有些交易和事项从会计角度看不属于销售行为，不能确认销售收入，但按税法规定，应视同对外销售，并按公允价值或计税价格计算应交增值税。视同销售需要缴纳增值税的事项主要有：

（1）将自产、委托加工的货物用于非应税项目或用于集体福利或个人消费。按视同销售计算出来的销项税额和货物的成本，借记“在建工程”“生产成本”“管理费用”等科目；按计算出来的销项税额，贷记“应交税费——应交增值税（销项税额）”科目；按货物的成本，贷记“库存商品”等科目。

（2）企业将自产、委托加工或购买的货物无偿赠送他人，或用于实物折扣，按视同销售货物计算出的销项税额和货物的成本，借记“销售费用”“营业外支出”等科目，贷记”应交税费——应交增值税（销项税额）”“库存商品”等科目。

（3）企业将自产、委托加工或购买的货物用于非货币性资产交换、抵偿债务的，按交换资产的公允价值和规定的税率计算销项税额，并按非货币性资产交换和债务重组业务进行账务处理。

（4）企业将自产的产品或购买的货物分配给股东。

4. 出口退税

企业出口产品按规定退税的，按应收的出口退税额，借记“其他应收款”科目，贷记“应交税费——应交增值税（出口退税）”科目。

5. 已交税金

企业按规定期限申报缴纳的增值税，在收到银行退回的税收缴款书后，借记“应交税费——应交增值税（已交税金）”科目，贷记“银行存款”科目。“应交税费——应交增值税”科目的贷方余额，表示企业应交未交的增值税。应交未交的增值税，在期末应转出。借记“应交税费——应交增值税（转出未交增值税）”科目，贷记“应交税费——未交增值税”科目。以后实际缴纳时，借记“应交税费——未交增值税”科目，贷记“银行存款”科目。

（二）核算小规模纳税企业的应交增值税

小规模纳税企业应当按照不含税销售额和规定的增值税征收率计算缴纳增值税，销售货物或提供应税劳务时只能开具普通发票，不能开具增值税专用发票。小规模纳税企业不享有进项税额的抵扣权，其购进货物或接受应税劳务支付的增值税直接计入有关货物或劳务的成本。因此，小规模纳税企业只需在“应交税费”科目下设置“应交增值税”明细科目，不需要在“应交增值税”明细科目中设置专栏，“应交税费——应交增值税”贷方登记应缴纳的增值税，借方登记已缴纳的增值税。期末贷方余额为尚未缴纳的增值税，借方余额为多缴纳的增值税。

小规模纳税企业购进货物和接受应税劳务时支付的增值税，直接计入有关货物和劳务的成本，借记“材料采购”“在途物资”“原材料”等科目，贷记“银行存款”等科目。只是在销售货物或提供应税劳务取得营业收入后，才实行简单计算办法计算应纳增值税。具体计算办法如下：

应纳税额 = 不含税销售额 × 征收率

不含税销售额 = 含税销售额 ÷（1+ 征收率）

二、消费税核算

消费税是国家对某些需要限制和调节的消费品或消费行为征收的一种税，消费税是一种价内税。消费税的纳税人是指在中华人民共和国境内生产、委托加工和进口应税消费品的单位和个人。应税的消费品主要包括：烟、酒及酒精、化妆品、贵重首饰及珠宝玉石、鞭炮和焰火、成品油、汽车轮胎、摩托车、小汽车、高尔夫球及球具、高档手表、游艇、木制一次性筷子、实木地板等。

（一）消费税应纳税额的计算

消费税应纳税额的计算，基本上以两部分作为计税依据：一是以应税消费品的销售额为计税依据，按此方式征税，称为从价征税；二是以应税消费品的销售数量为计税依据，按此方式征税，称为从量征税。不同的计税依据也就决定了不同的计税方法。

1. 实行从价定率办法计算的应纳税额

应纳消费税额 = 销售额 × 比例税率

应税销售额为纳税人销售应税消费品向购买方收取的全部价款和价外费用。价外费用是指价外收取的基金、集资费、返还利润、补贴、违约金（延期付款利息）、手续费、包装费、储备费、优质费、运输装卸费、代收款项、代垫款项以及其他性质的价外收费。

2. 实行从量定额办法计算应纳税额

应纳消费税额 = 销售数量 × 定额税率

3. 从价定率与从量定额混合计算应纳税额

现行消费税的征税范围中，只有卷烟、粮食白酒、薯类白酒采用混合计算方法。其基本计算公式为：

应纳税额 = 销售数量 × 定额税率 + 销售额 × 比例税率

（二）特殊情况下消费税的计算

几种特殊情况下消费税的计算：纳税人自产自用、委托加工或进口的应税消费品，用于连续生产应税消费品的不纳税；用于其他方面的，即用于生产非应税消费品和在建工程、管理部门、非生产机构提供劳务以及馈赠、赞助、集资、广告、产品、职工福利、奖励等方面，于移送使用时纳税。纳税时按照纳税人当月生产的同类消费品的销售价格计算。

1. 从价定率办法计税

（1）如果当月同类消费品各期的销售价格高低不同，应按销售数量加权平均计算。

（2）如果当月无销售或者当月未完结的，按照同类消费品上月或最近月份的销售价格计算纳税。

（3）没有同类消费品销售价格的，按照组成计税价格计算纳税。

自产自用的应税消费品组成计税价格计算公式为：

组成计税价格 =（成本 + 利润）÷（1 —消费税税率）

委托加工应税消费品组成计税价格计算公式为：

组成计税价格 =（材料成本 + 加工费）÷（1 —消费税税率）

进口应税消费品组成计税价格计算公式为：

组成计税价格 =（关税完税价格 + 关税）÷（1 —消费税税率）

应纳税额 = 组成计税价格 × 消费税税率

2. 按从量定额办法计税

应税消费品应纳税额 = 移送使用的应税消费品数量 × 单位税额

消费税税率有比例税率和定额税率两种形式。对黄酒、啤酒、汽油等价格差异不大，计算单位规范的消费品实行定额税率，而对烟、粮食白酒、薯类白酒等其他酒和酒精，贵重首饰及珠宝、玉石、化妆品、摩托车、小汽车等价格差异大、计量单位不规范的消费品实行比例税率。

3. 核算应交消费税

为核算应交消费税的发生、缴纳情况，企业应在“应交税费”科目下设置“应交消费税”明细科目。该科目贷方登记应缴纳的消费税，借方登记已缴纳的消费税；期末贷方余额为尚未缴纳的消费税，借方余额为多缴纳的消费税。

（1）直接销售应税消费品的账务处理

企业将生产的产品直接对外销售的，对外销售产品应交纳的消费税，通过“税金及附加”账户核算。企业按规定计算出应交的消费税，账务处理如下：

借：税金及附加；

贷：应交税费——应交消费税。

例：2020 年 12 月 11 日，B 公司销售小汽车轮胎一批，不含增值税的价款为 500000 元，成本为 400000 元，适用的增值税税率为 17%，消费税税率为 10%，货税款全部收到，已存入银行。

2020 年 12 月 11 日销售小汽车轮胎，根据增值税专用发票（记账联）、银行进账单（收账通知联）、产品出库单、应交消费税计算表，编制会计分录如下：

借：银行存款	585 000
贷：主营业务收入	500 000
应交税费——应交增值税（销项税额）	85 000
借：营业税金及附加	50 000
贷：应交税费——应交消费税 50 000	
借：主营业务成本	400 000
贷：库存商品	400 000

（2）视同销售应税消费品的账务处理

企业用应税消费品对外投资，或用于在建工程、非生产机构等其他方面，按规定应交纳的消费税，应计入有关的成本，账务处理如下：

借：长期股权投资 / 固定资产 / 在建工程 / 营业外支出等

　　贷：应交税费——应交消费税

（3）委托加工应税消费品的账务处理

税法规定，企业委托加工的应税消费品，由受托方在向委托方交货时代收代交税款（除受托加工或翻新改制金银首饰按规定由受托方交纳消费税外）。

应交消费税 =（材料成本 + 加工费）÷（1 —消费税税率）

具体有以下两种情况：

委托加工应税消费品收回后，直接用于销售的，委托方应将代收代交的消费税计入委托消费品成本，账务处理如下：

借：委托加工物资

　　贷：应付账款 / 银行存款

委托加工的应税消费品收回后用于连续生产应税消费品，按规定准予抵扣的，委托方应按代收代交的消费税款，计入“应交税费——应交消费税”账户，账务处理如下：

借：应交税费——应交消费税

　　贷：应付账款 / 银行存款

（4）进口应税消费品的账务处理

进口消费品应纳消费税额 = 组成计税价格 × 消费税税率

组成计税价格 = 关税完税价格 + 关税 + 消费税 =（关税完税价格 + 关税）÷（1 —消费税税率）

需要交纳消费税的进口消费品，其交纳的消费税应计入该进口消费品的成本。

（5）交纳消费税的账务处理

企业上交消费税时，账务处理如下：

借：应交税费——应交消费税

　　贷：银行存款

三、其他税费核算

其他应交税费是指除前述应交税费以外的应交税费，包括应交资源税、应交城市维护建设税、应交土地增值税、应交企业所得税、应交房产税、应交土地使用税、应交车船税、应交教育费附加、应交矿产资源补偿费、应交个人所得税等。企业应当在“应交税费”科目下设置相应的明细科目进行核算，贷方登记应交纳的有关税费，借方登记已交纳的有关税费，期末贷方余额表示尚未交纳的有关税费。

（一）核算应交资源税

资源税是对在我国境内开采矿产品或者生产盐的单位和个人征收的税。资源税按应税产品的课税数量和规定的单位税额计算。开采或生产应税产品对外销售的，以销售数量为课税数量；开采或生产应税产品自用的，以自用数量为课税数量。企业应在“应交税费”科目下设置“应交资源税”明细科目进行核算。具体核算时按下列原则进行：

（1）发生销售业务时。根据应税产品应缴纳的资源税，借记“税金及附加”科目，贷记“应交税费——应交资源税”科目。

（2）企业自产自用或非货币性资产交换、抵偿债务、对外捐赠等转出应税产品应缴纳资源税，根据应税产品应缴纳的资源税，借记“生产成本”“制造费用”等科目，贷记“应交税费——应交资源税”科目。

（3）收购未税矿产品时。企业收购未税矿产品，借记“材料采购”等科目，贷记“银行存款”等科目；按代扣代缴的资源税，借记“材料采购”等科目，贷记“应交税费——应交资源税”科目。

（4）外购液体盐加工固体盐。企业在购入液体盐时，按允许抵扣的资源税，借记“应交税费——应交资源税”科目，按外购价款扣除允许抵扣资源税后的数额，借记“材料采购”等科目，按应支付的全部价款，贷记“银行存款”“应付账款”等科目；企业加工成固体盐后，在销售时，按计算出的销售固体盐应交的资源税，借记“营业税金及附加”科目，贷记“应交税费——应交资源税”科目；将销售固体盐应纳的资源税扣抵液体盐已纳资源税后的差额上缴时，借记“应交税费——应交资源税”科目，贷记“银行存款”等；上缴资源税时，借记“应交税费——应交资源税”科目，贷记“银行存款”等。

对外销售应税产品应交纳的资源税应计入“营业税金及附加”科目，借记“税金及附加”科目，贷记“应交税费——应交资源税”科目；自产自用应税产品应交纳的资源税应计入“生产成本”“制造费用”等科目，借记“生产成本”“制造费用”等科目，贷记“应交税费——应交资源税”科目。

（二）核算应交土地增值税

土地增值税是指在我国境内有偿转让土地使用权及地上建筑物和其他附着物产权的单位和个人，就其土地增值额征收的一种税。土地增值额是转让收入减去规定扣除项目金额后的余额。转让收入包括货币收入、实物收入和其他收入。扣除项目主要包括取得土地所有权所支付的金额、开发土地的费用、新建及配套设施的成本、旧房及建筑物的评估价格等。

企业应交的土地增值税视情况计入不同科目，企业转让的土地使用权连同地上建筑物及其附着物一并在“固定资产”科目核算的，转让时应交的土地增值税，借记“固定资产清理”科目，贷记“应交税费——应交土地增值税”科目；土地使用权在“无形资产”科目核算的，按实际收到的金额，借记“银行存款”科目，按应交的土地增值税，贷记“应交税费——应交土地增值税”科目，同时冲销土地使用权的账面价值，贷记“无形资产”“累计摊销”“无形资产减值准备”等科目，按其差额，借记“营业外支出”科目。

企业应在“应交税费”科目下设置“应交土地增值税”明细科目进行核算。具体核算按下列原则进行：

（1）主营房地产业务的企业，当期营业收入负担的土地增值税，借记“税金及附加”科目，贷记“应交税费——应交土地增值税”科目。

（2）兼营房地产业务的企业，当期营业收入负担的土地增值税，借记“税金及附加”科目，贷记“应交税费——应交土地增值税”科目。

（3）转让的国有土地使用权连同地上建筑物及其他附着物一并在“固定资产”或“在建工程”科目核算的，转让时应缴纳的土地增值税，借记“固定资产清理”“在建工程”科目，贷记“应交税费——应交土地增值税”科目。

（4）企业在项目交付使用前转让房地产取得的收入，按税法规定预交的土地增值税，借记“应交税费——应交土地增值税”科目，贷记“银行存款”科目；待该房地产营业收入实现时，按上述业务的会计处理方法进行处理；该项目全部交付使用后进行清算，收到退还多交的土地增值税时，借记“银行存款”科目，贷记“应交税费——应交土地增值税”科目；补交土地增值税时做相反的会计分录。

（5）企业缴纳土地增值税时，借记“应交税费——应交土地增值税”科目，贷记“银行存款”科目。

（三）核算应交城市维护建设税和教育费附加

1. 城市维护建设税和教育费附加概述

城市维护建设税是以增值税和消费税为计税依据征收的一种税。其纳税人为缴纳增值税的单位和个人，税率因纳税人所在地不同从 1% 到 7% 不等。其计算公式为：

应纳税额 =（应交增值税 + 应交消费税）× 适用税率

企业应交的城市维护建设税，借记“税金及附加”等科目，贷记“应交税费——应交城市维护建设税”科目。

教育费附加是国家为了发展地方性教育事业，扩大地方教育经费的资金来源而征收的一种附加费。城市维护建设税和教育费附加的纳税人是在征税范围内从事工商经营，缴纳增值税和消费税的单位和个人。任何单位或个人，只要缴纳增值税和消费税，就必须同时缴纳城市维护建设税和教育费附加。城市维护建设税和教育费附加都是以纳税人实际缴纳的增值税、消费税的税额为计税依据。教育费附加是为了发展教育事业而向企业征收的附加费用，企业按应交流转税的一定比例计算交纳。企业应交的教育费附加，借记“税金及附加”等科目，贷记“应交税费——应交教育费附加”科目。

城市维护建设税的税率按纳税人所在地分别规定为：市区7%，县城和镇5%，乡村1%。大中型工矿企业所在地不在城市市区、县城、建制镇的，税率为5%。教育费附加的征收率为3%，其计算公式为：

应交城市维护建设税额 =（应交增值税 + 应交消费税）× 城市维护建设税税率

应交教育费附加额 =（应交增值税 + 应交消费税）× 教育费附加征收率

2. 城市维护建设税和教育费附加的核算：

（1）发生城市维护建设税和教育费附加的账务处理

企业按照规定计算出的城市维护建设税和教育费附加，账务处理如下：

借：税金及附加

　　贷：应交税费——应交城市维护建设税

　　　　　　　　——应交教育费附加

（2）交纳城市维护建设税和教育费附加的账务处理

企业交纳城市维护建设税和教育费附加时，账务处理如下：

借：应交税费——应交城市维护建设税

　　　　　　——应交教育费附加

　　贷：银行存款

（四）核算房产税、土地使用税、车船税、矿产资源补偿费、个人所得税

房产税是国家对在城市、县城等地区征收的由产权所有人缴纳的一种税。房产税依据房产原值一次减除10%~30%后的余额计算交纳。

土地使用税是国家为了合理利用城镇土地，调节土地级差收入，提高土地使用效益，加强土地管理而开征的一种税，以纳税人实际占用的土地面积为计税依据，依照规定税额计算征收。

车船税由拥有并且使用车船的单位和个人按照适用税额计算交纳。

矿产资源补偿费是对在我国领域和管辖海域开采矿产资源而征收的费用。矿产资源品销售收入按一定比例计征，由采矿人交纳。

企业应交的房产税、土地使用税、车船税、矿产资源补偿费，计入“管理费用”，借记“管理费用”科目，贷记“应交税费——应交房产税（或应交土地使用税、应交车船税、应交矿产资源补偿费）”科目。

个人所得税是国家对本国公民、居住在本国境内的个人的所得税和境外个人来源于本国的所得征收的一种所得税。企业按规定计算的代扣代缴的职工个人所得税，借记“应

付职工薪酬”科目，贷记“应交税费——应交个人所得税”科目；企业交纳个人所得税时，借记“应交税费——应交个人所得税”科目，贷记“银行存款”等科目。

第四节　应付职工薪酬的核算

一、职工薪酬的概念和构成

职工薪酬是指企业为获得职工提供的服务而给予各种形式的报酬以及其他相关支出。从性质上凡是企业为获得职工提供的服务给予或付出的各种形式的对价，都构成职工薪酬，都应当作为一种耗费，与这些服务产生的经济利益相匹配。与此同时，企业与职工之间因职工提供服务形成的关系，大多数构成企业的现时义务，将导致企业未来经济利益的流出，从而形成企业的一项负债。

从薪酬的涵盖时间和支付形式来看，职工薪酬包括企业职工在职期间和离职后给予的所有货币性薪酬和非货币性福利。从薪酬的支付对象来看，职工薪酬包括提供给职工本人及其配偶、子女或其他被赡养人的福利，比如支付给因公伤亡职工的配偶、子女或其他被赡养人的抚恤金。

职工，是指与企业订立正式劳动合同的所有人员，含全职、兼职和临时职工，也包括未与企业订立正式劳动合同但由企业正式任命的人员，如董事会成员、监事会成员和内部审计委员会成员等。在企业的计划、领导和控制下，虽与企业未订立正式劳动合同或企业未正式任命的人员，但为企业提供了类似服务，也纳入《企业会计准则第9号——职工薪酬》的职工范畴。

1. 职工工资、奖金、津贴和补贴

职工工资、奖金、津贴和补贴是指按照构成工资总额的计时工资、计件工资、支付给职工的超额劳动报酬和增收节支的劳动报酬，为了补偿职工特殊或额外的劳动消耗和因其他特殊原因支付给职工的津贴，以及为了保证职工工资水平不受物价影响支付给职工的物价补贴等。企业按规定支付给职工的加班加点工资以及根据国家法律、法规和政策规定，企业在职工因病、工伤、产假、计划生育假、婚丧假、事假、探亲假、定期休假、停工学习、执行国家或社会义务等特殊情况下，按照计时工资或计件工资水平的一定比例支付的工资，也属于职工工资范畴，在职工休假或缺勤时，不应当从工资总额中扣除。

2. 职工福利费

职工福利费主要包括职工因公负伤赴外地就医路费、职工生活困难补助、未实行医疗统筹企业职工医疗费用，以及按规定发生的其他职工福利支出。

3. 医疗保险费、养老保险费等社会保险费

医疗保险费、养老保险费等社会保险费是指企业按照国务院、各地方政府或企业年金计划规定的基准和比例计算，向社会保险经办机构缴纳的医疗保险费、养老保险费、失业保险费、工伤保险费和生育保险费，以及以购买商业保险形式提供给职工的各种保险待遇．以上各项均属于职工薪酬，应当按照职工薪酬准则进行确认、计量和披露。

4. 住房公积金

住房公积金是指企业按照国家规定的基准和比例计算，向住房公积金管理机构缴存的住房公积金。

5. 工会经费和职工教育经费

工会经费和职工教育经费是指企业为了改善职工文化生活，为职工学习先进技术和提高文化水平和业务素质，用于开展工会活动和职工教育及职业技能培训根据国家规定的基准和比例，从成本费用中提取的金额。

6. 非货币性福利

非货币性福利是指企业以自己的产品或外购商品发放给职工作为福利，企业提供给职工无偿使用自己拥有的资产或租赁资产供职工无偿使用，比如提供给企业高级管理人员使用的住房，免费为职工提供诸如医疗保健的服务；或向职工提供企业支付了一定补贴的商品或服务等，如以低于成本的价格向职工出售住房等。

7. 因解除与职工的劳动关系给予的补偿

因解除与职工的劳动关系给予的补偿是指由于分离社会职能、实施主辅分离、企业改制、重组、改组计划等原因，企业在职工劳动合同尚未到期之前解除与职工的劳动关系，或者为鼓励职工自愿接受裁减而提出的补偿建议计划中给予职工的经济补偿，即国际财务报告准则中所指的辞退福利。

8. 其他与获得职工提供的服务相关的支出

其他与获得职工提供的服务相关的支出是指除上述七种薪酬以外的其他为获得职工提供的服务而给予的薪酬。比如企业提供给职工以权益形式结算的认股权，以现金形式结算但以权益工具公允价值为基础确定的现金股票增值权等。

企业应当通过“应付职工薪酬”科目，核算应付职工薪酬的提取、结算、使用等情况。该科目的贷方登记已分配计入有关成本费用项目的职工薪酬的数额，借方登记实际发放职工薪酬的数额，包括扣还的款项等；该科目期末贷方余额，反映企业应付未付的职工薪酬。“应付职工薪酬”科目应当按照“工资”“职工福利”“社会保险费”“住房公积金”“工会经费”“职工教育经费”“非货币性福利”等应付职工薪酬项目设置明细科目，进行明细核算。

二、职工薪酬的确认与计量

（一）职工薪酬的确认

按规定，企业应当在职工为其提供服务的会计期间，将应付的职工薪酬确认为负债，除因解除与职工的劳动关系给予的补偿外，应当根据职工提供服务的受益对象，分别下列情况处理：

1. 应由生产产品、提供劳务负担的职工薪酬，计入存货成本或劳务成本

生产产品、提供劳务中的直接生产人员和直接提供劳务人员发生的职工薪酬，应计入存货成本；但非正常消耗的直接生产人员和直接提供劳务人员的职工薪酬，应当在发生时确认为当期损益。

2. 应由在建工程、无形资产负担的职工薪酬，计入固定资产或无形资产成本

需要注意的是，企业在研究阶段发生的职工薪酬不能计入自行开发无形资产的成本，在开发阶段的职工薪酬，符合无形资产资本化条件的，应当计入自行开发无形资产的成本。

3. 上述两项之外的其他职工薪酬，计入当期损益

除直接生产人员、直接提供劳务人员、建造固定资产人员、开发无形资产人员以外的职工，包括公司总部管理人员、董事会成员、监事会成员等人员相关的职工薪酬，因难以确定受益对象，均应当在发生时计入当期损益。

（二）货币性职工薪酬的核算

1. 货币性职工薪酬的计量

（1）工资。企业应当根据职工提供服务情况和工资标准计算。

（2）职工福利费。企业应当根据历史经验数据和当期福利计划进行预计、调整。

（3）五险一金。企业应当按照国务院、所在地政府或企业年金计划规定的标准计量。

（4）工会经费和职工教育经费。企业应当分别按照职工工资总额的 2% 和 1.5% 的计提标准计量工会经费、职工教育经费。从业人员技术要求高、培训任务重、经济效益好的企业，可根据国家相关规定，按照职工工资总额的 2.5% 计量职工教育经费。

职工薪酬（包括货币性薪酬和非货币性福利）计入相关资产成本或当期损益，同时确认为应付职工薪酬，具体分别为以下情况处理：

生产部门人员的职工薪酬，借记“生产成本”“制造费用”“劳务成本”等科目，贷记“应付职工薪酬”科目；管理部门人员的职工薪酬，借记“管理费用”科目，贷记“应付职工薪酬”科目；销售人员的职工薪酬，借记“销售费用”科目，贷记“应付职工薪酬”

科目；应由在建工程、研发支出负担的职工薪酬，借记“在建工程”“研发支出”科目，贷记“应付职工薪酬”科目。计量应付职工薪酬时，国家规定了计提基础和计提比例的，应按照国家规定的标准计提；国家没有规定计提基础和计提比例的，企业应当根据历史经验数据和实际情况，合理预计当期应付职工薪酬。当期实际发生金额大于预计金额的，应当补提应付职工薪酬，当期实际发生金额小于预计金额的，应当冲回多提的应付职工薪酬。

2. 货币性职工薪酬的发放

（1）企业按照有关规定向职工支付工资、奖金、津贴、职工福利费，或支付工会经费、职工教育经费，或缴纳社会保险费、住房公积金时，应付职工薪酬减少，相应数额的银行存款或现金也减少，应借记“应付职工薪酬”科目，贷记“银行存款”“库存现金”等科目。

（2）企业从应付职工薪酬中代扣代交的各种款项（代垫的家属药费、个人所得税、水电费等），借记“应付职工薪酬”科目，贷记“其他应收款”“应交税费——应交个人所得税”“其他应付款”等科目。企业因解除与职工的劳动关系向职工给予的补偿，借记“应付职工薪酬”科目，贷记“银行存款”“库存现金”等科目。

3. 货币性职工薪酬的账务处理

（1）货币性职工薪酬分配的账务处理。月度终了，应将本月应发的工资按发生地点、部门及与产品的关系进行分配，账务处理如下：

借：生产成本（车间直接生产人员职工薪酬）

制造费用（车间管理人员职工薪酬）

劳务成本（劳务人员职工薪酬）在建工程（在建工程人员职工薪酬）

研发支出（开发阶段、符合资本化条件的无形资产研发人员职工薪酬）

管理费用（管理部门人员职工薪酬）

销售费用（销售人员职工薪酬）

其他业务成本（其他业务人员职工薪酬）

固定资产清理（固定资产清理人员职工薪酬）

贷：应付职工薪酬——工资

——职工福利

——社会保险费

——住房公积金

——职工教育经费

——工会经费

（2）货币性职工薪酬支付的账务处理

①支付工资、奖金、津贴等的账务处理

企业按照有关规定向职工支付工资、奖金、津贴等，账务处理如下：

借：应付职工薪酬——工资

　　贷：银行存款 / 库存现金

企业从应付职工薪酬中扣还的各种款项（代垫的家属药费、个人所得税等），账务处理如下：

借：应付职工薪酬——工资

　　贷：其他应收款

　　　　其他应付款

　　　　应交税费——应交个人所得税

如果企业将应发给职工的工资通过银行转账方式直接转入职工的银行账户，按实际发放的工资数额，账务处理如下：

借：应付职工薪酬——工资

　　贷：银行存款

②支付职工福利费的账务处理

企业向职工食堂、职工医院、生活困难职工支付职工福利费时，账务处理如下：

借：应付职工薪酬——职工福利

　　贷：银行存款 / 库存现金

③支付工会经费、职工教育经费和缴纳社会保险费、住房公积金的账务处理

企业支付工会经费和职工教育经费用于工会使用和职工培训，或按照国家有关规定交纳住房公积金时，账务处理如下：

借：应付职工薪酬——工会经费

——职工教育经费

——社会保险费

——住房公积金

　　贷：银行存款

（三）非货币性职工薪酬的核算

企业向职工提供的非货币性职工薪酬，应当分以下情况处理：

1. 以自产品和外购商品发放给职工作为福利

企业以其自产产品作为非货币性福利提供给职工的，应当按照该产品的公允价值和相关税费，计量应计入成本费用的职工薪酬金额，相关收入的确认，销售成本的结转和相关收费的处理，与正常商品销售相同。以外购商品作为非货币性福利提供给职工的，应当按照该商品的公允价值和相关税费计入成本费用。

决定发放自产产品或外购商品（非货币性福利分配）时，账务处理如下：

借：生产成本 / 制造费用 / 管理费用等

　　贷：应付职工薪酬——非货币性福利（公允价值 + 相关税费）

实际发放非货币性福利（自产产品）时，账务处理如下：

借：应付职工薪酬——非货币性福利

　　贷：主营业务收入（计税价格）

应交税费——应交增值税（销项税额）（计税价格 × 增值税税率）

借：主营业务成本（成本价）

　　贷：库存商品（成本价）

购买非货币性福利（外购商品）时，账务处理如下：

借：库存商品（公允价值 + 相关税费）

　　贷：银行存款

实际发放非货币性福利（外购商品）时，账务处理如下：

借：应付职工薪酬——非货币性福利

　　贷：库存商品（公允价值 + 相关税费）

2. 将拥有的房屋等资产无偿提供给职工使用或租赁

企业将拥有的房屋等资产无偿提供给职工使用的，应当根据受益对象，将住房每期应计提的折旧计入相关资产成本或当期损益，同时确认应付职工薪酬。难以认定受益对象的，直接计入当期损益，并确定应付职工薪酬。账务处理如下：

借：生产成本 / 制造费用 / 管理费用等

　　贷：应付职工薪酬——非货币性福利（当期的租金或者折旧额）

借：应付职工薪酬——非货币性福利

　　贷：累计折旧

　　　　其他应付款

3. 向职工提供企业支付了补贴的商品或服务

企业有时以低于企业取得资产或服务成本的价格向职工提供资产或服务，如以低于成本的价格向职工出售住房，以低于企业支付的价格向职工提供医疗保健服务。以提供包含补贴的住房为例，企业在出售住房等资产时，应当将出售价款与成本的差额（相当于补贴的金额）分别情况处理。

（1）如果出售住房的合同或协议中规定了职工在购得住房后至少应当提供服务的年限，企业应当将该项差额作为长期待摊费用处理，并在合同或协议规定的服务年限内平均摊销，根据受益对象分别计入相关资产成本或当期损益。

（2）如果出售住房的合同或协议中未规定职工在购得住房后必须服务的年限，企业应当将该项差额直接计入出售住房当期损益。因为在这种情况下，该项差额相当于是对职工提供服务成本的一种补偿，不以职工的未来服务为前提，因此，应当立即确认为当期损益。

（四）解除劳动关系补偿（亦称辞退福利）的核算

1. 辞退福利的含义

辞退福利包括两个方面的内容：一是在职工劳动合同尚未到期前，不论职工本人是否同意，企业决定解除与职工的劳动关系而给予的补偿；二是在职工劳动合同尚未到期前，鼓励职工自愿接受裁减而给予的补偿，包括当公司控制权发生变动时，对辞退的管理层人员进行补偿的情况。职工有权利选择继续任职或接受补偿离职。职工薪酬准则规定，企业在职工劳动合同到期之前解除与职工的劳动关系，或者为鼓励职工自愿接受裁减而提出给予补偿的建议，同时满足下述条件的，应当确认因解除与职工的劳动关系给予补偿而产生的预计负债，同时计入当期管理费用。需满足的条件为：一是企业已经制订正式的解除劳动关系计划或提出自愿裁减建议，并即将实施。二是企业不能单方面撤回解除劳动关系计划或裁减建议。

2. 辞退福利的确认

如果实质性辞退工作在一年内实施完毕但补偿款项超过一年支付的辞退计划，企业应当选择适当的折现率，以折现后的金额计量应计入当期管理费用的辞退福利金额，该项金额与实际应支付的辞退福利款项之间的差额，作为未确认融资费用，在以后各期实际支付辞退福利款项时，计入财务费用。另外，以股份为基础的应付职工薪酬，按照“股份支付”的相关规定进行核算。

第四章 事业单位财产物资的核算

第一节 固定资的产核算

固定资产是企业重要的生产力要素之一，是企业赖以生存的物质基础，是企业产生效益的源泉。固定资产的结构、状况、管理水平等直接影响着企业的竞争力，关系到企业的运营与发展。

一、固定资产的基础知识

（一）固定资产定义

固定资产是指同时具有下列特征的有形资产：①为生产商品提供劳务、出租或经营管理而持有的；②使用寿命超过一个会计年度。

从这一定义可以看出，作为企业的固定资产应具备以下几个特点：

第一，企业持有固定资产的目的，是生产商品、提供劳务、出租或经营管理，即企业持有的固定资产是企业的劳动工具或手段，而不是用于出售产品。这一特征是固定资产区别于商品等流动资产的重要标志。

第二，企业使用固定资产的期限较长，使用寿命一般超过一个会计年度。这一特征表明企业固定资产的收益期超过一年，能在一年以上的时间里为企业创造经济利益。

固定资产的使用寿命是指企业使用固定资产的预计期间（如自用房屋建筑物的使用寿命），或者该固定资产所能生产产品或提供劳务的数量（如某些机器设备或运输设备的使用寿命）。企业在确定固定资产的使用寿命时，主要应当考虑该资产的预计生产能力或实物产量、该资产的有形损耗、该资产的无形损耗、有关资产使用的法律或者类似规定的限制，并结合不同固定资产的性质、消耗方式、所处环境等因素做出判断。

固定资产属于非流动资产，其价值转移在受益期内逐步完成，所发生的支出属于资本支出。而流动资产的价值转移往往一次完成，属于收益性支出。

第三，固定资产为有形资产。固定资产具有实物特征，这一特征将固定资产与无形资产区别开来。

（二）固定资产的分类

企业应当根据固定资产定义，结合本企业的具体情况，制定适合于本企业的固定资产科目分类方法，每类或每项固定资产的折旧年限、折旧方法，为进行固定资产核算提供依据。根据不同的标准，可以将固定资产做如下分类：

1. 按经济用途分类。固定资产按经济用途可分为生产经营用固定资产和非生产经营用固定资产。生产经营用固定资产，是指直接服务于企业生产、经营过程的各种固定资产，如生产经营用的房屋、建筑物、机器、设备、器具、工具等。非生产经营用固定资产，是指不直接服务于生产、经营过程的各种固定资产，如职工宿舍等使用的房屋、设备和其他固定资产等。

按照固定资产的经济用途分类，可以归类反映和监督企业生产经营用固定资产和非生产经营用固定资产，以及生产经营用各类固定资产的组成和变化情况，借以考核和分析企业固定资产的利用情况，促使企业合理地配备固定资产，充分发挥其效用。

2. 按使用情况分类。固定资产按使用情况可分为使用中的固定资产、未使用的固定资产和不需用的固定资产。使用中的固定资产是指正在使用过程中的经营性和非经营性固定资产，包括由于季节性经营或大修理等原因暂时停用的固定资产、出租（经营性出租）给其他单位使用的固定资产、在内部替换使用的固定资产；未使用的固定资产是指已完工或已购建但尚未交付使用的新增固定资产及因改扩建等原因暂停使用的固定资产；不需用的固定资产是指本企业多余或不适用的各种固定资产。

3. 综合分类。按固定资产的经济用途和使用情况等综合分类，可把企业的固定资产划分为以下七大类：

（1）生产经营用固定资产；

（2）非生产经营用固定资产；

（3）租出固定资产（指在经营租赁方式下出租给外单位使用的固定资产）；

（4）不需用固定资产；

（5）未使用固定资产；

（6）土地（指过去已经估价单独入账的土地。因征地而支付的补偿费，应计入与土地有关的房屋、建筑物的价值内，不单独作为土地价值入账。企业取得的土地使用权，应作为无形资产管理，不作为固定资产管理）；

（7）融资租入固定资产（指企业以融资租赁方式租入的固定资产，在租赁期内，应视为自有固定资产进行管理）。

由于企业的经营性质不同，经营规模各异，对固定资产的分类不可能完全一致。但实际工作中，企业大多采用综合分类的方法作为编制固定资产目录、进行固定资产核算的依据。

（三）固定资产的确认条件

对于构成固定资产的各组成部分，如果各自具有不同使用寿命或者以不同方式为企业提供经济利益，适用不同折旧率或折旧方法的，表明这些组成部分实际上是以独立的方式为企业提供经济利益，因此，企业应当分别将各组成部分确认为单项固定资产。对于工业企业所持有的工具、用具、备品备件、维修设备等资产，尽管该类资产具有固定资产的某些特征，如使用期限超过一年，也能够带来经济利益，但由于数量多、单价低，考虑到成本效益原则，在实务中通常确认为存货。但符合固定资产定义和确认条件的，比如企业（民用航空运输）的高价周转件等，应当确认为固定资产。此外，融资租入的固定资产，企业虽然没有所有权，但与固定资产所有权有关的风险和报酬实质上已经转移到了企业（承租人），应视同自有固定资产进行核算。固定资产确认需满足的条件如下：

1. 与该固定资产有关的经济利益很可能流入企业

资产最基本的特征是预期能给企业带来经济利益，如果某一项目预期不能给企业带来经济利益，就不能确认为资产。对固定资产的确认来说，如果某一固定资产预期不能给企业带来经济利益，就不能确认为企业的固定资产。在实务工作中，首先需要判断该项固定资产所包含的经济利益是否很可能流入企业。如果该项固定资产包含的经济利益不是很可能流入企业，那么，即使其满足固定资产确认的其他条件，企业也不应将其确认为固定资产。如果该项固定资产包含的经济利益很可能流入企业，并同时满足固定资产确认的其他条件，那么，企业应将其确认为固定资产。在实务中，判断固定资产包含的经济利益是否很可能流入企业，主要依据与该固定资产所有权相关的风险和报酬是否转移给了企业。通常，取得固定资产的所有权是判断与固定资产所有权相关的风险和报酬转移给了企业的一个重要标志。凡是所有权已属于企业，不论企业是否收到或持有该项固定资产，均可作为企业的固定资产；反之，如果没有取得所有权，即使存放在企业，也不能作为企业的固定资产。有时某项固定资产的所有权虽然不属于企业，但是企业能够控制该项固定资产所包含的经济利益流入企业。在这种情况下，可以认为与固定资产所有权相关的风险和报酬实质上已转移给企业，也可以作为企业的固定资产加以确认。比如，融资租入固定资产，企业（承租人）虽然不拥有该固定资产的所有权，但企业能够控制该固定资产所包含的经济利益并使其流入企业，与固定资产所有权相关的风险和报酬实质上已转移到了企业，因此，符合固定资产确认的第一个条件。

2. 该固定资产的成本能够可靠地计量

成本能够可靠地计量，是资产确认的一项基本条件。固定资产作为企业资产的重要组成部分，要予以确认，企业为取得该固定资产而发生的支出也必须能够可靠地计量。

如果固定资产的成本能够可靠地计量，并同时满足其他确认条件，就可以加以确认；否则，企业不应加以确认。企业在确定固定资产成本时，有时需要根据所获得的最新资料，对固定资产的成本进行合理的估计。比如，企业对于已达到预定可使用状态的固定资产，在尚未办理竣工决算前，需要根据工程预算、工程造价或者工程实际发生的成本等资料，按估计价值确定固定资产的成本，待办理竣工决算后，再按实际成本调整原来的暂估价值。

在实务中，对于固定资产的确认，还需要注意以下两点：一是固定资产的各组成部分具有不同使用寿命或者以不同方式为企业提供经济利益，适用不同折旧率或折旧方法的，应当分别将各组成部分确认为单项固定资产；二是与固定资产有关的后续支出，满足固定资产确认条件的，应计入固定资产成本；不满足固定资产确认条件的，应在发生时计入当期损益。

（四）固定资产的账簿体系

固定资产账簿体系由固定资产总分类账和固定资产明细分类账组成。固定资产的明细分类账又包括“固定资产卡片”和“固定资产登记簿”两种。

1. 固定资产卡片

企业应当根据固定资产的定义，结合自身实际情况，制定适合本企业的固定资产目录，列明固定资产编号、名称、种类、所在地点、使用部门、责任人、数量、账面价值、使用年限、损耗等内容，有利于企业了解固定资产使用情况的全貌。企业在固定资产目录的基础上，按照单项资产建立固定资产卡片，固定资产卡片应在资产编号上与固定资产目录保持对立关系。固定资产目录和卡片均应定期或不定期复核，保证信息的真实和完整。通过固定资产卡片，可以反映企业各项固定资产从进入企业开始到退出企业的整个企业周期所发生的全部情况。固定资产卡片通常一式三份，分别由会计部门、资产管理部门、固定资产使用或保管部门负责登记并保管。

2. 固定资产登记簿

企业应按固定资产的类别设置固定资产登记簿，登记簿上的账页应按使用或保管单位设置专栏并按顺序排列。通过固定资产登记簿，可以反映企业各类固定资产的使用、保管和增减变动及其结存情况。企业每年年初按照规定的类别和使用或保管单位，将固定资产的年初余额记入登记簿，每月按各类固定资产的增减日期序时登记，只登记金额，不登记数量，并按月结出余额。

（五）固定资产的初始成本

固定资产的初始成本是指企业购建某项固定资产达到预定可使用状态前所发生的一切合理、必要的支出。这些支出包括直接发生的购买价款、运杂费、包装费和安装成本等，也包括间接发生的，如应承担的借款利息以及应分摊的其他间接费用。对于特殊行业的特定固定资产，在确认其成本时还应当预计弃置费用因素，按照弃置费用的现值计入相关固定资产成本。固定资产的取得方式主要有外购、自行建造、投资者投入、融资租入等，取得的方式不同，初始计量方法也不同。

二、固定资产取得核算

（一）外购固定资产

企业外购的固定资产，应按实际支付的购买价款、相关税费以及使固定资产达到预定可使用状态前所发生的可归属于该项资产的运输费、装卸费、安装费和专业人员服务费等，作为固定资产的取得成本。

1. 企业购入不需要安装的固定资产，应按实际支付的购买价款、相关税费以及使固定资产达到预定可使用状态前所发生的可归属于该项资产的运输费、装卸费和专业人员服务费等，作为固定资产成本，借记“固定资产”科目，贷记“银行存款”科目。

2. 购入需要安装的固定资产，应在购入的固定资产取得成本的基础上加上安装调试成本等，作为购入固定资产的成本，先通过“在建工程”科目核算，待安装完毕达到预定可使用状态时，再由“在建工程”科目转入“固定资产”科目。企业购入固定资产时，按实际支付的购买价款、运输费、装卸费和其他相关税费等，借记“在建工程”科目，贷记“银行存款”等科目；支付安装费用等时，借记“在建工程”科目，贷记“银行存款”等科目；安装完毕达到预定可使用状态时，按其实际成本，借记“固定资产”科目，贷记“在建工程”科目。

企业基于产品价格等因素的考虑，可能以一笔款项购入多项没有单独标价的固定资产。如果这些资产均符合资产定义，并满足固定资产的确认条件，则应将各项资产单独确认为固定资产，并按各项固定资产公允价值的比例对总成本进行分配，分别确定各项固定资产的成本。以一笔款项购入多项没有单独标价的固定资产，应当按照各项固定资产的公允价值比例对总成本进行分配，分别确定各项固定资产的成本。

购买固定资产的价款超过正常信用条件延期支付，实质上具有融资性质的，固定资产成本以购买价款的现值为基础确定。实际支付的价款与购买价款的现值之间的差额，应当在信用期间内采用实际利率法进行摊销，摊销金额除满足借款费用资本化条件应当计入固定资产成本的以外，均应当在信用期间内确认为财务费用，计入当期损益。

为了核算取得的固定资产，企业应当设置“固定资产”“在建工程”科目等。“固定资产”科目核算企业固定资产的原价，借方登记企业增加的固定资产原价，贷方登记企业减少的固定资产原价，期末借方余额反映企业期末固定资产的账面原价。

“在建工程”科目核算企业外购固定资产安装、基建、更新改造等在建工程发生的支出，借方登记企业各项在建工程的实际支出，贷方登记完工工程转出的成本，期末借方余额反映企业尚未达到预定可使用状态的在建工程的成本。

（二）建造固定资产

企业自行建造固定资产，应按建造该项资产达到预定可使用状态前所发生的必要支出，作为固定资产的成本。

自建固定资产应先通过“在建工程”科目核算，工程达到预定可使用状态时，再从“在建工程”科目转入“固定资产”科目。企业自建固定资产，主要有自营和出包两种方式，由于采用的建设方式不同，其会计处理也不同。“工程物资”科目核算企业为在建工程而准备的各种物资的实际成本。该科目借方登记企业购入工程物资的成本，贷方登记领用工程物资的成本，期末借方余额反映企业为在建工程准备的各种物资的成本。

1. 自营工程

自营工程是指企业自行组织工程物资采购、自行组织施工人员施工的建筑工程和安装工程。购入工程物资时，借记“工程物资”科目，贷记“银行存款”等科目。领用工程物资时，借记“在建工程”科目，贷记“工程物资”科目。在建工程领用本企业原材料时，借记“在建工程”科目，贷记“原材料”“应交税费——应交增值税（进项税额转出）”等科目。在建工程领用本企业生产的商品时，借记“在建工程”科目，贷记“库存商品”“应交税费——应交增值税（销项税额）”等科目。自营工程发生的其他费用（如分配工程人员工资等），借记“在建工程”科目，贷记“银行存款”“应付职工薪酬”等科目。自营工程达到预定可使用状态时，按其成本，借记“固定资产”科目，贷记“在建工程”科目。

2. 出包工程

出包工程是指企业通过招标等方式将工程项目发包给建造承包商，由建造承包商组织施工的建筑工程和安装工程。企业采用出包方式进行的固定资产工程，其工程的具体支出主要由建造承包商核算，在这种方式下，“在建工程”科目主要是企业与建造承包商办理工程价款的结算科目，企业支付给建造承包商的工程价款作为工程成本，通过“在建工程”科目核算。企业按合理估计的发包工程进度和合同规定向建造承包商结算的进度款，借记“在建工程”科目，贷记“银行存款”等科目；工程完成时按合同规定补付的工程款，借记“在建工程”科目，贷记“银行存款”等科目；工程达到预定可使用状态时，按其成本，借记“固定资产”科目，贷记“在建工程”科目。

业务处理流程如下：

第一步，会计人员应仔细审核原始凭证的有效性和合法性，并确认该项业务应包括对方单位开具的增值税专用发票、建筑安装行业专用发票、固定资产验收清单以及银行转账支票的票根等原始凭证，并核对相应金额。

第二步，会计人员根据审核无误的原始凭证，“固定资产”增加记借方，“银行存款”

减少记贷方。会计分录为：

（1）购入进行安装时

借：在建工程

贷：银行存款

（2）支付安装费时

借：在建工程

贷：银行存款

（3）设备安装完毕交付使用时

借：固定资产

贷：在建工程

据以编制记账凭证，交予会计审核人员审核。

第三步，会计人员根据审核无误的记账凭证，序时登记相应账户的明细账和总账。

（三）固定资产增加的核算

1. 固定资产的计价

（1）原始价值。固定资产的基本计价标准是历史成本，亦称原始价值，包括企业购建某项固定资产预定可使用状态前所发生的一切合理、必要的支出。它可以反映企业的固定资产投资规模，是企业计提折旧的依据。

购建固定资产达到预定可使用状态的判断：

①固定资产的实体建造（包括安装）工作已经全部完成或者实质上已经完成。

②所购建的固定资产与设计要求或合同要求相符或基本相符，即使有极个别与合同要求不相符的地方，也不影响其正常使用。

③继续发生在所购建固定资产上的支出金额很少或几乎不再发生。如果所购建固定资产需要试生产或试运行，则在试生产结果表明资产能够正常生产合格产品时，或试运行结果表明能够正常运转或营业时，就应当认为资产已经达到预定的状态。

（2）净值。固定资产净值也称为折余价值，是指固定资产原始价值或重置完全价值减去已计提的净额。它可以反映企业实际所占用固定资产的资金数额和固定资产的新旧程度。

（3）账面价值。固定资产的账面价值是指固定资产的原值减去相关的累计折旧和已计提减值准备后的余额。固定资产以账面价值列示在资产负债表上。

2. 固定资产计价的相关问题

（1）关于固定资产借款费用的处理。为购建或者生产符合资本化条件的固定资产，达到预定可使用状态之前发生的借款应计入购建固定资产的成本，其后发生的应计入当期损益。

（2）关于固定资产价值的调整。固定资产的价值确定入账以后，一般不得进行调整，但是在一些特殊情况下，固定资产的价值可进行调整。这些情况主要包括：①根据国家规定对固定资产价值重新估价；②增加补充设备或改良装置；③将固定资产的一部分拆除；④根据实际价值调整原来的暂估价值；⑤发现原记固定资产价值有错误。

（四）固定资产增加的账务处理

1. 外购固定资产的核算

外购固定资产的成本，包括购买价款、相关税费（包括契税、耕地占用税、车辆购置税等，不含可抵扣的增值税进项税额），使固定资产达到预定可使用状态前所发生的可归属于该项资产的运输费、装卸费、安装费和专业人员服务费、弃置费用等。企业购入的固定资产分为不需要安装的固定资产和需要安装的固定资产两种情形。后者的取得成本是在前者取得成本的基础上，加上安装调试成本等。企业购入、安装固定资产可见原始凭证包括固定资产验收单、工程物资领料单、建筑安装行业专用发票等。

（1）企业购入不需安装固定资产

企业购入不需安装固定资产，应按实际支付的计入固定资产成本的金额作为购入的固定资产原价入账。2009 年 1 月 1 日起，对于增值税一般纳税人购进（包括捐赠、实物投资）或者自制（包括改扩建、安装）使用期限超过 12 个月的机器、机械、运输工具及其他与生产经营有关（包括间接相关）的设备、工具、器具，符合条件的可以从销项税额中抵扣对应的增值税进项税额。账务处理如下：

借：固定资产（应计入固定资产成本的金额）

　　应交税费——应交增值税（进项税额）（允许抵扣的增值税进项税额）

　　　贷：银行存款 / 应付票据 / 其他应付款等

（2）企业购入需安装固定资产

企业购入需要安装调试的固定资产，先计入“在建工程”科目，安装完毕达到预定可使用状态时再转入“固定资产”科目核算。企业购入需要安装调试固定资产的账务处理如下：

借：在建工程——安装工程

　　应交税费——应交增值税（进项税额）

　　　贷：银行存款等

发生安装调试支出的账务处理如下：

借：在建工程——安装工程

贷：银行存款 / 原材料 / 工程物资 / 应付职工薪酬等

2. 分期付款购买固定资产的账务处理

分期付款购买固定资产的购货合同实质上具有融资租赁性质，购入资产的成本不能以各期数额之和确定，而应以各期付款额的现值之和确定。固定资产购买价款的现值，应当按照各期支付的购买价款选择恰当的折现率进行折现后的金额加以确定。折现率是反映当前市场货币时间价值和延期付款债务特定风险的利率。采用实际利率法分期摊销时，符合资本化条件，应当计入固定资产成本；其余部分应当在信用期间内确认为财务费用，计入当期损益。

分期付款购入固定资产时的账务处理如下：

借：固定资产 / 在建工程（购买价款的现值）

未确认融资费用（差额）

贷：长期应付款（应支付的金额）

分期付款时的账务处理如下：

借：长期应付款（分期付款额）

应交税费——应交增值税（进项税额）（允许抵扣的增值税进项税额）

贷：银行存款

信用期间内采用实际利率法分期摊销未确认融资费用的账务处理如下：

借：在建工程 / 财务费用（未确认融资费用的分摊额）

贷：未确认融资费用

（五）经营租入固定资产的核算

租赁是指在约定的期间内，出租人将资产使用权让予承租人，以获取租金的协议。承租人应在租赁开始日将租赁分为融资租赁和经营租赁。融资租赁，是指在实质上转移与一项资产所有权有关的主要风险和报酬的一种租赁。经营租赁，是指融资租赁以外的其他一切租赁形式。

承租人对经营租赁的处理。承租人采用经营性租赁方式租入的资产，主要是为了解决生产经营的季节性、临时需要，并不是长期拥有，租赁期限相对较短，资产的所有权仍归属出租方，企业只是在租期内拥有资产的使用权。租赁期满，企业将资产退还给出租人。也就是说，在这种经营租赁方式下，与租赁资产相关的风险和报酬仍然归属于出租人。鉴于经营租赁的上述特点，承租企业，对租入的资产不作为本企业的资产计价入账，也无须计提折旧，只在备查簿中进行登记。

（六）固定资产增加特殊事项的核算

1. 存在弃置义务的固定资产

对于特殊行业的特定固定资产，确定其初始入账成本时，还应考虑企业依法承担的环境保护和生态恢复等义务所确定的支出，即弃置费用，如核电站核设施等的弃置和恢复环境义务。弃置费用应按照现值计算确定应计入固定资产成本的金额和相应的预计负债。在固定资产的使用寿命内按照预计负债的摊余成本和实际利率计算确定的利息费用应计入财务费用。固定资产发生的报废清理费用不属于弃置费用，应当在发生时作为固定资产处置费用处理。

2. 高危行业企业使用提取的安全生产费形成的固定资产

安全生产费，是指从事矿山开采、建筑施工、危险品生产以及道路交通运输的企业与其他经济组织按照规定标准提取，专门用于完善和改进企业安全生产条件的费用。企业提取安全生产费应在“专项储备”账户核算。企业使用提取的安全生产费时，属于费用性支出的，直接冲减专项储备。企业使用提取的安全生产费形成固定资产的，应当通过在“在建工程”账户归集所发生的支出，待安全项目完工达到预定可使用状态时确认为固定资产；同时，按照形成固定资产的成本冲减专项储备，并确认相同金额的累计折旧。该固定资产在以后期间不再计提折旧。

3. 专项拨款形成的固定资产

（1）政府补助形成的固定资产 . 与资产相关的政府补助包括用于购买固定资产或无形资产的财政拨款、固定资产专门借款的财政贴息等。企业实际收到款项时，按照到账的实际金额计量，确认资产（银行存款）和递延收益。企业将政府补助用于购建长期资产的，该长期资产的购建与企业正常的资产购建或研发处理一致，通过“在建工程”“研发支出”等账户归集，完成后转为固定资产或无形资产。自长期资产可供使用时起，按照长期资产的预计使用期限，将递延收益平均分摊转入当期损益。

（2）政府资本性投入形成的固定资产。企业取得政府作为企业所有者投入的具有专项或特定用途的款项，应通过“专项应付款”账户核算。形成长期资产的部分转入资本公积，未形成长期资产的部分予以核销。

此外，其他方式增加的固定资产，如投资者投入的固定资产、接受捐赠的固定资产、债务重组取得的固定资产、非货币性资产交换取得的固定资产，分别按照有关规定进行核算。

三、固定资产折旧的核算

（一）固定资产折旧的概念

固定资产在长期使用过程中，虽然实物形态基本保持不变，但其价值却逐渐发生损耗，包括由于使用和自然力侵蚀而引起的有形损耗以及由于科学技术进步等原因引起的无形损耗。固定资产因为损耗而转移的价值以折旧的形式计入成本费用中，并从营业收入中得以补偿。固定资产折旧是指在固定资产的使用寿命内，按照确定的方法对应计折旧额进行的系统分摊。其中，应计折旧额，是指应当计提折旧的固定资产的原价扣除其预计净残值后的金额，如果已对固定资产计提减值准备，还应当扣除已计提的固定资产减值准备累计金额。

企业应当在固定资产的使用寿命内，按照确定的方法对其应计折旧额进行系统分摊，根据固定资产的性质和使用情况，合理确定固定资产的使用寿命和预计净残值。固定资产的使用寿命、预计净残值一经确定，不得随意变更，但是符合《企业会计准则第4号——固定资产》第十九条规定的除外。上述事项在报经股东大会或董事会、经理（厂长）会议或类似机构批准后，作为计提折旧的依据，并按照法律、行政法规等规定报送有关各方面备案。

影响固定资产折旧的因素主要有以下几个方面：

（1）固定资产原价，是指固定资产的成本。

（2）预计净残值，是指假定固定资产预计使用寿命已满并处于使用寿命终了时的预期状态，企业目前从该项资产处置中获得的扣除预计处置费用后的金额。

（3）固定资产减值准备。

（4）固定资产的使用寿命，是指企业使用固定资产的预计期间，或者该固定资产所能生产产品或提供劳务的数量。企业确定固定资产使用寿命时，应当考虑下列因素：

①该项资产预计生产能力或实物产量；

②该项资产预计有形损耗，如设备使用中发生磨损、房屋建筑物受到自然侵蚀等；

③该项资产预计无形损耗，如因新技术的出现而使现有的资产技术水平相对陈旧、市场需求变化使产品过时等；

④法律或者类似规定对该项资产使用的限制。

企业至少应当于每年终了时对固定资产的使用寿命、预计净残值和折旧方法进行复核。使用寿命预计数与原先估计数有差异的，应当调整固定资产使用寿命。预计净残值预计数与原先估计数有差异的，应当调整预计净残值。与固定资产有关的经济利益预期实现方式有重大改变的，应当改变固定资产折旧方法。固定资产使用寿命、预计净残值和折旧方法的改变应当作为会计估计变更。

（二）固定资产折旧的范围

1. 空间范围

除以下情况外，企业应对所有的固定资产计提折旧：①已提足折旧仍继续使用的固定资产；②单独计价入账的土地。

需要注意的是，以融资租赁方式租入的固定资产和以经营租赁方式租出的固定资产应当计提折旧；经营租赁方式租入的固定资产，不应当计提折旧。

处于更新改造过程而停止使用的固定资产，因为已转入在建工程（未达到预定可使用状态，还不能称为固定资产），所以不用计提折旧；待更新改造项目达到预定可使用状态转为固定资产后，再按重新确定的折旧方法和该项固定资产尚可使用年限计提折旧。

2. 时间范围

固定资产应当按月计提折旧。固定资产应自达到预定可使用状态时开始计提折旧，终止确认时或划分为持有待售非流动资产时停止计提折旧。企业在实际计提固定资产折旧时，当月增加的固定资产，当月不计提折旧，从下月起计提折旧；当月减少的固定资产，当月仍计提折旧，从下月起停止计提折旧。已提足折旧仍继续使用的固定资产，不再提取折旧；提前报废的固定资产，不再补提折旧。持有待售的固定资产，不计提折旧。已达到预定可使用状态但尚未办理竣工决算的固定资产，应当按照估计价值确定成本，并计提折旧；待办理竣工决算后再按实际成本调整原来的暂估价值，但不需要调整原来计提的折旧额。

（三）固定资产折旧方法

企业应当根据与固定资产有关的经济利益的预期实现方式合理选择折旧方法。折旧方法一经确定，不得随意变更。

1. 年限平均法

年限平均法又称直线法，是指将固定资产的应计折旧额均衡地分摊到固定资产预计使用寿命内的一种方法。采用这种方法计算的每期折旧额均相等。折旧率按计算对象不同，分为个别折旧率、分类折旧率和综合折旧率三种。个别折旧率是按单项固定资产计算的折旧率，分类折旧率是按各类固定资产分别计算的折旧率，综合折旧率则是按全部固定资产计算的折旧率。按个别折旧率计算折旧，工作量较大；按综合折旧率计算折旧，会影响折旧费的合理分摊；采用分类折旧率，既可以适当简化核算工作，也可以较为合理地分配折旧费。年限平均法的计算公式如下：

年折旧率 =（1 — 预计净残值率）÷ 预计使用寿命（年）× 100%

月折旧率 = 年折旧率 ÷ 12

月折旧额 = 固定资产原价 × 月折旧率

采用年限平均法计提固定资产折旧，其特点是将固定资产的应计折旧额均衡地分摊到固定资产预计使用寿命内。采用这种方法计算的每期折旧额是相等的。

2. 工作量法

工作量法是指根据实际工作量计提固定资产折旧额的一种方法，属于直线折旧法。一般是按固定资产所能工作的时数平均计算折旧额。工作量法适用于在使用期间负担程度差异很大，提供的经济效益很不均衡的固定资产。工作量法的计算公式如下：

单位工作量折旧额 = 固定资产原价 ×（1 —预计净残值率）/ 预计总工作量

某项固定资产月折旧额 = 该项固定资产当月工作量 × 单位工作量折旧额

3. 双倍余额递减法

双倍余额递减法，是指在不考虑固定资产预计净残值的情况下，根据每期期间固定资产原价减去其累计折旧后的余额和双倍的直线法折旧率计算提取固定资产折旧的一种加速折旧方法。使用双倍余额递减法计提折旧时，应当在固定资产折旧年限到期以前两年内，将固定资产账面净值扣除预计净残值后的余额平均摊销。双倍余额递减法的计算公式如下：

年折旧率 =2/ 预计使用寿命（年）×100%

月折旧率 = 年折旧率 ÷12

月折旧额 = 每月月初固定资产账面净值 × 月折旧率

4. 年数总和法

年数总和法是指将固定资产的原价减去预计净残值后的余额，乘以一个逐年递减的折分数计算每年的折旧额。年数总和法的计算公式如下：

年折旧率 =（预计使用寿命—已使用年限）÷[预计使用寿命 ×（预计使用寿命 +1）÷2]×100%

或者：

年折旧率 = 尚可使用年限 ÷ 预计使用寿命的年数总和 ×100%

月折旧率 = 年折旧率 ÷12

月折旧额 =（固定资产原值—预计净残值）× 月折旧率

企业应当根据与固定资产有关的经济利益的预期实现方式，合理选择固定资产折旧方式。其中，年限平均法和工作量法称为直线折旧法，双倍余额递减法和年数总和法称为加速折旧法。直线折旧法预期折旧额相同。加速折旧法早期多提折旧，后期少提折旧，其递减的速度逐年加快，使固定资产成本在估计使用寿命内加快得到补偿。

（四）固定资产折旧的账务处理

固定资产应当按月计提折旧，并根据用途分别计入相关资产的成本或当期损益。企业每月末，以“固定资产折旧计算表”为依据，进行计提折旧的账务处理。年限平均法计算公式如下：

月折旧额的直接计算式＝月初固定资产原值 × 折旧率

月折旧额的调整计算式＝上月计提的折旧额＋上月增加固定资产计提的折旧额—上月减少固定资产计提的折旧额

企业计提固定资产折旧的账务处理如下：

借：制造费用（生产车间使用的固定资产计提的折旧）

管理费用（行政管理部门使用的固定资产计提的折旧，未使用、不需用固定资产计提折旧）

销售费用（销售部门使用的固定资产计提的折旧）

在建工程（自行建造固定资产过程中所使用的固定资产计提的折旧）

研发支出（自行开发无形资产过程中所使用的固定资产计提的折旧）

其他业务成本（经营性出租设备计提的折旧）

应付职工薪酬（提供给职工作为非货币性职工薪酬的固定资产计提的折旧）

专项储备（企业使用提取的安全生产费形成固定资产确认相同金额的累计折旧）

贷：累计折旧

（五）固定资产后续支出的核算

企业的固定资产投入使用后，由于各个组成部分耐用程度不同或者使用的条件不同，因而往往发生固定资产的局部损坏。为了保持固定资产的正常运转和使用，充分发挥其使用效能，就必然产生必要的后续支出。

固定资产的后续支出是指固定资产使用过程中发生的更新改造支出、修理费用等。固定资产后续支出的处理原则为：符合固定资产确认条件的，应当计入固定资产成本，同时将被替换部分的账面价值扣除；不符合固定资产确认条件的，应当计入当期损益。

固定资产应当按月计提折旧，计提的折旧应当计入“累计折旧”科目，并根据用途计入相关资产的成本或者当期损益。企业自行建造固定资产过程中使用的固定资产，其计提折旧应计入“在建工程”；基本生产车间所使用的固定资产，其计提的折旧应计入“制造费用”；管理部门所使用的固定资产，其计提的折旧应计入“管理费用”；销售部门所使用的固定资产，其计提的折旧应计入“销售费用”；经营租出的固定资产，其计提的折旧额应计入“其他业务成本”。企业计提固定资产折旧时，借记“制造费用”“销售费用”“管理费用”等科目，贷记“累计折旧”科目。

要正确处理上述业务，必须熟悉固定资产后续支出的相关规定。固定资产的更新改造等后续支出，满足固定资产确认条件的，应当计入固定资产成本，如有被替换的部分，应同时将被替换部分的账面价值从该固定资产原账面价值中扣除；不满足固定资产确认条件的固定资产修理费用等，应当在发生时计入当期损益。固定资产发生可资本化的后续支出时，企业应将该固定资产的原价、已计提的累计折旧和减值准备转销，将固定资产的账面价值转入在建工程。固定资产发生的可资本化的后续支出，通过“在建工程”科目核算。在固定资产发生的后续支出完工并达到预定可使用状态时，从“在建工程”科目转入“固定资产”科目。企业生产车间（部门）和行政管理部门等发生的固定资产修理费用等后续支出，借记“管理费用”等科目，贷记“银行存款”等科目；企业发生的与专设销售机构相关的固定资产修理费用等后续支出，借记“销售费用”科目，贷记“银行存款”等科目。

1. 核算固定资产的处置

企业在生产经营过程中，可能将不适用或不需用的固定资产对外出租，或因磨损、技术进步等原因对固定资产进行报废，或因遭受自然灾害而对毁损的固定资产进行处理。这些事项在进行会计核算时，应按规定程序办理有关手续，结转固定资产的账面价值，计算有关的清理收入、费用及残料价值等。固定资产处置包括固定资产的出售、报废、毁损、对外投资、非货币性资产交换、债务重组等。

处置固定资产应设置“固定资产清理”账户。该账户属于资产类账户，用来核算企业因出售、报废、毁损、对外投资、非货币性资产交换、债务重组等原因转出的固定资产价值以及在清理过程中发生的费用等，借方登记转出的固定资产账面价值、清理过程中应支付的相关税费及其他费用，贷方登记固定资产清理完成的处理，期末借方余额反映企业尚未清理完毕的固定资产清理净损失期末如为贷方余额，则反映企业尚未清理完毕的固定资产净收益。该科目应按被清理的固定资产项目设置明细账，进行明细核算。固定资产处置的核算具体包括以下几个环节：

（1）固定资产转入清理。企业因出售、报废、毁损、对外投资、非货币性资产交换、债务重组等转出的固定资产，按该项固定资产的账面价值，借记“固定资产清理”科目；按已计提的累计折旧，借记“累计折旧”科目；按已计提的减值准备，借记“固定资产减值准备”科目；按其账面原价，贷记“固定资产”科目。

（2）发生的清理费用等。固定资产清理过程中应支付的相关税费及其他费用，借记“固定资产清理”科目，贷记“银行存款”“应交税费——应交营业税”“应交税费——应交增值税（销项税额）”等科目。

（3）收回出售固定资产的价款、残料价值和变价收入等。收到出售价款或变价收入时，增加银行存款或库存现金；收回残料，则增加原材料。因此，应借记“银行存款”“原材料”等科目，贷记“固定资产清理”科目。

（4）保险赔偿等的处理。应由保险公司或过失人赔偿的损失，借记“其他应收款”等科目，贷记“固定资产清理”科目。

（5）清理净损益的处理。固定资产清理完成后，属于生产经营期间正常的处理损失，借记“营业外支出——非流动资产处置损失”科目，贷记“固定资产清理”科目；属于自然灾害等非正常原因造成的损失，借记“营业外支出——非常损失”科目，贷记“固定资产清理”科目。如为贷方余额，借记“固定资产清理”科目，贷记“营业外收入”科目。

业务处理流程如下：

第一步，会计人员审核按照规定程序办理固定资产转让、报废、处置等相关手续的资产，并分别编制固定资产清理损益计算表。

第二步，会计人员根据固定资产清理损益计算表，设置“固定资产清理”账户，并将清理最终损益转入借方“营业外支出”或贷方“营业外收入”。其会计分录为：

（1）将报废固定资产转入清理时

借：固定资产清理

　　累计折旧

　　　固定资产减值准备

　　　　贷：固定资产

（2）收回残料变价收入时

借：银行存款

　　贷：固定资产清理

（3）支付清理费用时

借：固定资产清理

　　贷：银行存款

（4）结转报废固定资产发生的净损失时

借：营业外支出——非流动资产处置损失

　　贷：固定资产清理

第三步，会计人员根据审核无误的记账凭证，序时登记相应账户的明细账和总账。

2. 固定资产终止确认的条件

固定资产满足下列条件之一的，应当予以终止确认：

（1）该固定资产处于处置状态。固定资产处置包括固定资产的出售、转让、报废或毁损、对外投资、非货币性资产交换、债务重组等。处于处置状态的固定资产不再用于生产商品、提供劳务、出租或经营管理，因此不再符合固定资产的定义，应予以终止确认。

（2）该固定资产预期通过使用或处置不能产生经济利益。如果一项固定资产预期通过使用或处置不能产生经济利益，那么它就不再符合固定资产的定义和确认条件，应予以终止确认。

3. 固定资产出售、报废或毁损的账务处理

企业出售、转让、报废固定资产或发生固定资产毁损，应当将处置收入扣除账面价值和相关税费后的金额计入当期损益，编制固定资产清理损益计算表，固定资产出售、转让、报废的账务处理。

4. 持有待售的固定资产

持有待售的固定资产，是指在当前状况下仅根据出售同类固定资产的惯例就可以直接出售的固定资产。同时满足下列条件的非流动资产应当划分为持有待售：一是企业已经就处置该非流动资产做出决议，二是企业已经与受让方签订了不可撤销的转让协议，三是该转让一年内完成。待售的固定资产，应当调整该项固定资产的预计净残值，使该项固定资产反映其公允价值减去处置费用后的金额，但不得超过符合持有待售条件时该项固定资产的原账面价值，原账面价值高于调整后预计净残值的差额，应作为资产减值损失计入当期损益。持有待售的固定资产不计提折旧，按照账面价值与公允价值减去处置费用后的净额孰低进行计量。某资产被划归为持有待售，但后来不再满足持有待售的固定资产的确认条件，企业应当停止将其划归为持有待售，并按照下列两项金额中较低者计量：

（1）该资产被划归为持有待售之前的账面价值，按照其假定在没有被划归持有待售的情况下原应确认的折旧、摊销或减值进行调整后的金额。

（2）决定不再出售之日的再收回金额。

四、固定资产清查与减值的核算

（一）固定资产清查的核算

固定资产清查，是指企业定期或不定期地对固定资产进行全面或局部的检查，以测定资产的安全完整，避免账实不符。固定资产清查的方法通常为实地盘点法。企业应定期或者至少于每年年末对固定资产进行清查盘点，以保证固定资产核算的真实性，充分挖掘企业现有固定资产的潜力。在固定资产清查过程中，如果发现盘盈、盘亏的固定资产，应填制固定资产盘盈、盘亏报告表。清查固定资产的损溢，应及时查明原因，并按照规定程序报批处理。

1. 固定资产盘盈

企业在财产清查中盘盈的固定资产，作为前期差错处理。企业在财产清查中盘盈的固定资产，在按管理权限报经批准处理前应先通过“以前年度损益调整”科目核算。盘盈的固定资产，应按重置成本确定其入账价值，借记“固定资产”科目，贷记“以前年度损益调整”科目。

2. 固定资产盘亏

企业在财产清查中盘亏的固定资产，按盘亏固定资产的账面价值，借记“待处理财产损溢”科目；按已计提的累计折旧，借记“累计折旧”科目；按已计提的减值准备，借记“固定资产减值准备”科目；按固定资产的原价，贷记“固定资产”科目。按管理权限报经批准后处理时，按可收回的保险赔偿或过失人赔偿，借记“其他应收款”科目；按应计入营业外支出的金额，借记“营业外支出——盘亏损失”科目，贷记”待处理财产损溢”科目。

业务处理流程如下：

第一步，会计人员应该在期中、期末对公司的固定资产运行情况进行财产清查，并编制相应的固定资产盘盈、盘亏报告表。

第二步，会计人员根据固定资产盘盈、盘亏报告表，设置“待处理财产损溢”账户，并将清理最终损溢转入借方“营业外支出”或贷方“营业外收入”。其会计分录为：

（1）盘亏固定资产时

借：待处理财产损溢

　　累计折旧

　　　贷：固定资产

（2）报经批准转销时

借：营业外支出——盘亏损失

　　贷：待处理财产损溢

第三步，会计人员根据审核无误的记账凭证，序时登记相应账户的明细账和总账。

（二）资产减值及其确认标准

资产的主要特征之一是它必须能够为企业带来经济利益的流入，如果资产不能够为企业带来经济利益或者带来的经济利益低于其账面价值，那么，该资产就不能再予以确认，或不能再以原账面价值予以确认。因此，当企业资产的可收回金额低于其账面价值时，表明资产发生了减值。

固定资产在资产负债表日存在可能发生减值的迹象时，其可收回金额低于账面价值的，企业应当将该固定资产的账面价值减记至可收回金额，减记的金额确认为减值损失，计入当期损益，同时计提相应的资产减值准备，借记“资产减值损失——计提的固定资产减值准备”科目，贷记“固定资产减值准备”科目。固定资产减值损失一经确认，在以后会计期间不得转回。

业务处理流程如下：

第一步，会计人员应该在资产负债表日对公司可能发生减值迹象的固定资产进行核查统计，并编制相应的固定资产减值情况表。

第二步，会计人员根据固定资产减值情况表，“资产减值损失”增加记借方，“固定资产减值准备”增加记贷方。其会计分录为：

借：资产减值损失——计提的固定资产减值准备

贷：固定资产减值准备

第三步，会计人员根据审核无误的记账凭证，序时登记相应账户的明细账和总账。

固定资产的减值，应当按照《企业会计准则第八号—资产减值》处理。资产减值损失确认后，减值资产的折旧或者摊销费用应当在未来期间做相应调整，以使该资产在剩余使用寿命内，系统地分摊调整后的资产账面价值（扣除预计净残值）。但需注意以下问题：

（1）计提减值准备后需重新确定资产账面价值。由于计提资产减值准备，实际上已经降低了相关资产的账面成本，因此，对已计提减值准备的资产，应当按照该资产的原账面价值减去计提的减值准备，作为重新计算确定折旧率、折旧（或摊销）额的新价值依据，即计提资产减值准备后资产的账面价值等于原账面价值减去已计提的减值准备。

（2）重新确定尚可使用年限和净残值。计提资产减值准备后，企业会计人员应当重新分析和确定资产的折旧（或摊销）方法，重新预计资产的剩余使用寿命和预计净残值。在分析和确定时需注意区别下列情况分别处理：

①如果资产的预计使用寿命、预计净残值以及资产所含经济利益的预期实现方式均未发生改变，企业仍应遵循原先确定的折旧（或摊销）方法、预计使用寿命及预计净残值，依据计提减值准备后资产的账面价值扣除原预计净残值，再按照尚可使用寿命重新计算确定新的折旧率和折旧（或摊销）额。

②如果资产的预计使用寿命、预计净残值以及资产所含经济利益的预期实现方式发生改变，则企业应当相应改变资产的折旧（或摊销）方法、预计使用寿命或预计净残值，并按照会计估计变更的有关规定进行有关会计处理。

企业在资产负债表日应当判断资产是否存在可能发生减值的迹象，主要可从外部信息来源和内部信息来源两个方面加以判断。从企业外部信息来源来看，如果出现了资产的市价在当期大幅度下跌，其跌幅明显高于因时间的推移或者正常使用而预计的下跌；企业经营所处的经济、技术或者法律等环境以及资产所处的市场在当期或者将在近期发生重大变化，从而对企业产生不利影响；市场利率或者其他市场投资报酬率在当期已经提高，从而影响企业计算资产预计未来现金流量现值的折现率，导致资产可收回金额大幅降低；企业所有者权益的账面价值远高于其市值等，属于资产可能发生减值的迹象。从企业内部信息来源来看，如果有证据表明资产已经陈旧过时或者其实体已经损坏，资产已经或者将被闲置、终止使用或者计划提前处置，企业内部报告的证据表明资产的经济绩效已经低于或者将低于预期均属于资产可能发生减值的迹象。资产存在减值迹象是固定资产是否需要进行减值测试的必要前提。有确凿证据表明存在减值迹象的，应当在资产负债表日进行减值测试，估计资产的可收回金额。

（三）资产减值损失确认与计量

企业在对资产进行减值测试并计算了资产可收回金额后，如果资产的可收回金额低于账面价值的，应当将资产的账面价值减记至可收回金额，减少的金额确认为资产减值损失，计入当期损益，同时计提相应的资产减值准备。资产减值损失确认后，减值资产的折旧或者摊销费用应当在未来期间做相应调整，以使该资产在剩余使用寿命内，系统地分摊调整后的资产账面价值（扣除预计净残值）。固定资产、无形资产等资产减值损失一经确认，在以后会计期间不得转回。以前计提的资产减值准备，在资产处置、出售、对外投资、以非货币性资产交换方式换出、在债务重组中抵偿债务等时，才可予以转出。

资产可收回金额的估计应当根据其公允价值减去处置费用后的净额与资产预计未来现金流量的现值两者之间较高者确定。

资产的公允价值减去处置费用后的净额，通常反映的是资产如果被出售或者处置时可以收回的净现金收入。其中，资产的公允价值是指在公平交易中，熟悉情况的交易双方自愿进行交换的金额（如公平交易中资产的销售协议价格、资产的市场价格等）；处置费可以直接归属于资产处置的增量成本，包括与资产处置有关的法律费用、相关税费，以及为使资产达到可销售状态所发生的直接费用等，但是财务费用和所得税费用等不包括在内；资产预计未来现金流量的现值，应当按照资产在持续使用过程中和最终处置时所产生的预计未来现金流量，选择恰当的折现率对其进行折现后的金额加以确定。计算资产未来现金流量现值时所使用的折现率应当是反映当前市场货币时间价值和资产特定风险的税前利率。

（四）固定资产减值损失核算的账务处理

资产负债表日，资产存在减值迹象、进行减值测试的，应将固定资产的可收回金额与其账面价值逐项比较，如果其可收回金额大于其账面价值，不做任何处理；如果其可收回金额小于其账面价值，意味着固定资产发生了减值，应按所确定的固定资产减值数额，进行账务处理。资产负债表日，固定资产发生了减值的账务处理如下：

借：资产减值损失——固定资产减值损失（确认的资产减值损失金额）

贷：固定资产减值准备

如果期末应计提的固定资产减值准备金额高于已计提的固定资产减值准备的期初余额，企业应按其差额补提减值准备。固定资产减值损失一经确认，在以后会计期间不得转回。

计提资产减值准备后，企业应以重新确定的账面价值为基础，在该资产剩余使用寿命内，计提折旧。如果发生进一步减值的，再做进一步的减值测试。此外，如果有证据表明工程物资、在建工程已经发生了减值，应当计提减值准备，准确反映工程物资、在建工程的价值。企业可以设置“工程物资减值准备”账户核算企业的工程物资减值准备。该账户结构同“固定资产减值准备”账户。企业发生工程物资减值准备时，应借记“资产减值损失——工程物资减值损失”账户，贷记“工程物资减值准备”账户。工程物资减值准备一经计提，不得转回。企业可以设置“在建工程减值准备”账户核算企业的在建工程减值准备。该账户结构同“固定资产减值准备”账户。企业发生在建工程减值准备时，应借记“资产减值损失——在建工程减值损失”账户，贷记“在建工程减值准备”账户。在建工程减值准备一经计提，不得转回。

第二节　存货的核算

一、存货的基础知识

（一）存货的定义

存货是指企业在日常活动中持有以备出售的产成品或商品、处在生产过程中的在产品、在生产过程或提供劳务过程中耗用的材料、物料等。存货区别于固定资产等非流动资产的最基本的特征是，企业持有存货的最终的目的是为了出售，包括可供直接销售的产成品，以及需经过进一步加工后出售的原材料等。存货通常在一年或超过一年的一个营业周期内被消耗或经出售转换为现金、应收账款等，具有明显的流动性，属于流动资产。在大多数企业中，存货在流动资产中占很大比重，是流动资产的重要组成部分。

需要注意的是，为建造固定资产等各项工程而储备的各种材料，虽然同属于材料，但是用于建造固定资产等各项工程，不符合存货的定义，因此不能作为企业的存货。企业的特种储备以及按国家指令专项储备的资产也不符合存货的定义，因而也不属于企业的存货。另外，周转材料符合固定资产定义的，应当作为固定资产处理。

（二）存货的确认

1. 存货的确认条件

某个项目要确认为存货，首先要符合存货的定义，其次还应符合存货的确认条件。存货在同时满足以下两个条件时，才能予以确认。

（1）与该存货有关的经济利益很可能流入企业。通常情况下，拥有存货的所有权是与该存货有关的经济利益很可能流入本企业的一个重要标志。企业在判断与该存货有关的经济利益能否流入企业时，通常应结合考虑该存货所有权的归属，而不应当仅仅看其存放的地点等。例如，企业根据销售合同已经售出（取得现金或收取现金的权利）、所有权已经转移的存货，即使该存货尚未运离企业，因其所含经济利益已不能流入本企业，因而不能再作为企业的存货进行核算。

（2）该存货的成本能够可靠地计量。存货的成本能够可靠地计量必须以取得的确凿证据为依据，并且具有可验证性。如果存货成本不能可靠地计量，就不能确认为企业的存货。

2. 存货范围的确定

存货范围的确定，应以企业对存货是否具有法定所有权为标准，而不以物品的存量为依据。具体来讲，凡在盘存日，法定所有权归属企业的一切物品，不论其存放在何处或处于何种状态，都应作为企业的存货；反之，凡是法定所有权不属企业的物品，即使存放在本企业，也不应该包括在本企业的存货范围中。依所有权的归属确定存货范围时，应特别注意以下几点：

（1）凡是开出销售发票售出，所有权已经转移的物品，即使暂时存放于本企业仓库，也不能将其作为本企业的存货，如已开票售出的待运商品等。

（2）凡是未转移所有权的发出物品，即使未存放于本企业仓库，也应将其作为本企业存货，如委托其他单位代销的存货、未出售的外出展销存货等。

（3）凡是所有权已经归属于本企业的购入物品，即使未存放于本企业仓库，也应作为本企业的存货，如已经购入而尚未收到的运输途中的存货等。

（4）凡是不属于本企业所有权的接受物品，即使存放于本企业仓库，也不能作为本企业的存货，如受托加工的存货等。

3. 存货的初始计量

企业取得存货应当按照成本进行初始计量。存货成本包括采购成本、加工成本和其他成本，但存货的来源不同，其成本构成也不完全相同。企业存货的取得主要是通过外购、自制、委托加工三个途径，实务中具体按照以下原则进行成本确定与计量：

（1）外购存货的成本。原材料、商品、包装物、低值易耗品等通过购买而取得的存货的采购成本，包括购买价款、相关税费、运杂费（包括运输费、装卸费、保险费、包装费、仓储费等）、运输途中合理损耗、入库前的挑选整理费（包括挑选整理中发生的工、费支出和挑选整理过程中发生的数量损耗，并扣除回收的下脚废料价值），以及其他可归属于存货采购成本的费用。

存货的购买价款是指企业购入的材料或商品的发票账单上列明的价款，但不包括按规定可以抵扣的增值税税额。

存货的相关税费是指企业购买、自制或委托加工存货发生的进口关税、消费税、资源税和不能抵扣的增值税进项税额，以及相应的教育费附加等应计入存货采购成本的税费。

商品流通企业在采购商品过程中发生的运输费、装卸费、保险费及其他可归属于存货采购成本的费用等进货费用，应当计入存货采购成本，也可以先行归集，期末根据所购商品的销售情况进行分摊。分摊时，对于已售商品的进货费用，计入主营业务成本；对于未售商品的进货费用，计入期末存货成本。企业采购商品的进货费用金额较小的，可以在发生时直接计入当期销售费用。

（2）自制存货的成本。企业自己制造的存货，包括自制原材料、自制包装物、自制低值易耗品、自制半成品及库存商品等，其成本包括直接材料、直接人工、制造费用等各项实际支出。自制存货的成本，将主要在“成本会计”课程中学习。

（3）委托加工取得存货的成本。企业通过委托外单位加工取得的存货，主要包括加工后的产成品、半成品、原材料、包装物、低值易耗品等，其成本由实际耗用的原材料或半成品成本、加工成本构成。存货的加工成本是指在进一步加工存货的过程中的追加费用，包括加工费、装卸费、保险费、委托加工的往返运输费等费用以及按规定应计入成本的税费。

（4）其他方式取得的存货的成本。

①投资者投入的存货的成本，应当按照投资合同或协议约定的价值确定，但投资合同或协议约定价值不公允的除外。

②通过非货币性资产交换、债务重组和企业合并等方式取得的存货的成本，应当按相关准则的规定确定。

③盘盈存货的成本，应按其重置成本作为入账价值，通过“待处理财产损溢”科目进行核算，按管理权限报经批准后，冲减当期管理费用。

但是，下列费用不应计入存货成本，而应在其发生时计入当期损益：

①非正常消耗的直接材料、直接人工和制造费用，应在发生时计入当期损益，不应计入存货成本。如因自然灾害而发生的直接材料、直接人工和制造费用，由于这些费用

的发生无助于使该存货达到目前的场所和状态，不应计入存货成本，而应确认为当期损益。

②仓储费用。企业在存货采购入库后发生的储存费用，应在发生时计入当期损益。但是，在生产过程中为达到下一个生产阶段所必需的仓储费用应计入存货成本。如某种酒类产品，生产企业为使生产的酒达到规定的产品质量标准而必须发生的仓储费用，应计入酒的成本，而不应计入当期损益。

③不能归属于使存货达到目前的场所和状态的其他支出，应在发生时计入当期损益，不得计入存货成本。

二、存货的计价

（一）存货取得的计价

存货取得的计价即存货取得时入账价值的确定。企业取得存货应当按照成本进行计量。

存货成本包括采购成本、加工成本和其他成本。企业取得存货的途径不同，其实际成本的构成也有所不同。

1. 外购存货的成本

企业外购存货主要包括原材料和商品。外购存货的成本即存货的采购成本，物资从采购到入库前所发生的全部支出，包括购买价款、相关税费、运输费、装卸费、保险费以及其他可归属于存货采购成本的费用。

外购存货的验收应当重点关注合同、发票等原始单据与存货的数量、质量、规格等核对一致。根据验收结果，编制书面验收报告，经审核无误后开具入库单，与仓储部门办理相关入库手续。对于采购过程中发生的物资毁损、短缺等，除合理的途中损耗应当作为存货的其他可归属于存货采购成本的费用计入采购成本外，应区别不同情况进行会计处理。

（1）从供货单位、外部运输机构等收回的物资短缺或其他赔款，应冲减所购物资的采购成本。

（2）因遭受意外灾害发生的损失和尚待查明原因的途中损耗，暂作为“待处理财产损溢”进行核算，查明原因按照管理权限报经批准后计入“管理费用”或“营业外支出”。商品流通企业在采购商品过程中发生的运输费、装卸费、保险费以及其他可归属于存货采购成本的费用等，应当计入所购商品成本。

2. 加工取得存货的成本

企业通过进一步加工取得的存货主要包括产成品、半成品、委托加工物资等，其成本由采购成本（转移所使用或消耗的原材料采购成本）、加工成本构成。某些存货还包括使存货达到目前场所和状态所发生的其他成本，如可直接认定的产品设计费等。

存货加工成本，由直接人工和制造费用构成，其实质是企业在进一步加工存货的过程中发生的生产成本，不包括直接由材料存货转移来的价值。企业在加工存货过程中发生的直接人工和制造费用，如果能够直接计入有关的成本核算对象，应直接计入该成本核算对象。否则，应按照合理方法分配计入有关成本核算对象。分配方法一经确定，不得随意变更。此外，其他方式取得存货的成本，如投资者投入的无形资产、接受捐赠的存货、债务重组取得的存货、非货币性资产交换取得的存货、盘盈的存货等，分别按照有关规定进行计价。

（二）存货发出的计价

存货发出的计价即存货发出成本的确定。基于存货的成本流转顺序和实物的流转顺序可以分离的特点，存货发出的计价就是在采用某种成本流转假设的前提下，按照不同的成本流转顺序确定存货的发出成本和结存成本。

企业应当根据各类存货的实物流转方式、企业管理的要求、存货的性质等实际情况，合理地选择发出存货成本的计算方法，以合理确定当期发出存货的实际成本。对于性质和用途相似的存货，应当采用相同的成本计算方法确定发出存货的成本。企业在确定发出存货的实际成本时，可以采用个别计价法、先进先出法、月末一次加权平均法、移动加权平均法等方法。企业不得采用后进先出法确定发出存货的成本。

1. 个别计价法

个别计价法又称个别认定法、具体辨认法、分批实际法，其特征是注重所发出存货具体项目的实物流转与成本流转之间的联系，逐一辨认各批发出存货和期末存货所属的购进批别或生产批别，分别按其购入或生产时所确定的单位成本计算各批发出存货和期末存货的成本，即把每一种存货的实际成本作为计算发出存货成本和期末存货成本的基础。

个别计价法的成本计算准确，符合实际情况，但在存货收发频繁的情况下，企业发出成本分辨的工作量较大。因此，这种方法适用于一般不能替代使用的存货，为特定项目专门购入或制造的存货以及提供的劳务，如珠宝、名画等贵重物品。

2. 先进先出法

采用先进先出法，能够随时结转发出存货成本，期末存货成本较接近于市场价值。企业不能随意挑选存货计价以调整当期利润。但是，在存货收发业务频繁和单价经常变动的情况下，企业计价的工作量较大。另外，当物价上涨时，早期较低的成本与现行收入相比，会高估企业当期利润；反之，则会低估企业当期利润。

一般而言，先进先出法适用于经营品种简单企业。经营活动受存货形态影响较大或存货容易腐败变质的企业可采用这种方法。

先进先出法以先购入的存货应先发出（销售或耗用）这样一种存货实物流动假设为前提。采用这种方法，先购入的存货成本在后购入成本之前转出，据此确定发出存货和期末存货的成本。具体方法是：收入存货时，逐笔登记收入存货的数量、单价和金额；发出存货时，按照先进先出的原则逐笔登记存货的发出成本和结存金额。先进先出法可以随时结转存货发出成本，但较烦琐；如果存货收发业务较多且存货单价不稳定，企业工作量较大。在物价持续上升时，期末存货成本接近于市价，而发出成本偏低，会高估企业当期利润和库存存货价值；反之，会低估企业存货价值和当期利润。

3. 月末一次加权平均法

月末一次加权平均法，是指以本月全部进货数量加上月初存货数量作为权数，去除本月全部进货成本加上月初存货成本，计算出存货的加权平均单位成本，以此为基础计算本月发出存货的成本和期末存货的成本的一种方法。其计算公式如下：

存货单位成本 = 月初库存存货的实际成本 +∑（本月各批进货的实际单位成本 × 本月各批进货的数量）÷（月初库存存货数量 + 本月各批进货数量之和）

本月发出存货的成本 = 本月发出存货的数量 × 存货单位成本

本月月末库存存货成本 = 月末库存存货的数量 × 存货单位成本

本月月末库存存货成本 = 月初库存存货的实际成本 + 本月收入存货的实际成本 – 本月发出存货的实际成本

采用加权平均法只在月末一次计算加权平均单价，比较简单，有利于简化成本计算工作。但由于平时无法从账上提供发出和结存存货的单价及金额，因此不利于存货成本的日常管理与控制。

4. 移动加权平均法

移动加权平均法是指以每次进货的成本加上原有库存存货的成本的合计额，除以每次进货数量加上原有库存存货的数量，据以计算加权平均单位成本，作为在下次进货前计算各次发出存货成本依据的一种方法。其计算公式如下：

存货单位成本 =（原有库存存货的实际成本 + 本次进货的实际成本）÷（原有库存存货数量 + 本次进货数量）

本次发出存货的成本 = 本次发出存货数量 × 本次发货前存货的单位成本

本月月末库存存货成本 = 月末库存存货的数量 × 本月月末存货单位成本

加权平均单位成本 =（月初库存存货成本 + 本月入库存货成本）÷（月初库存存货数量 + 本月入库存货数量）

移动加权平均法下存货明细账的登记方法：收入存货，逐笔登记每批入库存货单价、金额，计算移动平均单价；发出存货，计算数量、单价、金额。

采用移动加权平均法能够使企业管理层及时了解存货的结存情况，计算出的平均单位成本以及发出和结存的存货成本比较客观。但是，由于每次收货都要计算一次平均单位成本，计算工作量较大，对收发货较频繁的企业不适用。

此外，在某些特殊情况下，特定企业的存货核算无法采用上述方法，或使用上述方法不符合成本效益原则，因此只能用一些估计的方法来对存货计价，如毛利率法等。

三、原材料的核算

（一）原材料按实际成本计价的核算

材料按实际成本计价核算时，材料的收发及结存，无论总分类核算还是明细分类核算，均按照实际成本计价。使用的会计科目有“原材料”“在途物资”等，“原材料”科目的借方、贷方及余额均以实际成本计价，不存在成本差异的计算与结转问题，但采用实际成本核算，日常反映不出材料成本是节约还是超支，从而不能反映和考核物资采购业务的经营成果。因此，这种方法通常适用于材料收发业务较少的企业。在实务中，对于材料收发业务较多并且计划成本资料较为健全、准确的企业，一般可以采用计划成本进行材料收发的核算。

1. 原材料按实际陈本计价核算的账户设置

为了核算原材料的收、发、结存及款项支付情况，在实际成本法下，需要设置“原材料”“在途物资”“应付账款”“预付账款”等与账户。

（1）“原材料”账户。该账户属于资产类账户，用来核算库存各种材料的收发与结存情况。在原材料按实际成本核算时，借方登记入库材料的实际成本，贷方登记发出材料的实际成本，期末余额在借方，反映企业库存材料的实际成本。企业可按材料的保管地点（仓库）、材料的类别、品种和规格等进行明细核算。

（2）“在途物资”账户。该账户属于资产类账户，用来核算企业采用实际成本（进价）进行材料、商品等物资的日常核算，货款已付尚未验收入库的各种物资（在途物资）的采购成本。账户借方登记企业购入的在途物资的实际成本，贷方登记验收入库的在途物资的实际成本，期末余额在借方，反映企业在途物资的采购成本。企业应按供应单位和物资品种进行明细核算。

（3）“应付账款”账户。该账户属于负债类账户，用来核算企业因购买材料、商品和接受劳务等经营活动应支付的款项。该账户贷方登记企业因购买材料、商品和接受劳务等应支付的款项，借方登记偿还的应付账款，期末余额一般在贷方，反映企业尚未支付的应付账款。在实际工作中，应按收款对象设置明细账，进行明细核算。

（4）“预付账款”账户。该账户属于资产类账户，用于核算企业按照合同规定预付的款项。该账户借方登记预付的款项及补付的款项，贷方登记收到所购物资时根据有关发票账单计入“原材料”等科目的金额及收回多付款项的金额。期末余额在借方，反映企业实际预付的款项；如期末余额在贷方，则反映企业尚未预付的款项。预付款项不多的企业，可以不设置“预付账款”，而将此业务在“应付账款”账户中核算。

2. 原材料按实际成本计价取得的核算

企业在生产过程中，要不断地领用库存材料、半成品等存货，而且材料或半成品构成产品的实体，材料或半成品成本是产品的主要成本。因此，企业应当根据各类存货的实物流转方式、企业管理要求、存货性质等实际情况，合理确定发出存货成本的计算方法及当期发出存货的实际成本，对于性质和用途相同的存货，应当采用相同的方法确定发出存货的成本。

（1）发票账单等结算单据已到，货款已经支付或开出、承兑商业汇票，同时材料已验收入库。单货同到情况下，外购原材料的账务处理如下：

借：原材料（入库材料的实际成本）

　　应交税费——应交增值税（进项税额）

　　　贷：银行存款 / 其他货币资金 / 应付票据等

例如，2022 年 5 月 26 日，B 公司从 A 公司购入甲材料 1000 千克，每千克单价 20 元，收到银行转来的托收承付结算凭证及发票、代垫运费等单据，增值税专用发票标明价款为 20000 元，增值税税额为 3400 元，另对方代垫运费 1000 元、装卸费 100 元，经核实无误承付该款项。材料已验收入库。承付货款、材料入库时，根据增值税专用发票（发票联）、运输发票、托收凭证（通知联）、收料单，编制会计分录如下：

借：原材料——甲材料　　21030

　　应交税费——应交增值税（进项税额）　　3470

　　　贷：银行存款　　24500

（2）发票账单等结算单据已到，货款已经支付或开出、承兑商业汇票，材料尚未到达、尚未验收入库。单到货未到情况下，外购原材料的账务处理如下：

借：在途物资（购入材料的采购成本）

　　应交税费——应交增值税（进项税额）

　　　贷：银行存款 / 其他货币资金 / 应付票据等

（3）发票账单等结算单据未到，材料已经验收入库

外购材料已经到达企业，但发票账单尚未到达，因而尚未支付货款，可暂不账务处理，仅在明细账上反映入库数量。待下月发票账单等结算单据到达，支付货款时，账务处理如下

借：原材料（入库材料的实际成本）

应交税费——应交增值税（进项税额）

贷：银行存款 / 其他货币资金 / 应付票据等

如果月末发票账单等结算单据仍未到达，可暂估入账，账务处理如下：

借：原材料（入库材料的暂估价值）

贷：应付账款——暂估应付账款

下月初用红字作同样的会计分录冲销该笔分录，账务处理如下：

借：原材料（入库材料的暂估价值）（红字）

贷：应付账款——暂估应付账款（红字）

待发票账单等结算单据到达时，按单货同的情况进行处理。

3. 外购材料在途短缺与毁损的核算

外购材料在验收入库时，如果发现短缺与毁损，应及时查明原因，区别不同情况处理。

（1）原材料在运输途中合理的损耗（自然原因、磅差）应当计入材料的采购成本。提高单位成本，不另作账务处理，即企业按实收数量和材料实际总成本入账。

（2）由供货单位造成的短缺、毁损（材料与合同不符，发料金额错记等），应分情况处理。

①在货款尚未承付且未做账务处理的情况下，需要填写“拒绝付款理由书”，连同原发票联和抵扣联主动退还销货方，由销货方按实际数另开发票。实际到料进行承付时，账务处理如下：

借：原材料（实际入库材料的实际成本）

应交税费——应交增值税（进项税额）

贷：银行存款 / 其他货币资金 / 应付票据等

②在货款已经承付，或货款未付但已做账务处理的情况下，发票账单无法退还，应向当地税务机关索取“进货退出或折让证明单”，将证明联转交销货方，由销货方开具增值税专用发票。其账务处理如下：

借：原材料（实际入库材料的实际成本）

贷：在途物资（实际入库材料的采购成本）

借：应付账款（拒付的短缺材料的价税合计）

应交税费——应交增值税（进项税额）（短缺材料负担的增值税额）（红字）

贷：在途物资（短缺材料的采购成本）

（3）由运输机构或个人过失造成的短缺和损失，应填写“赔偿请求单”，就短缺理由和增值税额向运输机构或过失人进行索赔，账务处理如下：

借：原材料（实际入库材料的实际成本）

　　贷：在途物资（实际入库材料的采购成本）

借：其他应收款（运输单位、责任人）（索赔短缺材料的价税合计）

　　贷：在途物资（短缺材料的采购成本）

　　　　应交税费——应交增值税（进项税额转出）（短缺材料负担的增值税额）

（4）因遭受自然灾害发生的损失和尚待查明原因的途中损耗。

①发生的自然灾害等非常损失，账务处理如下：

借：待处理财产损溢—待处理流动资产损溢（短缺材料的实际成本）

　　贷：在途物资（短缺材料的采购成本）

②发生的尚待查明原因的途中损耗，账务处理如下：

借：待处理财产损溢——待处理流动资产损溢（短缺材料的价税合计）

　　贷：在途物资（短缺材料的实际成本）

　　　　应交税费——应交增值税（进项税额转出）（短缺材料转出的进项税费）

③查明原因并按照管理权限报经批准后，账务处理如下：

a. 属于应由供应单位、运输机构、保险公司或其他过失人负责赔偿的损失。

借：应付账款 / 其他应收款（索赔短缺材料的价税合计）

　　贷：待处理财产损溢——待处理流动资产损溢（短缺材料的价税合计）

b. 属于意外灾害等非常原因造成的损失，应当将减去残料价值和过失人、保险公司赔款后的净损失，计入营业外支出。

借：营业外支出——非常损失（意外灾害等原因造成的损失）

　　原材料（残料价值）

　　其他应收款

贷：待处理财产损溢

（二）自制原材料的核算

企业基本生产车间或辅助生产车间自制的材料，应先通过“生产成本——基本生产成本”或“生产成本——辅助生产成本”账户核算其发生的料、工、费支出，账务处理如下：

借：生产成本——基本生产成本/生产成本——辅助生产成本（自制过程中发生的料、工、费）

贷：原材料——A/应付职工薪酬/制造费用等

自制完成的材料验收入库时，账务处理如下：

借：原材料——B

贷：生产成本——基本生产成本/生产成本——辅助生产成本

此外，其他方式增加的原材料，如委托外单位加工取得的原材料、投资者投入的原材料、接受捐赠的原材料、债务重组取得的原材料、非货币性资产交换取得的原材料等，都按照有关规定进行核算。

（三）原材料发出的账务处理

原材料按实际成本计价发出的账务处理如下：

借：生产成本基本生产成本（基本生产车间生产领用原材料的实际成本）

辅助生车成本（辅助生产车间领用原材料的实际成本）

制造费用（车间管理部门领用原材料的实际成本）

管理费用（行政管理部门领用原材料的实际成本）

销售费用（销售部门领用原材料的实际成本）

委托加工物资（委托加工物资发出材料的实际成本）

在建工程（在建工程领用原材料的实际成本）

其他业务成本（出售原材料的实际成本）

贷：原材料费用

同时，转出在建工程领用原材料不能抵扣的进项税额，账务处理如下：

借：在建工程（不予抵扣的增值税进项税额）

贷：应交税费－应交增值税（进项税额转出）

（四）原材料按计划成本计价的核算

原材料采用计划成本核算时，材料的收发，无论总分类核算还是明细分类核算，均按照计划成本计价。材料入库时，同时核算实际成本与计划成本的差异；月末，计算本月发出材料的成本差异并进行分摊，根据领用材料的用途计入相关资产的成本或者当期损益，从而将发出材料的计划成本调整为实际成本。

原材料按计划成本计价便于考核各类或各种材料采购业务的经营成果，有利于分析各种原材料成本节约或超支的原因，考核车间的经营成果，可以加速和简化材料收发凭证的材料明细分类账的登记工作。其缺点是材料成本计算的准确性相对差一些。这种计价方法适用于材料收发业务较多并且计划成本资料较为健全、准确的企业。

1. 原材料按计划成本计价核算的账户设置

（1）“材料采购”账户。委托外单位加工材料、商品的加工成本，直接在“委托加工物资”账户核算，不在本账户核算。企业购入的在建工程所需要的材料、机器设备等，在“工程物资”账户核算，也不在本账户核算。

采用实际成本核算材料、商品的企业，将本账户改为“在途物资”，并按照在途物资的核算方法进行核算。

（2）“原材料”账户。原材料采用计划成本核算时，本账户的借方、贷方及余额均反映原材料的计划成本。

2. 原材料按计划成本计价取得的核算

购入原材料的核算：

①发票账单等结算单据已到，货款已经支付并开出、承兑商业汇票，同时材料已验收入库。

a. 支付货款或开出、承兑商业汇票的账务处理如下：

借：材料采购（购入材料的实际成本）

　　应交税费——应交增值税（进项税额）

　　　贷：银行存款 / 其他货币资金 / 应付票据

b. 材料验收入库的账务处理如下：

借：原材料（入库材料的计划成本）

　　贷：材料采购（入库材料的计划成本）

c. 结转入库材料成本差异的账务处理如下：

结转入库材料的超支差：

借：材料成本差异（入库材料实际成本大于计划成本的超支差）

　　贷：材料采购（入库材料实际成本大于计划成本的超支差）结转入库材料的节约差：

借：材料采购（入库材料实际成本小于计划成本的节约差）

　　贷：材料成本差异（入库材料实际成本小于计划成本的节约差）

②发票账单等结算单据已到，货款已经支付或开出、承兑商业汇票，材料尚未到达或尚未验收入库。

a. 支付货款或开出、承兑商业汇票的账务处理如下：

借：材料采购（购入材料的实际成本）

应交税费——应交增值税（进项税额）

贷：银行存款 / 其他货币资金 / 应付票据等

b. 待以后材料到达并验收入库时，材料按计划成本核算，结转入库材料成本差异。

③发票账单等结算单据未到，货款尚未支付，材料已验收入库，可暂不作账务处理，仅在明细账上反映入库数量。

a. 待月内发票账单到达支付货款时，进行相应的账务处理。

b. 如果月末发票账单等单据仍未到达，可按计划成本暂估入账，账务处理如下：

借：原材料（入库材料的计划成本）

贷：应付账款——应付账款

下月初用红字做同样的会计分录冲销该笔分录，账务处理如下：

借：原材料（入库材料的计划成本）（红字）

贷：应付账款——暂估应付账款（红字）

待发票账单等单据到达时，按单货同到的情况进行处理。

（五）原材料按计划成本计价发出的核算

企业日常采用计划成本核算的，发出材料成本应由计划成本调整为实际成本。由于材料成本是存货入库而形成的，所以，材料成本差异应随存货的发出而转出，即随存货计划成本转入有关账户。期初和当期形成的材料成本差异应当在当期发出存货和期末库存存货之间加以分摊，属于发出存货应负担的成本差异，从“材料成本差异”账户转入有关账户；属于期末存货应负担的成本差异，应仍留在“材料成本差异”账户，作为存货的调整项目，以存货的计划成本加上或减去材料成本差异，即为期末库存存货的实际成本。成本核算法下，领用或发出原材料，应按期结转其应负担的成本差异，即需计算成本差异分配率，以确定发出材料成本应负担的材料成本差异，将计划成本调整为实际成本。

发出材料应负担的成本差异应当按期（月）分摊，不得在季末或年末一次计算。发出材料成本差异，除委托外单位加工发出材料可按期初成本差异率计算外，应使用当期材料成本差异率；期初材料成本差异率与本期材料成本差异率相差不大的，也可按期初材料成本差异率计算。计算方法一经确定，不得随意变更。

本期验收入库材料计划成本有成本差异率，超支用正号表示，节约用负号表示。本月收入材料的计划成本中不包括暂估入账材料的计划成本，但这类材料数额较小时，为简化核算工作，也可不剔除。

需要注意的是，因在建工程等领用原材料时，结转原材料的计划成本和成本差异的同时，还应按其实际成本计算应转出的增值税进项税额。

四、周转材料的核算

周转材料同固定资产一样，属于劳动资料，在生产经营过程中，可以多次周转使用而不改变其原有的实物形态，其价值在使用过程中因磨损而逐渐转移到产品成本或期间费用中。

（一）低值易耗品的核算

1. 低值易耗品的概念

低值易耗品是指不符合固定资产确认条件的各种用具物品，如工具、管理用具、玻璃器皿、劳动保护用品，以及在经营过程中周转使用的器皿等。低值易耗品和固定资产一样，都属于企业的劳动资料，但由于低值易耗品单位价值较低、使用期限较短，需要经常补充和更换，所以将低值易耗品划为存货一类，作为流动资产进行核算和管理。作为存货核算和管理的低值易耗品，一般划分为一般工具、专用工具、管理用具、劳动保护用品、替换、其他用具等。低值易耗品的核算与原材料的核算相似。

（1）一般工具。一般工具是一般工具指车间生产产品用的工具，如刀具、量具和各种辅助工具以及供生产周转使用的工具。

（2）专用工具。专用工具是专用工具指为了生产某种产品所专用的工具，如专业模具等。

（3）管理工具。管理工具是管理工具指在管理工作中使用的各种物品，如办公用具、办公家具等。

（4）劳动保护用品。劳动保护用品是指为了保护职工安全而发给职工的防护用品，如工作服等。

（5）替换设备。替换设备是替换设备指容易损坏或磨损，为制造不同产品需要替换的各种设备，如轧辊等。

（6）其他用具。其他用具是指不属于以上各类的低值易耗品。

2. 低值易耗品的核算

低值易耗品同原材料一样，可以采用实际成本计价或计划成本计价对其日常收发进行核算。

（二）包装物的核算

1. 包装物的概念

包装物是指为了包装本企业商品而储备的各种包装容器，如桶、箱、瓶、坛、袋等。其作用是盛装、装潢产品或商品。其核算内容主要包括以下 4 类：

（1）生产过程中用于包装产品作为产品组成部分的包装物；

（2）随同商品出售而不单独计价的包装物；

（3）随同商品出售而单独计价的包装物；

（4）出租或出借给购买单位使用的包装物。

下列各项在会计上不作为包装物进行核算：

（1）各种包装材料，如纸、绳、铁丝、铁皮等，一次性使用，应在“原材料”账户内核算。

（2）用于储存和保管商品、材料而不对外出售的包装物，应按价值大小和使用时间长短分别在“固定资产”或“周转材料——低值易耗品”账户核算。包装物数量不大的企业可以不设置“周转材料——包装物”账户，将包装物并入“原材料”账户内核算。

（3）单独列作企业商品产品的自制包装物，应作为库存商品处理，不在“周转材料——包装物”账户核算。

2. 包装物的账户设置

该账户属于资产类账户，用来核算包装物的增减变动及其价值损耗、结存等情况，借方登记验收入库包装物的成本，贷方登记发出包装物的结转成本，期末余额在借方，反映结存包装物的成本。可按周转材料的种类，分别“在库”、“在用”和“摊销”进行明细核算。

（1）出租包装物的账务处理。出租包装物是指企业因销售产品，以出租方式有偿提供给购货单位暂时使用的包装物。出租的包装物，要求客户支付租金，该租金作为企业的其他业务收入，相应地，该包装物的损耗和相关支出也应列入其他业务成本。销售过程中出租包装物的租金收入按税法规定，应随产品销售计征增值税等。

（2）出借包装物的账务处理。出借包装物是指企业因销售产品，以出借的形式无偿提供给购货单位的包装物。企业出借的包装物，不向客户收取费用，没有业务收入，所以，出借包装物的成本及相关费用等支出列入销售费用。

为了督促使用单位能按时归还，无论是出租还是出借包装物，一般都要收取一定数额的押金，包装物押金应通过“其他应付款”账户核算。包装物逾期不能收回而将押金没收时，应借记“其他应付款”账户，贷记“其他业务收入”“应交税费——应交增值税（销项税额）”等账户。对于生产领用包装物，应将包装物的成本计入相关产品生产成本。随同商品出售而不单独计价的包装物，应将包装物按实际成本计入销售费用。随同商品出售且单独计价的包装物，一方面应反映销售收入，计入其他业务收入；另一方面应反映实际销售成本，计入其他业务成本。

业务处理流程：第一步，应认真审核领料单等原始单据；第二步，根据审核无误的原始凭证，登记该笔包装物的领用，并据以填制记账凭证。编制会计分录如下：

借：生产成本——产品

　　贷：周转材料——包装物

3. 包装物的摊销方法

企业应当采用一次转销法或者五五摊销法对包装物进行摊销，计入相关资产的成本或者当期损益。

（1）一次转销法。一次转销法是指包装物在领用时就将其全部账面价值计入相关资产成本或当期损益的方法。一次转销法通常适用于生产领用的包装物和随同商品出售的包装物；数量不多、金额较小，且业务不频繁的出租或出借包装物也可以采用一次转销法结转包装物的成本，但应加强实物管理，并在备查簿上进行登记。出租或出借的包装物不能使用而作报废处理时所取得的残料，应作为当月包装物摊销额的减少，冲减有关资产成本或当期损益。

（2）五五摊销法。五五摊销法是指出租、出借包装物时先摊销其价值的一半，在报废时再摊销其价值的另一半，即包装物分两次各按 50% 进行摊销。如果企业的包装物出租、出借频繁、数量多、金额大，则出租、出借包装物的成本可以采用五五摊销法计算出租、出借包装物的摊销价值。

4. 包装物的核算

包装物同原材料一样，可以采用实际成本计价或计划成本计价对其日常收发进行核算。

（1）包装物增加的账务处理

企业购入、自制、委托外单位加工完成并已验收入库的包装物，与原材料收入核算账务处理基本相同。

（2）包装物发出的账务处理

企业应按发出包装物的不同用途分别进行账务处理。

①生产领用包装物。在生产过程中领用包装物用于包装产品时，一般采用一次转销法，将包装物成本计入产品成本。实际成本计价下的账务处理如下：

借：制造费用（领用包装物的实际成本）

　　贷：周转材料——包装物

包装物如按计划成本核算，还应同时结转材料成本差异（以下同）。

②随同商品出售而不单独计价。包装物随同商品出售而不单独计价，其目的主要是为了确保销售商品的质量或提供较良好服务，因此，应于包装物发出时用计入销售费用。实际成本计价下的账务处理如下：

借：销售费用（领用包装物的实际成本）

贷：周转材料——包装物

③出租、出借给外单位使用的包装物。企业在生产经营过程中为了向客户提供必要的配套服务，经常需要将包装物出租或出借给外单位使用。包装物的摊销可以采用一次转销法或五五摊销法。

五、委托加工物资的核算

（一）委托加工物资的概念

委托加工物资是指企业委托外单位加工的各种材料、商品等物资。企业委托外单位加工物资的成本包括加工中实际耗用物资的成本（使用或消耗的原材料采购成本转移金额）、支付的加工费用、支付的税金（主要包括增值税和消费税）、支付加工物资的往返运杂费等。

（二）委托加工物资的核算

委托加工物资的账务处理主要包括拨付加工物资、支付加工费用及应负担的运杂费与增值税、交纳消费税以及收回加工物资与剩余物资等几个环节。发出委托加工物资所需材料时需要填制“委托加工发料单”。

为了反映和监督委托加工物资的增减变动及其结存情况，企业应当设置“委托加工物资”账户。该账户属于资产类账户，借方登记委托加工物资的实际成本，贷方登记加工完成验收入库的物资的实际成本和剩余物资的实际成本，期末余额在借方，反映企业尚未完工的委托加工物资的实际成本和发出加工物资的运杂费等。本账户可按加工合同、受托单位以及加工物资的品种等进行明细核算。如果委托加工所发出的物资是按计划成本核算的，在转入委托加工物资时，应结转其负担的材料成本差异。

委托加工物资也可以采用计划成本或售价进行核算，其方法与库存商品相似。应税消费品加工收回后用于连续生产，按税法规定消费税可以抵扣，应计入“应交税费——应交消费税”的借方；如果收回后直接对外出售，消费税则不能抵扣，应计入加工物资的成本；如果加工的是非应税消费品，则不需要缴纳消费税，也不存在消费税的处理。

六、库存商品的核算

（一）核算库存商品

库存商品是指企业已完成全部生产过程并已验收入库、合乎标准规格和技术条件，可按照合同规定的条件送交订货单位，或可以作为商品对外销售的产品，以及外购或委托加工完成验收入库用于销售的各种商品。库存商品具体包括库存产成品、外购商品、存放在门市部准备出售的商品、发出展览的商品、寄存在外的商品、接受来料加工制造的代制品和为外单位加工修理的代修品等。

已完成销售手续，但购买单位在月末未提取的产品，不应作为企业的库存商品，而应作为代管商品处理，单独设置代管商品备查簿进行登记。工业企业的库存商品主要来源于自己生产的产品，商业企业的库存商品主要来源于外来，在核算方法上各有差异。

（二）核算自制库存商品

库存商品可以采用实际成本核算，也可以采用计划成本核算，其方法与原材料核算相似。为了反映和监督库存商品的增减变动及其结存情况，企业应当设置“库存商品”账户。该账户属于资产类账户，借方登记验收入库的库存商品成本，贷方登记发出的库存商品成本，期末余额在借方，反映各种库存商品的实际成本或计划成本。本账户可按库存商品的种类、品种和规格等进行明细核算。采用计划成本核算时，库存商品实际成本与计划成本的差异，可单独设置“产品成本差异”科目核算。

对于自行生产的库存商品，在生产过程中将耗用材料、人工、制造费用等通过“生产成本”“制造费用”进行归集，月末将制造费用按一定的方法分配到相关产品成本中，产品完工后再将生产成本结转到库存商品。

（三）核算外购库存商品

企业购入的商品可以采用售价金额核算法、毛利率法、进价金额核算法等方法进行核算。

1. 售价金额核算法

售价金额核算法是指平时商品的购入、加工收回、销售均按售价入账，售价与进价的差额通过“商品进销差价”科目核算，期末计算进销差价率和本期已销商品应分摊的进销差价，并据以调整本期销售成本的一种方法。

库存商品采用售价核算的，企业应设置“商品进销差价”科目核算进价与售价的差额。购入的商品到达并验收入库后，按商品售价，借记“库存商品”科目，按专用发票上注明的增值税税额，借记“应交税费——应交增值税（进项税额）”科目，按商品进价和增值税进项税额的合计金额，贷记“银行存款”或“应付账款”等科目，按商品售价与进价的差额，贷记“商品进销差价”科目。具体账务处理与原材料按计划成本核算相似，在此不再举例说明。

销售发出的商品，平时可按商品售价结转销售成本，借记“主营业务成本”科目，贷记“库存商品”科目。月末，应按商品进销差价率计算分摊本月已销商品应分摊的进销差价，借记“商品进销差价”科目，贷记“主营业务成本”科目。售价金额核算法下的有关计算公式如下：

商品进销差价率＝（期初库存商品进销差价＋本期购入商品进销差价）（期初库存商品售价＋本期购入商品销价）×100%

本期销售商品应分摊的商品进销差价＝本期商品销售收入 × 商品进销差价率

本期销售商品的成本＝本期商品销售收入－本期销售商品应分摊的商品进销差价

期末结存商品的成本＝期初库存商品的进价成本＋本期购进商品的进价成本－期销售商品的成本

如果企业的商品进销差价率各期之间比较均衡，也可以采用上期商品进销差价率计算分摊本期的商品进销差价。年度终了，应对商品进销差价进行核实调整。对于从事商业零售业务的企业（如百货公司、超市等），由于经营的商品种类、品种、规格等繁多，而且要求按商品零售价格标价，采用其他成本计算结转方法均较困难，因此广泛采用这一方法。

2. 毛利率法

毛利率法是指根据本期销售净额乘以上期实际（或本期计划）毛利率计算本期销售毛利，并据以计算发出存货和期末存货成本的一种方法。其计算公式如下：

毛利率＝（销售毛利 / 销售净额）× 100%

销售净额＝商品销售收入－销售退回与折让销售毛利＝销售净额 × 毛利率

销售成本＝销售净额－销售毛利

期末存货成本＝期初存货成本＋本期购货成本－本期销售成本

这一方法是商品流通企业，尤其是商业批发企业常用的计算本期商品销售成本和期末库存商品成本的方法。商品流通企业由于经营商品的品种繁多，如果分品种计算商品成本，工作量将大大增加，而且一般来讲，商品流通企业同类商品的毛利率大致相同，采用这种存货计价方法既能减轻工作量，也能满足对存货管理的需要。

3. 进价金额核算法

库存商品采用进价核算的，购入的商品在到达验收入库后，按商品进价，借记“库存商品”科目，按专用发票上注明的增值税税额，借记“应交税费——应交增值税（进项税额）”科目，按实际应付款项，贷记“银行存款”“应付账款”“应付票据”等科目。结转发出商品的成本，借记“主营业务成本”科目，贷记“库存商品”科目。

（四）产成品的核算

工业企业的产成品一般应按实际成本进行核算。在这种情况下，产成品的收入、发出和销售，平时只记数量不记金额；月度终了，计算入库产成品的实际成本。对发出和销售的产品，可以采用先进先出法、移动加权平均法或者个别计价法等方法确定其实际成本。产成品种类较多的，也可按计划成本进行日常核算，其实际成本与计划成本的差异，可以单独设置”产品成本差异”账户，比照“材料成本差异”账户核算。采用计划成本核算，发出产成品还应结转产品成本差异，将发出产成品的计划成本调整为实际成本。

（五）产成品入库的账务处理

产成品制造完工经检验合格后，应由生产车间按照交库数量以及“完工产品成本计算单”，填写“完工产品入库单”，交仓库点收数量并登记明细账。月终，可以编制“完工产品入库汇总表”。实际成本计价下的账务处理如下：

借：库存商品（按实际成本计价下入库产品的实际成本）

　　贷：生产成本

（六）商品流通企业库存商品的核算

商品流通企业的库存商品主要指外购或委托加工完成验收入库，用于销售的各种商品。商品流通企业库存商品的核算分为库存商品按进价核算、库存商品按售价核算。库存商品按进价进行核算时，其收入、发出和结存成本均按商品的进价处理。库存商品按售价进行核算时，平时商品的进、销、存均按售价记账，售价与进价的差额记入“商品进销差价”账户，期末通过计算进销差价率的办法计算本期已销商品应分摊的进销差价，并据以调整销售成本。

（七）核算存货清查业务

存货清查是指通过对存货的实地盘点，确定存货的实有数量，并与账面结存数核对，从而确定存货实存数与账面结存数是否相符的一种专门方法。存货清查按清查范围可分为全面清查和局部清查。全面清查，是指在年终结账前和企业关停并转、开展清产核资时，对企业全部存货所进行的盘点和核对；局部清查，是指根据需要对企业的部分存货所进行的盘点和核对。存货清查按清查时间可分为定期清查和不定期清查。定期清查是指按预先确定的或制度要求的时间，对存货所进行的盘点和核对；不定期清查是指根据需要对存货所进行的临时性的盘点和核对。由于存货种类繁多、收发频繁，在日常收发过程中可能发生计量错误、计算错误、自然损耗，还可能发生损坏变质以及贪污、盗窃等情况，造成账实不符，形成存货的盘盈或盘亏。对存货的盘盈或盘亏，应填写存货盘点报告（如实存账存对比表），及时查明原因，按照规定程序报批处理。为了核算和监督存货盘盈、盘亏的发生及处理情况，一般专设“待处理财产损溢”账户，其明细账户为“待处理流动资产损溢”。该账户借方反映流动资产盘亏、毁损或按照规定程序批准转销的盘盈数额，贷方反映流动资产的盘盈和按照规定转销的盘亏数额。期末余额若在借方，表示尚未处理的流动资产的净损失；若在贷方，表示尚未处理的流动资产的净收益。

1. 核算存货盘盈

企业发生盘盈存货时，借记“原材料”“库存商品”等科目，贷记“待处理财产损溢”科目。如查明原因属于购入时多收，应退还给销售方；如属于销售时少发，应补发给购货方；如属于自然升溢、计量误差或无法查明具体原因，在按管理权限报经批准后，冲减当期管理费用。存货按计划成本核算的，还应当结转应负担的材料成本差异。

2. 核算存货盘亏及毁损

企业发生存货盘亏及损毁时，借记“待处理财产损溢”科目，贷记“原材料”“库存商品”等科目。在按管理权限报经批准后应做如下会计处理：对于入库的残料价值，计入“原材料”等科目；对于应由保险公司和过失人赔偿的部分，计入“其他应收款”科目；扣除残料价值和保险公司、过失人赔款后的净损失，属于一般经营损失的部分，计入“管理费用”科目，属于非常损失的部分，计入“营业外支出”科目。

（八）核算存货减值

1. 存货减值的核算

资产负债表日，存货应当按照成本与可变现净值孰低计量。当存货成本低于可变现净值时，存货按成本（账面成本）计量；当存货成本高于可变现净值时，存货按可变现净值计量，同时按照成本高于可变现净值的差额计提存货跌价准备，计入当期损益。

2. 存货减值的确认标准

存货存在下列情形之一的，通常表明存货的可变现净值低于成本：

（1）该存货的市场价格持续下跌，并且在可预见的未来无回升的希望。

（2）企业使用该项原材料生产的产品的成本大于产品的销售价格。

（3）企业因产品更新换代，原有库存原材料已不适应新产品的需要，而该原材料的市场价格又低于其账面成本。

（4）因企业所提供的商品或劳务过时或消费者偏好改变而使市场的需求发生变化，导致市场价格逐渐下跌。

（5）其他足以证明该项存货实质上已经发生减值的情形。

存货存在下列情形之一的，通常表明存货的可变现净值为零：

（1）已霉烂变质的存货。

（2）已过期且无转让价值的存货。

（3）生产中已不再需要，并且已无使用价值和转让价值的存货。

（4）其他足以证明已无使用价值和转让价值的存货。

3. 存货可变现净值的确认与计量

可变现净值是指在日常活动中，存货的估计售价减去至完工时估计将要发生的成本、估计的销售费用以及相关税费后的金额。即：

存货的可变现净值 = 估计售价 – 至完工时估计将要发生的成本 – 估计的销售费用和估计的相关税费

企业在确定存货的可变现净值时，应当以取得的确凿证据为基础，并且考虑持有存货的目的、资产负债表日后事项的影响等因素。对企业持有的各类存货，在确定其可变现净值时，最关键的问题是确定估计售价。

（九）计提存货跌价准备的方法

（1）企业通常应当按照单个存货项目计提存货跌价准备。企业将每个存货项目的成本与其可变现净值逐一进行比较，按较低者计量存货。

（2）对于数量繁多、单价较低的存货，可以按照存货类别计提存货跌价准备。

如果某一类存货的数量繁多并且单价较低，企业可以按存货类别的成本的总额与可变现净值的总额进行比较，每个存货类别均取较低者确定存货期末价值。

（3）与在同一地区生产和销售的产品系列相关、具有相同或类似最终用途目的，且可以与其他项目分开计量的存货，可以合并计提存货跌价准备。

（十）存货跌价准备的账务处理

1. 计提存货跌价准备的账务处理

资产负债表日，存货计提跌价准备的账务处理如下：

借：资产减值损失——存货减值损失（计提的存货跌价准备的金额）

　　贷：存货跌价准备

如果期末应计提的存货跌价准备金额高于已计提的存货跌价准备的期初余额，企业应按其差额补提跌价准备。

2. 存货跌价准备转回的账务处理

企业的存货在符合条件的情况下，可以转回计提的存货跌价准备。

存货跌价准备转回的条件：以前减记存货价值的影响因素已经消失，而不是在当期造成存货可变现净值高于成本的其他影响因素。

当符合存货跌价准备转回的条件时，应在原已计提的存货跌价准备的金额内转回，即在对该项存货、该类存货或该合并存货已计提的存货跌价准备的金额内转回。转回的存货跌价准备的存货项目或类别应当存在直接对应关系，但转回的金额以将存货跌价准备余额冲减至零为限。其账务处理如下：

借：存货跌价准备

　　贷：资产减值损失——存货减值损失（转回的存货跌价准备的金额）

第三节　无形资产及其他资产的核算

一、无形资产的基础知识

（一）无形资产的定义及其基本特征

无形资产是指企业拥有或者控制的没有实物形态的可辨认非货币性资产。

无形资产具有以下三个主要特征：

1. 不具有实物形态

无形资产是不具有实物形态的非货币性资产，它不像固定资产、存货等有形资产具有实物形态。

2. 具有可辨认性

资产满足下列条件之一的，符合无形资产定义中的可辨认性标准：①能够从企业中分离或者划分出来，并能单独或者与相关合同、资产或负债一起，用于出售、转让、授予许可、租赁或者交换；②源自合同性权利或其他法定权利，无论这些权利是否可以从企业或其他权利和义务中转移或者分离。商誉的存在无法与企业自身分离，不具有可辨认性，不属于无形资产。

3. 属于非货币性长期资产

无形资产属于非货币性资产且能够在多个会计期间为企业带来经济利益。无形资产的使用年限在一年以上，其价值将在各个受益期间逐渐摊销。

（二）无形资产的内容

无形资产主要包括专利权、非专利权技术、商标权、著作权、土地使用权和特许权等。

1. 专利权

专利权是指国家专利主管机关依法授予发明创造专利申请人对其发明创造在法定期限内所享有的专有权利，包括发明专利权、实用新型专利权和对外设计专利权。它给予持有者独家使用或控制某项发明的特殊权利。《中华人民共和国专利法》明确规定，专利人拥有的专利权受到国家法律保护。一般而言，只有从外单位购入的专利或者自行开发并按法律程序申请取得的专利，才能作为无形资产管理和核算。企业从外单位购入的专利权，应按实际支付的价款作为专利权的成本；企业自行开发并按法律程序申请取得的专利权，应按无形资产准则确定的金额作为成本。

2. 非专利技术

非专利技术即专有技术，或技术秘密、技术诀窍，是指先进的、未公开的、未申请专利、可以带来经济效益的技术及诀窍。主要内容如下：一是工业专有技术，即在生产上已经采用，仅限于少数人知道，不享有专利权或发明权的生产、装配、修理或工艺加工方法的技术知识；二是商业（贸易）专有技术，即具有保密性质的市场情报、原材料价格情报以及用户、竞争对象的情况和有关知识；三是管理专有技术，即生产组织的经营方式、管理方式、培训职工方法等保密知识。非专利技术并不是专利法的保护对象，非专利技术所有人依靠自我保密的方式来维持其独占权，可以用于转让和投资。企业的非专利技术如果是企业自己开发研究的，应将符合《企业会计准则第 6 号——无形资产》规定的开发支出资本化条件的，确认为无形资产。对于从外部购入的非专利技术，应将实际发生的支出予以资本化，作为无形资产入账。

3. 商标权

商标是用来辨认特定的商品或劳务的标记。商标权是指专门在某类指定的商品或产品上使用特定的名称或图案的权利。商标经过注册登记，就获得了法律上的保护。《中华人民共和国商标法》明确规定，“经商标局核准注册的商标为注册商标，商标注册人享有商标专用权，受法律的保护。”按照《中华人民共和国商标法》的规定，商标可以转让，但受让人应保证使用该注册商标的产品质量。企业购买他人的商标，一次性支出费用较大的，可以将其资本化，作为无形资产管理。企业应根据购入商标的价款、支付的手续费及有关费用作为商标的成本。

4. 著作权

著作权又称版权，是指作者对其创作的文学、科学和艺术作品依法享有的某些特殊权利。著作权包括两个方面的权利，即精神权利（人身权利）和经济权利（财产权利）。前者是指作品署名、发表作品、确认作者身份、保护作品的完整性、修改已经发表的作品等各项权利，包括作品署名权、发表权、修改权和保护作品完整权；后者是指以出版、表演、广播、展览、录制唱片、摄制影片等方式使用作品以及因授权他人使用作品而获得经济利益的权利。

5. 土地使用权

上地使用权是指国家准许某一企业或单位在一定期间内对国有土地享有开发、使用、经营的权利。根据《中华人民共和国土地管理法》的规定，我国土地实行公有制，任何单位和个人不得侵占、买卖或者以其他形式非法转让。企业取得土地使用权，应将取得时发生的支出资本化，作为土地使用权的成本，计入“无形资产”科目核算。

6. 特许权

特许权又称经营特许权、专营权，是指企业在某一地区经营或销售某种特定商品的权利，或是一家企业接受另一家企业使用其商标、商号、技术秘密等的权利。前者一般是由机构授权，准许企业使用或在一定地区享有经营某种业务的特权，如水、电、邮电通信等专营权，烟草专卖权等；后者是指企业间依照签订的合同，有限期或无限期使用另一家企业的某些权利，如连锁店、分店使用总店的名称等。

（三）无形资产的确认条件

某个项目要作为企业的无形资产予以确认，首先应符合无形资产的定义，其次应符合无形资产的确认条件。无形资产同时满足下列两个确认条件的，才能予以确认。

1. 与该无形资产有关的经济利益很可能流入企业

如果企业有权获得一项无形资产产生的未来经济利益，并能约束其他方获取这些利益，则表明企业控制了该项无形资产。例如，对于会产生经济利益的技术知识，若其受到版权、贸易协议约束（如果允许）等法定权利的保护，那么说明该企业控制相关利益。客户关系、人力资源等，由于企业无法控制其带来的未来经济利益，不符合无形资定义，不应将其确认为无形资产。

2. 该无形资产的成本能够可靠的计量

内部产生的品牌、报刊名、刊头、客户名单和实质上类似的项目的支出，由于不能与整个业务开发成本区分开来，成本无法可靠计量因此，这类项目不应确认为无形资产。此外，确定一项包含无形和有形要素的资产是属于固定资产，还是属于无形资产时，需要通过判断来加以确定，通常以哪个要素更重要作为判断的依据。

企业取得无形资产的方式，主要有外购、自行研究开发，还可以是接受投资、捐赠等。为核算取得的无形资产，企业应当设置“无形资产”“研发支出”等账户。

“无形资产”账户属于资产类账户，核算企业持有的无形资产成本，借方登记取得无形资产的成本，贷方登记出售无形资产转出的无形资产账面余额，期末借方余额，反映企业无形资产的成本。本科目应按无形资产项目设置明细账，进行明细核算。

“研发支出”账户属于资产类账户，用来归集企业内部研究开发项目所发生的支出。企业内部研究开发项目所发生的支出应区分研究阶段支出和开发阶段支出，企业自行开发无形资产发生的研发支出，不满足资本化条件的，借记“研发支出——费用化支出”科目，满足资本化条件的，借记“研发支出——资本化支出”科目，贷记“原材料”“银行存款”“应付职工薪酬”等科目。研究开发项目达到预定用途形成无形资产的，应按“研发支出资本化支出”科目的余额，借记“无形资产”科目，贷记“研发支出——资本化支出”科目。期（月）末，应将“研发支出——费用化支出”科目归集的金额转入“管理费用”科目，借记“管理费用”科目，贷记”研发支出——费用化支出”科目。

外购无形资产的成本包括购买价款、相关税费以及直接归属于使该项资产达到预定用途所发生的其他支出。

二、无形资产的核算

无形资产通常是按实际成本计量，即以取得无形资产并使之达到预定用途而发生的支出作为无形资产的成本。对于不同来源取得的无形资产，其成本构成不尽相同。

（一）外购无形资产的核算

企业外购无形资产，必须仔细审核有关合同协议等法律文件，及时取得无形资产所有权的有效证明文件，同时特别关注外购无形资产的技术先进性。

1. 外购无形资产的成本构成

外购的无形资产，其成本包括购买价款、相关税费以及直接归属于使该项资产达到预定用途所发生的其他支出。其中，直接归属于使该项资产达到预定用途所发生的其他支出包括使无形资产达到预定用途所发生的专业服务费用、测试无形资产是否能够正常发挥作用的费用等，但不包括为引入新产品进行宣传发生的广告费、管理费用及其他间接费用。在无形资产达到预定用途之前发生的其他经营活动的支出，如果该经营活动并非是为使无形资产达到预定用途所必不可少的，有关经营活动的损益应于发生时计入当期损益，而不构成无形资产的成本。无形资产达到预定用途后所发生的支出，不构成无形资产的成本。例如，在形成预定经济规模之前发生的初始运作损失。

2. 外购无形资产的账务处理

一般付款方式购入无形资产的账务处理如下：

借：无形资产（购买价款—相关税费＋直接归属于使该项资产达到预定用途所发生的其他支出）

　　贷：银行存款

（二）分期付款购买无形资产的核算

如果企业采用分期付款方式购买无形资产，购买无形资产的价款超过正常信用条件延期支付，实际上具有融资性质的，无形资产的成本为购买价款的现值。分期付款方式购入无形资产的账务处理如下：

借：无形资产（购买价款的现值）

　　未确认融资费用（差额）

　　　　贷：长期应付款（应支付的购买价款）

分期付款的账务处理如下：

借：长期应付款（分期付款额）

　　贷：银行存款

信用期间内采用实际利率法分期摊销未确认融资费用的账务处理如下：

借：财务费用（未确认融资费用的分摊额）

　　贷：未确认融资费用

（三）内部开发无形资产的核算

1. 开发阶段有关支出资本化的条件

在开发阶段，判断可以将有关支出资本化确认为无形资产，必须同时满足下列条件：

（1）完成该无形资产以使其能够使用或出售，在技术上具有可行性。企业相关证据和材料能证明进行开发所需的技术条件等已经具备。

（2）具有完成该无形资产并使用或出售的意图。企业的管理当局应当明确表明其持有拟开发无形资产的目的，并具有完成该项无形资产开发并使其能够使用或出售的可能性。

（3）无形资产产生经济利益的方式，包括能够证明运用该无形资产生产的产品存在市场或无形资产自身存在市场；无形资产将在内部使用的，应当证明其有用性，能够证明所生产的产品存在市场或市场上存在对该类无形资产的需求，或在企业内部使用时对企业的有用性，说明无形资产形成后，能够带来未来经济利益的流入。

（4）有足够的技术、财务资源和其他资源支持，以完成该无形资产的开发，并有能力使用或出售该无形资产。能够证明为完成该项无形资产开发具有技术上的可靠性；能够说明财务资源和其他资源足以支持完成该项无形资产的开发；能够证明企业获取在开发过程中所需的技术、财务和其他资源，以及企业获得这些资源的相关计划等；有能力使用或出售该无形资产以取得收益。

（5）归属于该无形资产开发阶段的支出能够可靠的计量。企业对于研究开发活动发生的支出，应单独核算；在企业所发生的研究开发支出同时用于支持多项研究开发活动的，应按照一定的标准在各项研究开发活动之间进行分配，无法进行分配的，应予费用化计入当期损益，不计入开发活动的成本。

2. 内部开发的无形资产的成本构成

内部开发活动形成的无形资产，其成本由可直接归属于该资产的创造、生产并使该资产能够以管理层预定的方式运作的所有必要支出组成。可直接归属于该资产的成本包括开发该无形资产时耗费的材料、劳务成本、注册费，在开发该无形资产过程中使用的其他专利权和特许权的摊销、资本化的利息支出，以及为使该无形资产达到预定用途前所发生的其他费用。在开发无形资产过程中发生的除上述可直接归属于无形资产开发活动的其他销售费用、管理费用等间接费用、无形资产达到预定用途前发生的可辨认的无效和初始运作损失、为运行该无形资产发生的培训支出等，不构成无形资产的开发成本。值得强调的是，对于同一项无形资产在开发过程中达到资本化条件之前，已经费用化计入损益的支出不再进行调整。

3. 内部研究开发费用的账务处理

企业研究阶段的支出全部费用化，计入当期损益；开发阶段的支出只有同时满足开发阶段有关支出资本化五项条件的才能资本化，确认为无形资产，不符合资本化条件的计入当期损益。如果确实无法区分研究阶段的支出和开发阶段的支出，应将其所产生的研发支出全部费用化，计入当期损益。

企业自行开发无形资产发生的研发支出的账务处理如下：

借：研发支出——费用化支出（企业研究阶段的支出及未满足资本化条件的开发阶段支出）

—资本化支出（满足资本化条件的开发阶段的支出）

贷：原材料 / 银行存款 / 应付职工薪酬等

企业研究开发项目达到预定用途形成无形资产的账务处理如下：

借：无形资产

贷：研发支出——资本化支出（“研发支出——资本化支出”明细账户的余额）

期末，将“研发支出——费用化支出”明细账户归集的金额计入当期损益的账务处理如下：

借：管理费用

贷：研发支出——费用化支出（“研发支出——费用化支出”明细账户的余额）

此外，企业购买正在进行中的研究开发项目的账务处理如下：

借：研发支出——资本化支出（确定的金额）

贷：银行存款等

（四）土地使用权的处理

企业购入或者以支付土地出让金方式取得的土地使用权，必须取得土地使用权的有效证明文件，取得的土地使用权通常应确认为无形资产。土地使用权用于自行开发建造厂房建筑物时，土地使用权的账面价值不与地上建筑物合并计算其成本，而仍作为无形资产，土地使用权与地上建筑物分别进行摊销和提取折旧。但下列情况除外：

（1）房地产开发企业取得的土地使用权用于建造对外出售的房屋建筑物，相关的土地使用权应当计入所建造的房屋建筑物成本。

（2）企业外购的房屋建筑物，实际支付的价款中包括土地以及建筑物的价值，应对支付的价款按照合理的方法（如公允价值比例）在土地和地上建筑物之间进行分配，确实无法在地上建筑物与土地使用权之间进行合理分配的，应当全部作为固定资产核算。

企业改变土地使用权的用途，将其用于出租或作为增值目的时，应将其转为投资性房地产。此外，其他方式增加的无形资产，如投资者投入的无形资产、接受捐赠的无形资产、进行债务重组取得的无形资产、非货币性资产交换取得的无形资产、企业合并中取得的无形资产分别按照有关规定进行核算。

（五）无形资产摊销的核算

企业应当于取得无形资产时分析判断其使用寿命。无形资产的使用寿命如为有限的，应当估计该使用寿命的年限或者构成使用寿命的产量等类似计量单位数量，并在估计使用寿命内采用系统合理的方法进行摊销。对于使用寿命不确定的无形资产，在持有期间内不需要摊销，但应当在每个会计期间进行减值测试。

使用寿命不确定的无形资产不应摊销。使用寿命有限的无形资产，其残值应当视为零。对于使用寿命有限的无形资产应当自可供使用（达到预定用途）当月起开始摊销，处置当月不再摊销。

无形资产摊销方法包括直线法、产量法等。企业选择的无形资产的摊销方法，应当反映与该项无形资产有关的经济利益的预期实现方式。无法可靠确定预期实现方式的，应当采用直线法摊销。

企业应当按月对无形资产进行摊销。无形资产的摊销额一般应当计入当期损益，企业自用的无形资产，其摊销金额计入管理费用；出租的无形资产，其摊销金额计入其他业务成本；某项无形资产包含的经济利益通过所生产的产品或其他资产实现的，其摊销金额应当计入相关资产成本。

为了核算无形资产的摊销额，企业应当设置“累计摊销”账户。该账户属于“无形资产”的调整科目，核算企业对使用寿命有限的无形资产计提的累计摊销，贷方登记企业计提的无形资产摊销，借方登记处置无形资产转出的累计摊销，期末贷方余额，反映企业无形资产的累计摊销额。

（六）无形资产使用寿命的估计

1. 估计无形资产使用寿命应考虑的因素

无形资产的使用寿命包括法定寿命（法律、规章或合同限制的有效期）和经济寿命（企业带来经济利益的年限）两个方面。由于受技术进步、市场竞争等因素的影响，无形资产的经济寿命往往短于法定寿命，因此，在估计无形资产的使用寿命时，应当综合考虑相关因素的影响，合理确定无形资产的使用寿命。

2. 无形资产使用寿命的确定

源自合同性权利或其他法定权利取得的无形资产，其使用寿命不应超过合同性权利或其他法定权利的期限。例如，我国法律规定发明专利权有效期为 20 年，商标权的有效期为 10 年。

如果合同性权利或其他法定权利能够在到期时因续约等延续，当有证据表明企业续约不需要付出重大成本时，续约期才能够包括在使用寿命的估计中。

没有明确的合同或法律规定的无形资产，企业应当综合各方面情况，如聘请专家进行论证、与同行业的情况进行比较以及企业的历史经验等，来确定无形资产为企业带来经济利益的期限，如果经过这些努力确实无法合理确定无形资产为企业带来经济利益，再将其作为使用寿命不确定的无形资产。

3. 无形资产使用寿命的复核

企业至少应当于每年年度终了，对无形资产的使用寿命进行复核，如果有证据表明无形资产的使用寿命不同于以前的估计，如由于合同的续约或无形资产应用条件的改善，延长了无形资产的使用寿命，则对于使用寿命有限的无形资产应改变其摊销年限及摊销方法，并按照会计估计变更进行处理。对于使用寿命不确定的无形资产，如果有证据表明其使用寿命是有限的，应当按照会计估计变更处理，划分为使用寿命有限的无形资产。

4. 使用寿命有限的无形资产的摊销

使用寿命有限的无形资产，应在其预计的使用寿命内采用系统合理的方法对应摊销金额摊销。其中，应摊销金额是指无形资产的成本扣除残值、计提减值损失后的余额。

（1）摊销范围的确定。从空间范围来看，无形资产摊销的范围仅是使用寿命有限的无形资产。从时间范围来看，无形资产的摊销期自其可供使用时（其达到预定用途）开始至终止确认时止，即无形资产可供使用当月起开始摊销，处置当月不再摊销。

（2）摊销方法的确定。企业应在无形资产的使用寿命内系统地分摊其应摊销金额。对某项无形资产摊销所使用的方法应依据从资产中获取的预期未来经济利益的预计消耗方式来选择，并一致地运用于不同会计期间。无形资产的摊销方法包括直线法、产量法等。受技术陈旧因素影响较大的专利技术等无形资产，可采用类似固定资产加速折旧的方法进行摊销；有特定产量限制的特许经营权或专利权，应采用产量法进行摊销。持有待售的无形资产不进行摊销，按照账面价值与公允价值减去处置费用后的净额数值进行计量。

（3）残值的确定与复核。无形资产的残值一般为零，除非有第三方承诺在无形资产使用寿命结束时愿意以一定的价格购买该项无形资产，或者存在活跃的市场，通过市场可以得到无形资产使用寿命结束时的残值信息，并且从目前的情况来看，在无形资产使用寿命结束时，该市场还可能存在的情况下可以预计无形资产的残值。

三、核算其他资产的核算

其他资产是指除货币资金、交易性金融资产、应收及预付款项、存货、长期股权投资、固定资产、无形资产等以外的资产，如长期待摊费用等。长期待摊费用是指企业已经发生但应当由本期和以后各期负担的、分摊期限在一年以上的各项费用，如以经营租赁方式租入的固定资产发生的改良支出等。应当由本期负担的借款利息、租金等，不得作为长期待摊费用处理。长期待摊费用应当单独核算，在费用项目的受益期限内分期平均摊销。大修理费用采用待摊方式的，应当将发生的大修理费用在下一次大修理前平均摊销；租入固定资产改良支出费用应当在租赁期限与租赁资产尚可使用年限两者孰短的期限内平均摊销；其他长期待摊费用应当在受益期内平均摊销。企业应当设置“长期待摊费用”账户，核算长期待摊费用的发生和摊销及结存情况。

长期待摊费用的主要特征如下：

（1）长期待摊费用属于长期资产；

（2）长期摊销费用应是企业已经支出的各项费用；

（3）长期待摊费用应能使以后会计期间受益。

第四节　投资性房地产的核算

一、投资性房地产的基础知识

（一）投资性房地产的概念

投资性房地产是指为赚取租金或资本增值，或者两者兼有而持有的房地产。房地产通常是土地和房屋及其权属的总称。在我国，土地归国家或集体所有，企业只能取得土地使用权。因此，房地产中的土地是指土地使用权，房屋是指土地上的房屋等建筑物及构筑物。在市场经济条件下，房地产市场日益活跃，企业持有的房地产除了用作自身管理、生产经营活动场所和对外销售之外，出现了将房地产用于赚取租金或增值收益，甚至是个别企业的主营业务。用于出租或增值的房地产就是投资性房地产，其主要包括已出租的土地使用权、持有并准备增值后转让的土地使用权和已出租的建筑物。投资性房地产应当能够单独计量和出售。投资性房地产的主要形式是出租建筑物、出租土地使用权，这实质上属于一种让渡资产使用权行为。房地产租金就是让渡资产使用权取得的使用费收入，是企业为完成其经营目标所从事的经营性活动以及与之相关的其他活动形成的经济利益总流入。

投资性房地产的另一种形式是持有并准备增值后转让的土地使用权，这类土地使用权很可能给企业带来资本增值收益，是企业为完成其经营目标所从事的经营性活动以及与之相关的其他活动形成的经济利益总流入。在我国实务中，持有并准备增值后转让的土地使用权这种情况较少。

（二）投资性房地产的范围

投资性房地产的范围限定为已出租的土地使用权、持有并准备增值后转让的土地使用权、已出租的建筑物。持有并准备增值后转让的土地使用权是指企业取得的、准备增值后转让的土地使用权。按照国家有关规定认定的闲置土地不属于持有并准备增值后转让的土地使用权，也就不属于投资性房地产。

1. 已出租的土地使用权

已出租的土地使用权是指企业通过出让或转让方式取得的、以经营租赁方式出租的土地使用权。企业取得的土地使用权通常包括在一级市场上以交纳土地出让金的方式取得的土地使用权，也包括在二级市场上接受其他单位转让的土地使用权。对于企业以经营租赁方式租入土地使用权再转租给其他单位的，不能确认为投资性房地产。

2. 持有并准备增值后转让的土地使用权

持有并准备增值后转让的土地使用权，是指企业取得的、准备增值后转让的土地使用权，土地使用权很可能给企业带来资本增值收益，符合投资性房地产的定义。按照国家规定认定的闲置土地，不属于持有并准备增值后转让的土地使用权，也就不属于投资性房地产。

3. 已出租的建筑物

已出租的建筑物是指企业拥有产权的、以经营租赁方式出租的建筑物，主要包括自行建造或开发活动完成后用于出租的建筑物以及正在建造或开发过程中将来用于出租的建筑物。

企业在判断和确认已出租的建筑物时，应当把握以下要点：

（1）用于出租的建筑物是指企业拥有产权的建筑物，企业以经营租赁方式租入再转租的建筑物不属于投资性房地产。

（2）已出租的建筑物是企业已经与其他方签订了租赁协议，约定以经营租赁方式出租的建筑物。

一般应自租赁协议规定的租赁期开始日起，经营租出的建筑物才属于已出租的建筑物。通常情况下，对企业持有以备经营出租的空置建筑物或在建建筑物，如董事会或类似机构做出书面决议，明确表明将其用于经营租出且持有意图短期内不再发生变化的，即使尚未签订租赁协议，也应视为投资性房地产。这里的空置建筑物是指企业新购入、自行建造或开发完成但尚未使用的建筑物，以及不再用于日常生产经营活动且经整理后达到可经营出租状态的建筑物。但是自用房地产、作为存货的房地产不属于投资性房地产。

（3）企业将建筑物出租，按租赁协议向承租人提供的相关辅助服务在整个协议中不重大的，应当将该建筑物确认为投资性房地产。例如，企业将其办公楼出租，同时向承租人提供维护、保安等日常辅助服务，企业应当将其确认为投资性房地产。

（三）不属于投资性房地产的项目

1. 自用房地产

自用房地产是指为生产商品、提供劳务或者经营管理而持有的房地产，如企业生产自用的厂房和办公楼属于固定资产，企业生产经营用的土地使用权属于无形资产。自用房地产的特征是服务于企业自身的生产经营，其价值会随着房地产的使用而逐渐转移到企业产品或服务中去，通过销售商品或提供服务为企业带来经济利益。

2. 作为存货的房地产

作为存货的房地产通常是指房地产开发企业在正常经营过程中销售的或为销售而正在开发的商品房和土地。这部分房地产属于房地产开发企业的存货，不属于投资性房地产。在实务中，存在某项房地产部分自用或作为存货出售、部分用于赚取租金或资本增值的情形。如某项投资性房地产不同用途的部分能够单独计量和出售的，应当分别确认为固定资产（或无形资产、存货）和投资性房地产。

例如，某开发商建造了一栋商住两用楼盘，一层出租给一家大型超市，已签订联营租赁合同，其余楼层均为普通住宅，正在公开销售中。这种情况下，如果一层商用房能够单独计量和出售，应当确认为该企业的投资性房地产，其余楼层为该企业的存货、开发产品。

投资性房地产的确认标准。将某个项目确认为投资性房地产，一是要符合投资性房地产的概念；二是满足投资性房地产的两个确认条件：

（1）与该投资性房地产有关的经济利益很可能流入企业；

（2）该投资性房地产的成本能够可靠的计量。

二、投资性房地产核算

投资性房地产的后续计量有成本和公允价值两种模式，通常采用成本模式计量，满足特定条件时可以采用公允价值模式计量。但是，同一企业只能采用一种模式对所有投资性房地产进行后续计量，不得同时采用两种计量模式。为保证会计信息的可比性，企业对投资性房地产的计提模式一经确定，不得随意变更。存在确凿证据表明投资性房地产的公允价值能够持续可靠取得且能够满足采用公允价值模式条件的情况下，才允许企业对投资性房地产从成本模式计量变更为公允价值模式计量。成本模式转为公允价值模式的，应当作为会计政策变更处理。将计量模式变更时，公允价值与账面价值的差额，调整期初留存收益。已采用公允价值模式计量的投资性房地产，不得从公允价值模式转为成本模式。

（一）投资性房地产的取得

外购投资性房地产的成本，包括购买价款、相关税费和可直接归属于该资产的其他支出。外购取得投资性房地产时，按照取得时的实际成本进行初始计量，借记“投资性房地产”科目，贷记“银行存款”等科目。自行建造投资性房地产的成本，由建造该项房地产达到预定可使用状态前发生的必要支出构成，包括土地开发费、建筑成本、安装成本、应予以资本化的借款费用、支付的其他费用和分摊的间接费用等。建造过程中发生的非正常性损失，直接计入当期损益，不计入建造成本。建造完工后，应按照确定的成本，借记“投资性房地产”科目，贷记“在建工程”科目。

（二）投资性房地产的后续计量

采用成本模式进行后续计量的投资性房地产，应当按照固定资产或无形资产的有关规定，按期（月）计提折旧或摊销，借记“其他业务成本”等科目，贷记“投资性房地产累计折旧（摊销）”科目。取得的租金收入，借记“银行存款”等科目，贷记“其他业务收入”等科目。投资性房地产存在减值迹象的，经减值测试后确定发生减值的，应当计提减值准备，借记“资产减值损失”科目，贷记“投资性房地产减值准备”科目。

采用公允价值模式进行后续计量的投资性房地产，企业有确凿证据表明其投资性房地产的公允价值能够持续可靠取得的，可以对投资性房地产采用公允价值模式进行后续计量。投资性房地产采用公允价值模式进行后续计量的，不计提折旧或摊销，企业应当以资产负债表日的公允价值为基础，调整其账面价值。资产负债表日，投资性房地产的公允价值高于其账面余额的差额，借记“投资性房地产——公允价值变动”科目，贷记“公允价值变动损益”科目；公允价值低于其账面余额的差额做相反的账务处理。取得的租金收入，借记“银行存款”科目，贷记“其他业务收入”科目。

（三）投资性房地产的处置

采用成本模式计量的投资性房地产的处置。出售、转让按成本模式进行后续计量的投资性房地产时，应当按实际收到的处置收入金额，借记“银行存款”等科目，贷记“其他业务收入”科目；按该项投资性房地产的账面价值，借记“其他业务成本”科目；按其账面余额，贷记“投资性房地产”科目；按照已计提的折旧或摊销，借记“投资性房地产累计折旧（摊销）”科目；原已计提减值准备的，借记“投资性房地产减值准备”科目。

采用公允价值模式计量的投资性房地产的处置，处置采用公允价值模式计量的投资性房地产，应当按实际收到的金额，借记“银行存款”等科目，贷记“其他业务收入”科目；按该项投资性房地产的账面余额，借记“其他业务成本”科目；按其成本，贷记“投资性房地产——成本”科目；按其累计公允价值变动，贷记或借记“投资性房地产——

公允价值变动”科目。同时，结转投资性房地产累计公允价值变动。若存在原转换日计入资本公积的金额，也一并结转。

为核算投资性房地产，企业应设置“投资性房地产”账户。该账户属于资产类账户，用来核算企业采用成本模式或公允价值模式计量的投资性房地产的成本。借方登记企业外购、自行建造等取得的房地产，将作为存货的房地产转换为投资性房地产，将自用建筑物等转换为投资性房地产。贷方登记企业将投资性房地产转为自用、处置投资性房地产。期末余额在借方，反映企业采用成本模式计量的投资性房地产成本。企业采用公允价值模式计量的投资性房地产，反映投资性房地产的公允价值。本账户可按投资性房地产的类别和项目进行明细核算，采用公允价值模式计量的投资性房地产，还应当分别就“成本”和“公允价值变动”进行明细核算。

投资性房地产通常应当按照成本进行初始计量，满足特定条件时也可采用公允价值模式进行计量。

1. 外购的投资性房地产的初始计量

外购采用成本模式计量的土地使用权和建筑物，应当按照取得时的实际成本进行初始计量，其成本包括购买价款、相关税费和可直接归属于该资产的其他支出。按照确定的成本，借记“投资性房地产”账户，贷记“银行存款”等账户。企业购入房地产，自用一段时间之后再改为出租或用于资本增值的，应当先将外购的房地产确认为固定资产或无形资产，自租赁期开始日或用于资本增值之日开始，才能从固定资产或无形资产转换为投资性房地产。

2. 自行建造投资性房地产的初始计量

自行建造投资性房地产，其成本由建造该项资产达到预定可使用状态前发生的必要支出构成，包括土地开发费、建筑成本、安装成本，应予资本化的借款费用，支付的其他费用和分摊的间接费用等。建造过程中的非正常性损失，直接计入当期损益，不计入建造成本。按照确定的成本，借记“投资性房地产”账户，贷记“在建工程”账户。

3. 核算投资性房地产的后续计量

投资性房地产的后续计量主要是指企业应该在资产负债表日对投资性房地产的期末价值进行重新计量。投资性房地产的后续计量有成本模式和公允价值模式两种模式，企业通常应当采用成本模式计量，符合特定条件才能采用公允价值模式。但是同一企业只能采用一种模式对所有投资性房地产进行后续计量，不得同时采用两种模式进行后续计量。

4. 投资性房地产后续计量的成本模式

投资性房地产采用成本模式进行后续计量时，主要按照下列原则进行处理：

（1）对投资性房地产按照固定资产或无形资产的有关规定，按期计提折旧或进行摊销，借记“其他业务成本”科目，贷记“投资性房地产累计折旧（摊销）”等科目。

（2）取得的租金收入，借记“银行存款”科目，贷记“其他业务收入”科目，因出租业务涉及的相关税费计入“税金及附加”科目。

5. 投资性房地产后续计量的公允价值模式

投资性房地产应同时满足以下条件才可以采用公允价值模式进行后续计量：

（1）投资性房地产所在地有活跃的房地产交易市场。所在地，通常是指投资性房地产所在的城市。

（2）企业能够从活跃的房地产交易市场上取得同类或类似房地产的市场价格及其他相关信息，从而对投资性房地产的公允价值做出合理的估计，即公允价值能够可靠计量。

采用公允价值模式进行后续计量时，主要按照下列原则进行处理：

（1）采用公允价值模式计量的投资性房地产不计提折旧或进行摊销，也不需要计提减值准备。

（2）设置“投资性房地产——公允价值变动”和“公允价值变动损益”科目核算公允价值变动情况。资产负债表日，投资性房地产的公允价值高于原账面价值的差额，借记“投资性房地产——公允价值变动”，贷记“公允价值变动损益”；公允价值低于其账面价值的差额，做相反的账务处理。

（3）取得租金收入，借记“银行存款”科目，贷记“其他业务收入”科目。

6. 投资性房地产后续计量模式的变更

为保证会计信息的可比性，企业投资性房地产的计量模式一经确定，不得随意变更。只有在房地产市场比较成熟、能够满足采用公允价值模式条件的情况下，才允许企业对投资性房地产从成本模式计量变更为公允价值模式计量。

成本模式转为公允价值模式的，应当作为会计估计变更处理，将计量模式变更时以公允价值与账面价值的差额，调整期初留存收益。已经采用公允价值模式计量的投资性房地产，不得从公允价值模式转为成本模式。

第五章　事业单位支出、成本费用的核算

第一节　支出的概念与分类

一、支出的概念

支出是事业单位为开展业务活动和其他活动所发生的各项资金耗费。事业单位为了保证业务活动的正常进行，必然发生一些耗费。事业单位的各种耗费和垫支都是以货币资金的形式来支付的，这些支出包括事业支出、经营支出、对附属单位补助支出和上缴上级支出等。

二、支出的分类

（一）事业支出

事业支出是指事业单位开展专业活动及其辅助活动发生的支出，包括人员经费支出和公用经费支出。人员经费支出包括工资、补助工资、职工福利费、社会保障费、助学金；公用经费支出包括公务费、业务费、修缮费、设备购置费和其他费用。

（二）经营支出

经营支出是指事业单位在专业活动及其辅助活动之外开展非独立经营活动所发生的支出。经营支出要与经营收入相配比。对独立核算的经营活动，应按企业财务通则单独核算，不在经营支出中反映。

（三）对附属单位补助支出

对附属单位补助支出是指事业单位用财政补助收入之外的收入对附属单位补助发生的支出。

（四）上缴上级支出

上缴上级支出是指事业单位按标准或比例上缴上级单位发生的支出。

三、事业支出的办理原则

单位的事业支出，应根据定员、定额、开支标准及厉行节约的原则办理支出。既要保证事业发展的需要，又要贯彻勤俭节约的原则，遵守各项财政财务制度。办理事业支出业务，应遵循下列原则：

1. 事业单位的事业支出应根据财政补助收入、上级补助收入和其他收入的情况统筹安排，事业单位的支出应按国家规定的定额、标准办理，在编制事业支出预算时，应保持支出结构的合理例如，人员支出与公用经费支出、公务费支出与业务费的支出比例要合理。控制人员经费支出，相对增加公用经费支出，促进事业的发展。

2. 经营支出要与经营收入相匹配。事业单位在经营活动中，应正确归集实际发生的各项费用，无法归集应按比例合理分摊。

3. 要划清各项支出的界限。

（1）划清事业支出与经营支出的界限。应当列入经营支出的项目不得列入事业支出；应列入事业支出的项目也不得列入经营支出。

（2）划清基建支出与事业经费支出的界限。凡是达到基本建设额度的支出，应报请计划部门从基本建设投资中安排，不得挤占事业经费。

（3）要划清事业支出与对附属单位补助支出和上缴上级支出的界限，对附属单位补助支出和上缴上级支出属于系统内部调剂支出是其他单位的支出。

4. 厉行节约，压缩开支，提高资金利用效益。各单位要严禁用公款请客送礼、游山玩水，专项控制商品，不得自行购置。

第二节　拨出款项的核算

拨出款项是指事业单位拨付给所属会计单位的财政补助款及需要单独报账的专项资金，其包括拨出经费和拨出专款。

一、拨出经费的核算

为了核算事业单位按核定的预算拨付所属单位的预算资金，单位应设置“拨出经费”账户，该账户属于支出类账户。借方登记事业单位拨出的经费数；贷方登记拨出经费的收回数及结转数。平时借方余额反映拨出经费的累计数。年终，将借方余额全数转入“事业结余”账户。结转后，本账户无余额。

例 1：某事业单位通过银行向所属会计单位转拨 11 月份经费 100000 元，根据有关凭证编制如下会计分录：

借：拨出经费　　　　100000

　贷：银行存款　　　　100000

例 2：12 月 10 日，某事业单位收到所属会计单位缴回上月多余经费 7000 元，根据有关凭证编制如下会计分录：

借：银行存款　　　　7000

　贷：拨出经费　　　　7000

例 3：年终，某事业单位将“拨出经费”账户借方余额 600000 元转入“事业结余”账户，根据有关凭证编制如下会计分录：

借：事业结余　　　　600000

　贷：拨出经费　　　　600000

二、“拨出专款”的核算

“拨出专款”是指主管部门或上级单位拨给所属单位的需要单独报账的专项资金。所属单位用此项专款可以用于专项工程或者专项工作。完工时，应该核销此项专款，如果有剩余，应缴回上级单位。

为了核算主管部门或上级单位拨给所属单位的专项资金，事业单位会计应设置“拨出专款”账户，该账户属于支出类账户。借方登记专项资金的拨出数；贷方登记拨出专项资金的收回数。借方余额反映所属单位尚未报销数。所属单位报销专款支出时，应区别情况处理。

（1）专项资金如系上级单位拨入的，借记“拨入专款”账户，贷记“拨出专款”账户。

（2）属于本单位用自有资金设置对所属单位的专项拨款，按资金来源渠道，借记有关账户，贷记“拨出专款”账户。

例 1：教委收到财政部门拨来的语言实验室建设专款 250000 元，根据有关凭证编制如下会计分录：

借：银行存款　　　　250000

　贷：拨入专款　　　　250000

例 2：教委将语言实验室专款 250000 元转拨给某中专学校，根据有关凭证编制如下会计分录：

借：拨出专款　　　　　　250000

　　贷：银行存款　　　　250000

例 3：年终，教委接到某中专学校单独结报的语言实验室建设专款支出 245000 元，余款已退回，根据有关凭证编制如下会计分录：

借：拨入专款　　　　　　245000

　　贷：拨出专款　　　　245000

收到退回的余款时

借：银行存款　　　　　　5000

　　贷：拨出专款　　　　5000

例 4：某单位从“事业基金—— 一般基金”重拨给所属数学研究所课题研究费 50000 元，根据有关凭证编制如下会计分录：

借：拨出专款　　　　　　50000

　　贷：银行存款　　　　50000

例 5：年终单位收到数学研究所单独结报的课题科研费专款支出计 48000 元，余款退回，根据有关凭证，编制如下会计分录：

借：事业基金—— 一般基金　　　48000

　　贷：拨出专款　　　　　　　48000

收到退回的余款时

借：银行存款　　　　　　　　　2000

　　贷：拨出专款　　　　　　　2000

第三节　事业单位支出的核算

事业支出是指事业单位开展专业活动及其辅助活动发生的支出。它是事业单位会计主要核算对象之一。

一、事业支出的内容

（一）基本工资

基本工资是指事业单位工作人员的固定工资与国家规定比例的津贴。

（二）补助工资

补助工资是指国家统一规定的津贴、补贴，包括各项岗位津贴、价格补贴、地区性补贴、冬季取暖补贴、职工上下班交通补贴等。

（三）其他工资

其他工资是指在基本工资、补助工资之外，发给在职人员的属于国家规定工资总额组成范围内的各种津贴、补贴、奖金等。

（四）职工福利费

职工福利费是指按标准提取的工作人员福利费、独生子女保健费、公费医疗经费、未参加公费医疗单位的职工医疗费、职工探亲旅费、职工死亡火葬及费用等。

（五）社会补助费

社会补助费是指按规定支付给退休人员的离退休金和缴纳的各项社会保险费、住房公积金等支出。

（六）助学金

助学金是指各类学校学生的助学金、奖学金、学生贷款，以及出国留学人员的生活费等。

（七）公务费

公务费是指办公费、邮电费、水电费、公用取暖费、工作人员差旅费、调干旅费、调干家属旅费补助、驻外机构人员出国回国旅费，器具设备车船保养修理费，机动车船材料费、保险费和养路费、会议费、场地车船租赁费等。

（八）设备购置费

设备购置费是指事业单位按固定资产管理的一般设备和专用设备的购置费用。

（九）修缮费

修缮费是指事业单位的公用房屋、建筑物及附属设备的修缮费、公房租金等。

（十）业务费

业务费是指事业单位为完成专业所需要消耗的费用开支，包括进行防治防疫用的消耗性的医药卫生材料费，为进行科学实验购置的器具等低质易耗品、化学试剂、材料以及专业资料印刷、科学考察研究费用，各级各类学校开支的教学实验费、生产实习费、资料讲义费、教材编审费等。

（十一）其他费用

其他费用是指外籍专家经费、出国实习人员生活费、来我国实习人员生活费、本单位职工教育经费、民政事业单位收容人员给养费、各种医疗减免经费等。

二、事业支出的核算口径

事业支出是财政部门与上级单位考核各单位的预算执行情况的依据，也是事业单位会计核算的重要内容。为了正确核算事业单位的事业支出，在核算事业支出时，要按下列口径办理：

（1）对于发给个人的工资、津贴、补贴和抚恤救经费等，应根据实有人数和实发金额，取得本人签收的凭证后列报事业支出。

（2）购入办公用品直接列报事业支出，购入的其他材料应通过“材料”账户核算，领用时列报事业支出。

（3）社会保障费、职工福利费、工会经费按照规定的标准和实有人数，每月计算提取，列报支出。

（4）固定资产修购基金按核定的比例提取，直接列报支出。

（5）购入固定资产，经验收列报支出，同时记入“固定基金”和“固定资产”账户。

（6）其他各项费用，均以实际报销列报支出。

三、事业支出的核算

为了反映和监督事业单位开展各项专业活动及其辅助活动发生的实际支出，事业单位会计应设置“事业支出”账户。该账户属于支出类账户，借方登记事业费的发生数，贷方登记支出的收回数及转销数，年终余额转入“事业结余”账户。

发生事业支出时，借记“事业支出”账户，贷记“现金”“银行存款”账户；当年支出收回时，借记“事业支出”账户，贷记“现金”“银行存款”账户等。年终，结转结余时，借记“事业结余”账户，贷记“事业支出”账户。

例1：3月3日，某事业单位购置办公用品共计260元，以转账支票支付，根据发货票、转账支票存根填制记账凭证，其会计分录为：

借：事业支出——公务费　　　　250

　　贷：银行存款　　　　　　　250

例2：3月10日，某事业单位购计算机一台，价款9000元，以银行存款支付，根据发货票、转账支票存根等填制记账凭证，其会计分录为：

借：事业支出——设备购置费　　9000

　　贷：银行存款　　　　　　　9000

借：固定资产　　　　　　　　　9000

贷：固定基金　　　　　　　　9000

例 3：3 月 15 日，通过银行转账支付电费 5600 元，根据电费收据等有关凭证填制记账凭证，其会计分录为：

借：事业支出——公务费　　　　5600

　贷：银行存款　　　　　　　　5600

例 4：3 月 20 日，维修办公楼，用转账支票支付修缮费 3000 元，根据支票存根发货票填制记账凭证，其会计分录为：

借：事业支出——修缮费　　　　3000

　贷：银行存款　　　　　　　　3000

例 5：3 月 25 日，单位职工李华报销差旅费 960 元，原借款 1000 元，余款退回，根据“报销单”及收据等原始凭证填制记账凭证，其会计分录为：

借：事业支出——公务费　　　　960

　贷：其他应收款——李华　　　960

借：现金　40

　贷：其他应收款——李华　　　40

例 6：化学实验室做实验领取实验材料，价款共计 670 元，根据“领料单”填制记账凭证，其会计分录为：

借：事业支出——业务费　　　　670

　贷：材料　　　　　　　　　　670

例 7：4 月 5 日发放本月工资，工资汇总表上提供下列资料：应付工资总额 200000 元，按工资总额的 5% 扣收个人缴存的住房公积金 10000 元，扣水电费 1200 元，代扣房租 600 元。会计分录如下：

①向银行提取现金

200000 — 10000 — 1200 — 600=188200（元）

借：现金　　　　　　　　　　188200

　贷：银行存款　　　　　　　188200

②发放工资

借：事业支出——工资　　　　188200

　贷：现金　　　　　　　　　188200

③扣收的住房公积金

借：事业支出——工资　　　　　　　　10000

　　贷：其他应付款——住房基金　　　　10000

④扣回水电费：

借：事业支出——工资　　　　　　　　1200

　　贷：事业支出——公务费　　　　　1200

⑤代扣房租转房管部门

借：事业支出——工资　　　　　　　　600

　　贷：银行存款　　　　　　　　　　600

⑥自管房扣房租

借：事业支出——工资　　　　　　　　600

　　贷：事业支出——公务费　　　　　600

⑦向有关部门交纳住房基金

借：事业支出——住房基金提取　　　　10000

　　其他应付款——住房基金　　　　　10000

　　　贷：银行存款　　　　　　　　　20000

“事业支出”账户应采用多栏式明细账，按国家规定的“项”或“目”设户，按“目”或“节”设专栏，进行明细核算。

第四节　成本费用与销售税金的核算

一、成本费用的核算

《事业单位财务规则》规定，事业单位可以根据开展业务活动及其他活动的实际需要，实行内部成本核算方法。

（一）内部成本核算的意义

第一，从核算内容上讲，它是不完全的成本核算。新的企业财务制度规定，企业实行制造成本法，把企业生产经营过程中的全部成本费用划分为直接材料、直接工资、其他直接支出、制造费用、销售费用、管理费用和财务费用，成本核算的内容是完整的，而事业单位内部成本核算内容没有企业那么完整，有些费用项目可能没有发生，有些费用项目发生了，但又无法进行准确的成本核算。

第二，从核算方法上讲，它是不严格的成本核算。企业的成本核算，要求按照权责发生制的原则确定成本费用开支，严格划清本期成本费用和下期成本费用的界限，在产品成本和产成品成本的界限、各种产品成本的界限、各项成本费用计算分配方法是非常严格的，而事业单位一般不具备真正意义上成本核算条件，各种成本费用的界限无法严格划分，计算分配方法也难以严格。

第三，从核算形式上讲，它是内部的成本核算。为了加强事业单位的内部管理，正确反映单位财务状况和事业成果，提高事业单位成本核算意识，事业单位应根据自身的业务特点，参照企业成本管理的方式、成本开支的范围，制定出具体的成本核算方法，计算出开展每项事业活动或经营活动的成本费用额。例如，学校可以计算出学生培养成本，电视台可以计算出电视剧制作成本，等等。事业单位实行内部成本核算，实质上是加强支出管理的一种手段。

事业单位实行内部成本核算，必须符合事业单位财务管理的基本要求，保证事业单位财务制度的统一性和完整性。

（二）成本费用的核算

为了反映和监督实行内部成本核算的事业单位列入劳务（产品、商品）成本的各项费用，事业单位会计应设置“成本费用”账户。该账户属于支出类账户，借方登记业务活动或经营过程中发生的各项费用，贷方登记入库产品的成本。

发生各项费用时，借记“成本费用”账户，贷记“材料”“银行存款”等账户。产品验收入库时，借记“产成品”账户，贷记“成本费用”账户。

例1:某事业单位实行内部成本核算，该单位3月3日为制造A产品，领用甲材料一批，价款4500元，根据“领料单”填制记账凭证，其会计分录为：

借：成本费用　　　　　　　　4500

　　贷：材料　　　　　　　　4500

例2：3月10日，单位提取现金1800元，支付有关人员工资。根据现金支票存根，工资单填制记账凭证，其会计分录为：

借：现金　　　　　　　　　　1800

　　贷：银行存款　　　　　　1800

同时

借：成本费用——工资费用　　1800

　　贷：现金　　　　　　　　1800

例3：3月28日，开出支票2张，支付水费150元、电费650元，根据发票、转账支票存根填制记账凭证，其会计分录为：

借：成本费用　　　　　　　　800

　　贷：银行存款　　　　　　800

例 4：3 月 30 日，A 产品已全部完工验收入库，根据“入库单”填制记账凭证，其会计分录为：

借：产成品　　　7100

贷：成本费用　　7100

二、销售税金的核算

销售税金是指事业单位在提供劳务或销售产品时应负担的税金及附加等，包括城市维护建设税、资源税和教育税附加等。

为了反映和监督事业单位提供劳务或销售产品时应负担的税金及附加，事业单位会计应设置“销售税金”账户。该账户属于支出类账户，借方登记事业单位按照规定计算出来的销售税金及附加额，期末将本账户借方余额转入“经营结余”账户或“事业结余”账户，

月末，按照规定计算出应负担的销售税金及附加时借记“销售税金”账户，贷记“应交税金”账户；交纳税金时，借记“应交税金”账户，贷记“银行存款”账户。期末，结转余额时，借记“经营结余”“事业结余”账户，贷记“销售税金”账户。

现将销售税金的核算方法举例如下：

例 1：某事业单位利用空房对外开展仓储服务时，3 月 15 日取得经营收入 15000 元，按税法规定计算销售税金仓储业（税目）税率 5%，计税依据营业额 15000 元。

营业税：15000 × 5%=750（元）

城市维护建设税：750（计税依据）× 7%=52.50（元）

教育费附加：750（计税依据）× 3%=22.50（元）

合计：825 元

借：销售税金　　825

　　贷：应交税金——营业税　　　　　　750

　　　　　　　——城市维护建设税　　52.50

　　　　　　　　教育费附加　　　　　22.50

例 2：3 月 25 日，开出转账支票一张，面额 825 元，交纳销售税金，根据转账支票存根填制记账凭证，其会计分录为：

借：应交税金　　　　　　　　　　　　　　　　825

　　贷：银行存款　　　　　　　　　　　　　　825

例3：该事业单位为一般纳税人，3月底增值税销项税额为34000元，进项税额为17000元，本月应交增值税额为17000元，以增值税为依据计算城市维护建设税和教育费附加，根据计算数据填制记账凭证，其会计分录为：

借：应交税金——应交增值税（已交税金）　　　17000

　　贷：银行存款　　　　　　　　　　　　　　17000

城市维护建设税：17000×7%≈1190（元）

教育费附加：17000×3%=510（元）

借：销售税金　　1700

　　贷：应交税金——城市维护建设税　　　　　1190

　　　　　　　——教育费附加　　　　　　　　510

例4：期末，将“销售税金”账户的借方余额转入“经营结余”账户。

借：经营结余　　　　　　　　　　　　　　　　2525

　　贷：销售税金　　　　　　　　　　　　　　2525

第五节　经营支出与专款支出的核算

一、经营支出的核算

（一）经营支出的概念

经营支出是指事业单位在专业业务及其辅助活动之外开展非独立核算经营活动所发生的支出。

事业单位在经营活动中，应正确地归集所发生的各项费用，无法直接归集的费用，应按规定比例合理分摊。经营支出要与经营收入配比。直接用于经营活动消耗的材料、工资费用，直接计入经营支出。由单位在事业支出中统一垫支的各项费用，应按适当的比例合理分摊，在经营支出中列支，冲减事业支出。对经营活动占用单位的房屋、设备等固定资产，应当参照企业的折旧制度提取修购基金，所提取的修购基金与其他渠道提取的修购基金集中用于事业单位固定资产维修和购置。

（二）经营支出的核算

为了反映和监督事业单位在专业活动及其辅助活动之外开展非独立核算经营活动发生的各项支出及其实行内部成本核算单位已销产品的实际成本，事业单位会计应设置“经营支出”账户。该账户属于支出类账户，借方登记发生的各项经营耗费，期末，将借方余额全部转入“经营结余”账户。

1. 不实行内部成本核算事业单位的账务处理

发生经营支出时，借记“经营支出”账户，贷记“银行存款”或“现金”账户。期末，结转余额时，借记“经营结余”账户，贷记“经营支出”账户。

2. 实行内部成本核算事业单位的账务处理

在经营过程中发生各项费用时，借记“成本费用”账户，贷记“材料”或“银行存款”账户；产品验收入库时，借记“产成品”账户，贷记“成本费用”账户；结转已销产品成本时，按实际成本借记“经营支出”账户，贷记“产成品”账户。期末将本账户余额转入“经营结余”账户，借记“经营结余”账户，贷记“经营支出”账户。

“经营支出”账户按经营业务的主要类别设置明细账。

现将“经营支出”的核算方法举例说明如下：

（1）未实行成本核算的账务处理实例

例 1：某事业单位本期为生产高新技术产品（甲产品）领用 A 材料，共计 250000 元，根据“领料单”，填制记账凭证，其会计分录为：

借：经营支出　　　　250000

　　贷：材料　　　　250000

例 2：该单位支付制造 A 产品工人的工资 124000 元，根据有关凭证填制记账凭证，其会计分录为：

借：经营支出　　　　124000

　　贷：现金　　　　124000

例 3：该单位为制造 A 产品支付水电费 12000 元以银行存款支付，根据有关凭证填制记账凭证，会计分录为：

借：经营支出　　　　12000

　　贷：银行存款　　12000

例 4：期末该事业单位将经营支出账户的借方余额 396400 元，转入“经营结余”账户，会计分录为：

借：经营结余 396400

贷：经营支出 396400

（2）实行内部成本核算的账务处理案例

例 1：某事业单位为一般纳税人，制造 A 产品领用甲材料共计 4500 元，根据“领料单”填制记账凭证，其会计分录为：

借：成本费用 4500

贷：银行存款 4500

例 2：该单位提取现金 1800 元用于支付有关人员工资，根据有关凭证填制记账凭证，某会计分录为：

借：现金 1800

贷：银行存款 1800

同时

借：成本费用 1800

贷：现金 1800

例 3：A 产品已完工并验收入库，根据“入库单”填制记账凭证，其会计分录：

借：产成品 6300

贷：成本费用 6300

例 4：A 产品已售出取得销售收入 11700 元，款项已存入银行，根据有关原始凭证填制记账凭证，其会计分录为：

借：银行存款 11700

贷：经营收入 10000

贷：应交税金——应交增值税（销项税额） 1700

同时

借：经营支出 6300

贷：产成品 6300

修购基金提取（略）

例 5：该事业单位年终将“经营支出”账户的借方余额 7100 元转入“经营结余”账户，其会计分录为：

借：经营结余 7100

贷：经营支出 7100

二、专款支出的核算

专款支出是指由财政部门和其他单位拨入的专项资金的实际支出数。

为了反映和监督由财政部门、上级单位拨来的指定项目或用途并需要单独报账的专项资金的实际支出数，事业单位会计应设置“专款支出”账户。该账户属于支出类账户，借方登记专用资金的支出数，贷方登记完工时的列报数。

专款支出主要有科研课题经费、挖潜改造资金、科技三项经费等指定项目或用途的支出。

事业单位按指定项目或用途开支工料费时，借记“专款支出”账户；项目完工向有关单位列报时，借记“拨入专款”账户，贷记“专款支出”账户。

现将“专款支出”的核算方法举例如下：

例 1：某数学研究所收到财政部门拨入的科研课题经费 30000 元，根据拨款单收账通知联填制记账凭证，其会计分录为：

借：银行存款　　　　30000

　　贷：拨入专款　　　　30000

例 2：该研究所为进行本项课题研究购买实验用材料一批计价 21000 元，开出转账支票支付，根据转账支票存根、发货票填制记账凭证，其会计分录为：

借：专款支出　　　　21000

　　贷：银行存款　　　　21000

例 3：该研究所为完成课题科研项目，发生工费及其他支出 4500 元，以现金支付，根据有关原始凭证填制记账凭证，其会计分录为：

借：专款支出　　　　4500

　　贷：现金　　　　4500

例 4：该项目完成后，实际支出数为 25500 元，向财政部门单独列报。

借：拨入专款　　　　25500

　　贷：专款支出　　　　25500

第六节　调剂性支出及结转自筹基建的核算

一、调剂性支出的核算

调剂性支出是指事业单位对其上级单位的上缴支出或对附属单位的补助支出，包括上缴上级支出和对附属单位的补助支出。

（一）上缴上级支出的核算

上缴上级支出是指事业单位按规定比例上缴上级的款项。

为了核算和监督附属于上级单位的独立核算单位按规定的标准上缴上级单位的支出，事业单位应设置“上缴上级支出”账户。该账户属于支出类账户，借方登记上缴金额，贷方登记年终结转数，期末本账户无余额。

上缴上级支出金额时，借记“上缴上级支出”账户，贷记“银行存款”账户；年终结转借方余额时，借记“事业结余”账户，贷记“上缴上级支出”账户。

现将“上缴上级支出”的核算方法，举例如下：

例 1：某事业单位按上级规定将其事业收入的 15% 上缴上级单位，该事业单位本期共取得收入 250000 元，根据有关原始凭证填制记账凭证，其会计分录为：

上缴上级单位金额 =250000×15%=37500（元）

借：上缴上级支出　　　　37500

　　贷：银行存款　　　　37500

例 2：年终，将上缴上级支数余额 37500 元转入“事业结余”账户，其会计分录为：

借：事业结余　　　　　　37500

　　贷：上缴上级支出　　37500

（二）对附属单位补助支出的核算

对附属单位补助支出是指事业单位用财政补助收入之外的收入对附属单位补助支出的款项。

为了核算和监督事业单位用非财政预算资金对附属单位补助支出，事业单位会计应设置“对附属单位补助支出”账户，该账户属于支出类账户，借方登记对附属单位的补助数，贷方登记收回数及余额结转数，年末本账户无余额。

对附属单位补助时，借记“对附属单位补助”账户，贷记“银行存款”账户；年终结账时，借记“事业结余”账户，贷记“对附属单位补助支出”账户，结转后，本账户无余额。

现将“对附属单位补助”的核算方法举例说明如下：

例 1：某单位用非财政资金对附属单位补助，补助金额为 50000 元，根据收据转账支票存根填制记账凭证，其会计分录为：

借：对附属单位补助支出　　　　50000

　　贷：银行存款　　　　　　　50000

例 2：年终，将“对附属单位补助支出”支出余额 50000 元转入“事业结余”账户。

借：事业结余　　　　　　　　　50000

　　贷：对附属单位补助支出　　50000

二、结转自筹基建的核算

自筹基建是指事业单位经批准用非财政性资金安排的基本建设项目，按规定这部分自筹资金应转存建设银行。

为了核算和监督事业单位批准用财政补助收入以外的资金安排的基本建设，事业单位会计应设置“结转自筹基建”账户。该账户属于支出类账户，借方登记自筹资金的结转数，贷方登记年终余额的结转数。

将自筹的基本建设资金转存建设银行时，借记“结转自筹基建”账户，贷记“银行存款”账户；年终结账时，借记“事业结余”账户，贷记“结转自筹基建”账户。

第六章 事业单位收入的核算

第一节 收入的概念与确认

一、收入的概念

事业单位收入是指事业单位为开展业务及其他活动依法取得的非偿还性资金。它包括财政补助收入、上级补助收入、事业收入、经营收入、附属单位上缴收入和其他收入。

（一）财政补助收入

财政补助收入是指事业单位直接从财政部门或通过主管部门从财政部门取得的各类事业经费，包括正常经费和专项资金，但不包括国家对事业单位的基本建设投资。

（二）上级补助收入

上级补助收入上级补助收入是指事业单位从主管部门和上级单位取得的非财政补助收入，即主管部门或上级单位自身组织的收入和集中下级单位的收入拨给事业单位的资金。

（三）事业收入

事业收入是指事业单位通过开展专业活动及其辅助活动取得的收入。专业活动，是指事业单位根据本单位专业特点从事的主要业务活动，如学校的教学活动、科研单位的科研活动等。辅助活动是指与专业活动相关，直接为专业活动服务的单位行政管理活动、后勤服务活动及其有关活动。通过开展上述活动取得的收入均作为事业收入管理。按照国家规定应当上缴财政预算的资金和应当缴入财政专户的预算外资金不计入事业收入；从财政专户核拨的预算外资金和部分经批准不上缴财政专户管理的预算外资金，应计入事业收入。

（四）经营收入

经营收入是事业单位在专业及其辅助活动之外开展的非独立核算经营活动取得的收入，如事业单位对社会开展服务活动，将闲置资产出租取得的收入。

（五）附属单位上缴收入

附属单位上缴收入是指事业单位附属的独立核算单位按有关规定上缴的收入，包括附属的事业单位上缴的收入和附属的企业上缴的利润等。附属单位补偿事业单位在支出中垫支的各种费用如水电费、电话费等应当冲减支出，不能作为上缴收入管理。

（六）其他收入

其他收入是指事业单位除上述各项收入，如投资收益、利息收入、捐赠收入等。

二、收入的确认

收入的确认是一个非常重要的问题。首先，它关系到纳税时间；其次，单位取得经营收入后，必须在本期结转相应的成本和当期费用，使收入和支出相匹配。

确认收入包括两个方面的问题：一是定时，二是计量。定时是确定收入的实现时间，计量就是确认收入的数量金额。事业收入一般应当在收到款项时予以确认。对于采用权责发生制的事业单位取得的经营收入，应当在发出商品或提供劳务，同时收讫价款或者取得索取价款的凭证时，确认经营收入。

（一）在销售产品交易中经营收入的确认

1. 采用直接收款交货方式销售的情况下，以货款或商业汇票等结算凭证已经收到，发票账单和提货单已交给购货方，确认经营收入的实现。

2. 采取预收货款销售产品、商品，在产品、商品发出时，确定营业收入的实现。

3. 委托其他单位代销商品、产品时，在代销产品、商品已经售出，并且收到代销单位的代销清单时，确认经营收入的实现。

（二）在提供劳务交易中经营收入的确认

1. 短期劳务合同，在提供了劳务，开出发票账单时，作为经营收入的实现。

2. 长期劳务合同，实行合同完成后一次结算工程价款办法的工程合同，应于合同完成，合同价款结算时，确认收入的实现。

第二节　拨入款项的核算

拨入款项是指事业单位直接或间接从财政部门取得的各类事业经费及从上级主管部门和上级单位取得的非财政补助收入，包括财政补助收入、上级补助收入和拨入专款。

一、财政补助收入的核算

财政补助收入是指事业单位按核定的预算和经费领报关系直接或间接从财政部门取得的各类事业经费。

为了核算和监督按照核定的预算和领报关系收到财政部门或上级主管单位拨来的各类事业经费，事业单位会计应设置“财政补助收入”账户。该账户属于收入类账户，贷方登记经费拨入数，借方登记事业经费交回数。平时贷方余额反映财政补助收入的累计数，年终贷方余额转入“事业结余”账户，结转后本账户无余额。收到财政补助收入时，借记“银行存款”账户，贷记“财政补助收入”账户；交回事业经费时，借记“财政补助收入”账户，贷记“银行存款”账户；年终结转余额时，借记“财政补助收入”账户，贷记“事业结余”账户。

现将“财政补助收入”的核算方法举例说明如下：

例 1：某中学接到银行通知，由教委转拨本期经费 270000 元，根据收账通知联填制记账凭证，其会计分录为：

借：银行存款　　　　　270000

　　贷：财政补助收入　　270000

例 2：期末，该中学通过银行交回主管部门多余事业经费 20000 元，根据有关原始凭证及转账支票存根，填制记账凭证，其会计分录为：

借：财政补助收入　　　20000

　　贷：银行存款　　　　20000

例 3：年终，将财政补助收入贷方余额转入“事业结余”账户，其会计分录为：

借：财政补助收入　　　250000

　　贷：事业结余　　　　250000

本账户除按上述方法进行总账核算外，主管单位还有按“款”“项”级科目设置明细账，进行明细核算。

二、上级补助收入的核算

上级补助收入是指事业单位从主管部门或上级单位取得的非财政补助收入。

为了核算和监督事业单位收到的上级单位拨入的非财政资金，事业单位会计应设置“上级补助收入”账户。该账户属于收入类账户，贷方登记上级拨入的补助收入数，借方登记年终结转数。结转后，本账户无余额。

收到上级补助收入时，借记“银行存款”账户，贷记“上级补助收入”账户；年终结转余额时，借记“上级补助收入”账户，贷记“事业结余”账户。

现将上级补助收入的核算方法举例说明如下：

例 1：某事业单位收到上级主管部门拨来补助款 50000 元，款项已存入银行。根据有关原始凭证填制记账凭证，其会计分录为：

借：银行存款　　　　　　50000

　　贷：上级补助收入　　50000

例 2：年终，将上级补助收入期末余额 50000 元，转入“事业结余”账户，其会计分录为：

借：上级补助收入　　　　50000

　　贷：事业结余　　　　50000

第三节　事业收入与经营收入的核算

一、事业收入的核算

事业收入是指事业单位开展专业活动及其辅助活动取得的收入。专业活动是事业单位根据本单位专业特点开展的业务活动，如学校的教学活动、科研单位的科研活动、医院的医疗保健活动等。辅助活动是指与专业活动相关，直接为专业活动服务的单位行政管理活动、后勤服务活动等，包括从财政专户核拨的预算外资金和部分经财政部门批准不上缴财政专户管理的预算外资金。

为了核算和监督事业单位开展业务活动及辅助活动所取得的收入，事业单位会计应设置“事业收入”账户。该账户属于收入类账户，贷方登记事业收入的收入金额，借方登记收入的退回数，期末贷方余额反映事业收入的累计数，年终将贷方余额转入“事业结余”账户。

（一）一般事业单位收入的核算

1. 收到非预算外资金的事业收入，借记“银行存款”“应收账款”等账户，贷记“事业收入”账户。

例：某事业单位开展专业活动取得收入 100000 元，已存入银行，根据有关原始凭证填制记账凭证，其会计分录为：

借：银行存款　　　　　　100000

　　贷：事业收入　　　　100000

2. 预算外资金按比例上缴财政专户的事业单位，取得收入时，应按核定的分配比例，借记“银行存款”“应收账款”等账户，贷记“应缴财政专户款”“事业收入”账户。

例：某事业单位开展业务活动取得收入 60000 元，该项收入属于预算外资金，按财政部门规定 40% 上缴财政专户，款项已存入银行，其会计分录为：

借：银行存款　　　　　　　　60000

　　贷：应缴财政专户款　　　24000

　　　　贷：事业收入　　　　36000

3. 预算外资金结余上缴财政专户的事业单位，平时取得收入时，全额借记“银行存款”账户，贷记“事业收入”账户，定期计算出应缴财政专户资金结余时，借记“事业收入”账户，贷记“应缴财政专户款”账户。

例 1：某事业单位 1—6 月份取得事业收入 200000 元，该收入属于预算外资金，款项已存入银行。

借：银行存款　　　　　　　　200000

　　贷：事业收入　　　　　　200000

例 2：6 月 30 日，结算出应缴财政专户资金结余 80000 元，其会计分录为：

借：事业收入　　　　　　　　80000

　　贷：应缴财政专户款　　　80000

4. 预算外资金全部上缴财政专户的事业单位，发生收入时，借记“银行存款”账户，贷记“应缴财政专户款”账户；上缴时，借记“应缴财政专户款”账户，贷记“银行存款”账户；收到财政专户核拨回来的款项时，借记“银行存款”账户，贷记“事业收入”账户。

例：某中学取得学费收入 500000 元，款项已存入银行。其会计分录为：

借：银行存款　　　　　　　　500000

　　贷：应缴财政专户款　　　500000

将取得的收入上缴财政时：

借：应缴财政专户款　　　　　500000

　　贷：银行存款　　　　　　500000

承上例，该中学收到财政核拨回来的学费收入 450000 元，款项已存入银行。

借：银行存款　　　　　　　　450000

　　贷：事业收入　　　　　　450000

5. 期末，应将本账户　　　余额转入“事业结余”账户，结转时，借记“事业收入”账户，贷记“事业结余”账户。

例：年末，某事业单位“事业收入”账户贷方余额480000元转入“事业结余”账户，其会计分录为：

借：事业收入　　　　　　480000

　　贷：事业结余　　　　480000

（二）属于一般纳税人的事业单位事业收入的核算

一般纳税人是指小规模纳税人以外的纳税人。一般纳税人销售产品、提供劳务要交纳增值税，增值税是根据商品生产和流通过程的增值额所课征的一种税，即增值额 × 增值税税率。

在实际操作中，实行的抵扣税，即应纳税额 = 当期销项税额—当期进项税额。销项税额是指纳税人销售货物或者提供应税劳务，按照销售额和规定的税率计算并向购货方收取的增值税额。计算公式为：

销项税额 = 销售额 × 税率

进项税额是指纳税人购进货物或者应税劳务所支付的或者负担的增值税额。准予从销项税额中抵扣的进项税额有：①从销售方取得的增值税专用发票上注明的增值税额；②从海关取得的完税凭证上注明的增值税额；③购进免税农产品准予抵扣的进项税款。其计算公式为：

进项税款 = 买价 × 扣除率（10%）

销售额是纳税人销售货物或者应税劳务向购买方收取的全部价款和价外费用，但不包括收取的销项税额。

例：某事业单位属于一般纳税人，在业务活动中取得含税收入11700元，税率为17%，款项已存入银行。

销售额 =11700/（1+17%）=10000（元）

销项税额 =10000 × 17%=1700（元）

借：银行存款　　　　　　11700

　　贷：事业收入　　　　10000

　　　　贷：应交税金——应交增值税（销项税额）　　　1700

二、经营收入的核算

经营收入是指事业单位在专业活动及辅助活动之外开展的非独立核算经营活动取得的收入。经营收入一般应当在收到款项时予以确认，对于采用权责发生制的事业单位取得的经营收入，可以在提供劳务或者发出商品，同时收到货款或者取得索取货款的凭证时，予以确认。

为了核算和监督经营收入，事业单位会计应设置“经营收入”账户。该账户属于收入类账户，贷方登记收入的增加额，借方登记收入的减少额，贷方余额反映收入的累计额，年末，应将余额转入“经营结余”账户，结转后本账户无余额。事业单位可根据收入种类设置明细账户，进行明细分类核算。

1. 取得经营收入时，借记“银行存款”“应收账款”“应收票据”等账户，贷记“经营收入”账户。

例：某事业单位开展有偿服务，取得收入 3000 元，款项已存入银行。根据“发货票”等有关原始凭证填制记账凭证其会计分录为：

借：银行存款　　　　　3000

　　贷：经营收入　　　3000

2. 属于一般纳税人的事业单位，取得经营收入时，借记“银行存款”“应收账款”“应收票据”等账户，按实际收到的价款扣除增值税销项税额，贷记“事业收入”账户，按计算出的应交增值税的销项税额，贷记“应交税金——应交增值税（销项税额）”账户。

例：某事业单位销售给 A 公司高科技产品一批，价款 23400 元，货款暂欠，该单位属于一般纳税人，其会计分录为：

借：应收账款——A 公司　　　　23400

　　贷：事业收入　　　　20000（23400 ÷ 1.17）

　　　　贷：应交税金——应交增值税（销项税额）　　3400

3. 属于小规模纳税人的事业单位收到经营收入时，借记“银行存款”等有关账户，按实际收到的价款，贷记“经营收入”账户。

例：某事业单位出租设备一台，取得租金收入 5300 元，款项已存入银行。该事业单位属于小规模纳税人，其会计分录为：

借：银行存款　　　　　5300

　　贷：经营收入　　　5300

计算销售税金：

销售额 =5300/（1+6%）=5000（元）

应交税额 =5000 × 6%=300（元）

借：销售税金　　　　　300

　　贷：应交税金　　　300

4. 属于小规模纳税人的事业单位发生销货退回时，不论是否属于本年度销售的，都应冲减本期的经营收入。借记“经营收入”账户，贷记“银行存款”账户。

例：某科研单位属于小规模纳税人，该单位接到 A 公司退回的上月的已销产品 1000 元，款项从银行汇出，根据有关原始凭证填制记账凭证，其会计分录为：

借：经营收入　　　　　　1000

　贷：银行存款　　　　　1000

5. 属于一般纳税人的事业单位发生销货退回时，按不含税价款借记“事业收入”账户，按退货价款计算出的税金，贷记“应交税金——应交增值税（销项税额）”账户（红字），按价税款贷记“银行存款”账户。

例：某事业单位收到上月已销给 A 公司退回的科技产品，价款 11700 元，货款已从银行汇出。该单位属于一般纳税人。根据有关原始凭证填制记账凭证其会计分录为：

借：事业收入　　　　　　　　　10000（11700 ÷ 1.17）

　贷：应交税金——应交增值税（销项税额）　　　　1700

　　贷：银行存款　　　　　　　1700

6. 某事业单位 3 月份发生仓储服务收入 5000 元，款项已存入银行。根据发货票等有关原始凭证填制记账凭证，其会计分录为：

借：银行存款　　　　　　5000

　贷：经营收入　　　　　5000

该项收入属于营业税的征收范围，计算应纳税额，仓储业税率为 5%。

营业税 =5000 × 5%=250（元）

城市维护建设税 =250 × 7%=17.50（元）

教育费附加 =250 × 3%=7.50（元）

借：销售税金　　　　　　　　275

　贷：应交税金——营业税　　250

——城市维护建设税 17.50

——教育费附加 7.50

7. 期末，应将本账户余额转入“经营结余”账户。结转后，本账户无余额。

例：年终，某事业单位“经营收入”账户的累计余额为 375000 元，结转时的会计分录为：

借：经营收入　　　　　　375000

　贷：经营结余　　　　　375000

第四节　附属单位上缴收入和其他收入的核算

一、附属单位上缴收入的核算

附属单位上缴收入是指事业单位附属的独立核算单位按有关规定上缴的收入，包括附属的事业单位上缴的收入和附属色企业上缴的利润等。

为了核算和监督附属单位上缴款项，事业单位会计应设置"附属单位上缴收入"账户。账户属于收入类账户，贷方登记上缴款的增加额，借方登记上缴款的减少额。平时贷方余额反映附属单为上缴款的累计额。年末，将余额全部转入"事业结余"账户。结转后，本账户无余额。

事业单位收到款项时，借记"银行存款"账户，贷记"附属单位上缴收入"账户。

例 1：某事业单位收到附属幼儿园交来收入 15000 元，款项已存入银行。根据有关原始凭证填制记账凭证，其会计分录为：

借：银行存款　　　　　　15000

　　贷：附属单位上缴收入　　15000

例 2：某事业单位收到附属企业上缴纯利润 20000 元，款存项已存入银行。根据有关原始凭证填制记账凭证，其会计分录为：

借：银行存款　　　　20000

　　贷：附属单位上缴收入　　20000

例 3：年终，该单位将"附属单位上缴收入"账户的贷方余额转入"事业结余"账户。其会计分录为：

借：附属单位上缴收入　　35000

　　贷：事业结余　　　　35000

二、其他收入的核算

其他收入是指事业单位除上述各项收入以外的收入，如对外投资收益、固定资产出租收入、捐赠收入、利息收入以及其他零星杂项收入等。

为了反映和监督事业单位的其他收入情况，事业单位会计应设置"其他收入"账户。该账户属于收入类账户。贷方登记收入的增加额，借方登记收入的减少额，平时贷方余额反映其他收入的累计额。年末，将余额全部转入"事业结余"账户，结转后本账户无余额。

例 1：1 月 20 日，某事业单位收到 A 股份有限公司交来的投资收益 50000 元，款项已存入银行。根据有关凭证填制会计凭证，其会计分录为：

借：银行存款　　50000

　　贷：其他收入　　　50000

例 2：9 月 5 日，某事业单位收到银行通知，上半年银行存款利息 2750 元。根据有关原始凭证填制记账凭证，其会计分录为：

借：银行存款　　2750

　　贷：其他收入　　　2750

例 3：某事业单位收到社会团体的捐赠款 30000 元，款项已存入银行。根据有关原始凭证填制记账凭证，其会计分录为：

借：银行存款　　30000

　　贷：其他收入　　　30000

例 4：年末，将其他收入贷方累计余额 82750 元转入“事业结余”账户，其会计分录为：

借：其他收入　　82750

　　贷：事业结余　　　82750

第七章　事业单位财务成果的核算

第一节　收入的核算

一、收入基础知识

（一）收入的相关知识

1. 收入的概念

收入是指企业在日常活动中形成的、会导致所有者权益增加的、与所有者投入资本无关的经济利益的总流入。

日常活动是指企业为完成其经营目标而从事的所有活动以及与之相关的其他活动，如制造业的供、产、销活动，服务行业提供的劳务活动等。经济利益是指直接或间接地流入企业的现金或现金等价物。

2. 收入的特点

（1）收入是企业在日常活动中形成的，而不是从偶发的交易或事项中产生。收入主要包括企业为完成其经营目标所从事的经常性活动以及与经常性活动相关的其他活动所形成的经济利益的总流入。比如，工业企业制造并销售产品、商品流通企业销售商品、保险公司签发保单、咨询公司提供咨询服务、软件企业为客户开发软件、安装公司提供安装服务、商业银行对外贷款、租赁公司出租资产等，均属于企业为完成其经营目标所从事的经常性活动，由此产生的经济利益的总流入构成收入。工业企业转让无形资产使用权、出售不需用原材料等，属于与经济活动相关的活动，由此产生的经济利益的总流入也构成收入。

收入形成于企业日常活动的特征使其与产生于非日常活动的利得相区分。日常活动不是偶发性的活动，利得是偶发性的，因此，收入是日常的，利得是非日常的。比如，企业处置固定资产、无形资产等活动，不是企业为完成其经营目标所从事的经常性活动，也不属于与经常性活动相关的活动，由此产生的经济利益的总流入不构成收入，应当确认为营业外收入。

利得是指由企业非日常活动所形成的、会导致所有者权益增加的、与所有者投入资本无关的经济利益的流入，工业企业处置固定资产、无形资产等形成的经济利益的总流入不属于收入，应确认为利得（营业外收入）。

（2）收入会导致所有者权益的增加。收入可能表现为企业资产的增加，也可能表现为企业负债的减少，或者二者兼而有之，最终导致所有者权益的增加，也正是因为如此，收入区别于负债。在不考虑费用的情况下，收入的确认会导致企业所有者权益的增加。因为收入形成的经济利益总流入的形式多种多样，既可能表现为资产的增加，如增加银行存款、应收账款、应收票据等，也可能表现为负债的减少，如预收账款、应付账款的减少等，还可能表现为两者的组合，如销售实现时，部分冲减预收账款，部分增加银行存款。收入形成的经济利益总流入表现为资产增加或负债减少或两者兼而有之三种形式，根据“资产＝负债—所有者权益”的会计等式，在不考虑费用的情况下，收入一定能增加所有者权益。如果考虑费用因素，收入扣除与之相配比的费用后的净额可能增加所有者权益，也可能减少所有者权益。

（3）收入是与所有者投入资本无关的经济利益的总流入。经济利益的流入有时是所有者投入资本的增加所致，所有者投入资本的增加不应当确认为收入，而应当将其直接确认为所有者权益。

此外，收入只包括本企业经济利益的流入，不包括为第三方或客户代收的款项。为第三方或客户代收的款项，如代收的增值税、代收利息等。代收的款项，一方面增加企业的资产，另一方面增加企业的负债，因而不增加企业的所有者权益，也不属于本企业的经济利益，不能作为企业的收入。所有者投入资本主要是为谋求享有企业资产的剩余权益，由此形成的经济利益的总流入，不是企业日常活动形成的经济利益总流入，因此不构成收入，而应确认为企业所有者权益的组成部分。

3. 收入的分类

（1）收入按企业从事的日常活动的性质不同，可以分为销售商品收入、提供劳务收入和让渡资产使用权收入。

①销售商品收入。销售商品收入是指企业通过销售商品实现的收入，这里的商品包括制造企业自己生产的产品、商品流通企业为转售而采购的商品。企业销售的其他存货，如原材料和包装物等，也视同商品。

②提供劳务收入。提供劳务收入是指企业通过提供劳务实现的收入，包括提供运输服务、旅游服务、代理服务、培训服务、咨询服务、产品安装服务等实现的收入。

③让渡资产使用权收入。让渡资产使用权收入是指企业让渡资产使用权实现的收入。在不同的企业，让渡资产使用权收入的形式可能不同，但可以概括为利息收入和使用费

收入。利息收入主要是指金融企业对外贷款形成的利息收入，以及同业之间发生往来形成的利息收入等；使用费收入主要是指企业出租固定资产、包装物、低值易耗品、无形资产等取得的收入。出租使用权的收入就是让渡资产使用权收入。

（2）收入按经营业务的主次不同，分为主营业务收入和其他业务收入。主营业务收入是指企业为完成其经营目标所从事的经济活动所实现的收入。其他业务收入是指企业为完成其他经营目标而从事的与经常性活动相关的活动实现的收入。划分主营业务收入和其他业务收入，不同的企业有所不同，要根据经营业务的主次做具体的判断。例如，工业企业购入材料是为了生产产品，销售产品实现的收入就是主营业务收入，销售多余或变质材料实现的收入就是其他业务收入。

（二）销售业务会计系统控制

一是企业应当加强对销售、发货、收款业务的会计系统控制，详细记录销售合同、销售通知、发运凭证、商业票据、款项收回等情况，确保会计记录、销售记录与仓储记录核对一致。财会部门开具发票时，应当依据相关单据（计量单、出库单、月销售通知单等）并经相关岗位审核。销售发票应遵循有关发票管理规定，严禁开虚假发票。财会部门对销售报表等原始凭证审核销售价格、数量等，并根据国家统一的会计准则制度确认销售收入，登记入账。财会部门与相关部门月末应核对当月销售数量，保证各部门销售数量的一致性。

二是建立应收账款清收核查制度，销售部门应定期与客户对账，并取得书面对账凭证，财会部门负责办理资金结算并监督款项回收。

三是及时收集应收账款相关凭证资料并妥善保管；及时要求客户提供担保；对未按时还款的客户，采取申请支付令、申请诉前保全和起诉等方式及时清收欠款。对收回的非货币性资产应经评估和恰当审批。

四是企业对可能成为坏账的应收账款，应当按照国家统一的会计准则规定计提坏账准备，并按照权限范围和审批程序进行审批。对确定发生的各项坏账，应当查明原因，并在履行规定的审批程序后做出会计处理。企业核销的坏账应当进行备查登记，做到账销案存。已核销的坏账又收回时应当及时入账，防止形成账外资金。

二、销售收入的核算

（一）商品销售的范围

商品包括企业为销售而生产的产品和为转售而购进的商品，如工业企业生产的产品、商业企业购进的商品等。企业销售的其他存货，如原材料、包装物等，也视同企业的商品。

商品销售仅包括以取得货币资产方式进行的销售商品，以及正常情况下的以商品抵偿债务的商品销售，不包括非货币性资产交换、期货、债务重组中的销售商品交易。企业以商品进行投资、捐赠及自用等，会计上均不作为销售商品处理，应按成本结转。

（二）确认销售商品收入

销售商品是企业的主营业务，是企业利润的主要源泉，企业应加强核算。但在实际经营活动中，可能存在多种销售条件、多种销售形式，这就产生了如何确认收入实现的问题。因此，收益核算岗位的会计人员首先应确认销售情况、收入是否实现，然后才进行账务处理。

销售商品收入同时满足下列条件时，才能予以确认：

（1）企业已将商品所有权上的主要风险和报酬转移给购货方。这是构成确认销售商品、收入的重要条件，指的是与商品所有权有关的主要风险和报酬同时转移。与商品所有权有关的风险是指商品可能发生减值或毁损等形成的损失；与商品所有权有关的报酬是指商品价值增值或通过使用商品等产生的经济利益。判断企业是否已将商品所有权上的主要风险和报酬转移给购货方，应当关注交易的实质，并结合所有权凭证的转移进行判断。通常情况下，转移商品所有权凭证并交付实物后，商品所有权上的主要风险和报酬随之转移，如大多数零售商品。在某些情况下，转移商品所有权凭证但未交付实物，商品所有权上的主要风险和报酬随之转移，企业只保留了次要风险和报酬，如交款提货方式销售情况。有时，已交付实物并未转移商品所有权凭证，商品所有权上的主要风险和报酬未随之转移，如采用支付手续费方式委托代销的商品，在发出商品时就不能确认收入。

（2）企业既没有保留通常与所有权相联系的继续管理权，也没有对已售出的商品实施有效控制。企业将商品所有权上的主要风险和报酬转移给买方后，如仍然保留通常与所有权相联系的继续管理权，或仍然对售出的商品实施控制，则此项销售不能成立，不能确认相应的销售收入，如售后租回，=。如企业对售出的商品保留了与所有权相关的管理权，则不受本条件的限制。

（3）相关的经济利益很可能流入企业。当销售商品＝价款收回的可能性超过50%时，便可认定经济利益很可能流入企业。企业在销售商品时，如估计销售价款收回的可能性小于50%，即使收入确认的其他条件已满足，也不能确认收入。如企业销售商品时已了解到买方信誉较差，或买方资金周转十分困难等，就属于这种情况。

（4）收入的金额能够可靠的计量。这是确认收入的基本前提。一般情况下，企业销售商品时，数量和价格已经确定，金额也就能够计量。但由于销售过程中某些不确定因素的影响，也可能导致销售价格发生变动的情况，新价格未确定之前就不能确认商品销售收入。

（5）相关的已发生或将发生的成本能够可靠的计量。，企业在销售商品时，如果商品的成本不能可靠计量，即使收入的金额能可靠地计量，企业也不能确认商品销售收入。这是收入与费用配比原则的要求，如预收货款购进商品再销售给对方，在收到货款时，就不能确认收入。

企业应当按照从购货方已收或应收的合同或协议价款确定商品销售收入金额，已收或应收的合同或协议价款显失公允的除外。应收的合同或协议价款与其公允价值相差较大的，应按照应收的合同或协议价款的公允价值确定销售商品收入金额，应收的合同或协议价款与其公允价值之间的差额，应当在合同或协议期间内采用实际利率法进行摊销，计入当期损益（利息收入）。

（三）通常情况下销售商品的核算

一般销售商品业务，是指企业自己直接销售，且在销售时没有折扣、折让及预收货款等条件的销售。通常情况下，从购货方已收或应收的合同或协议价款即为其公允价值，应当以此确定销售商品收入的金额，确认收入并结转相关成本。

如果企业售出商品不符合销售商品收入确认的五个条件，则不能确认收入。由于商品已经发出，库存商品已不再存在于本企业，因此应将商品成本转出。此时，需设置“发出商品”科目，用来核算已经发出但尚未确认收入的商品成本。

1. 无折扣、折让等销售商品的账务处理

（1）一般纳税人确认销售商品收入的账务处理

借：银行存款 / 应收账款 / 应收票据 / 预收账款等

贷：主营业务收入（已收或应收的合同或协议价款的公允价值）

应交税费——应交增值税（销项税额）（应收取的增值税额）

银行存款（代购货单位垫付的包装费、运杂费）

（2）同时或在资产负债表日计算营税金及附加时的账务处理

借：税金及附加

贷：应交税费——应交消费税 / 应交资源税 / 应交城市维护建设税 / 应交教育费附加等（应交纳的税费金额）

（3）同时或在资产负债表日结转销售成本时的账务处理

借：主营业务成本（结转的已确认销售的商品成本）

贷：库存商品

企业应在确认收入的同时或同一会计期间结转相关的成本。通常情况下，企业应在月份终了汇总结转已销商品实际成本。结转成本时应注意两个问题，第一，在收入确认的同一会计期间，相关的成本必须结转；第二，如一项交易的收入尚未确认，即使商品已经发出，成本也不能结转。产品出库时，应填制“产品出库单（记账联）”。商品采用实际成本计价的，应采用先进先出法、月末一次加权平均法、移动加权平均法、个别计价法等方法计算确定应结转的已销商品实际成本。

商品采用计划成本或售价核算的，在结转计划成本或售价的同时，还应结转售出商品应负担的成本差异或进销差价，将计划成本或售价调整成实际成本。如已计提跌价准备的存货，因销售、债务重组、非货币性资产交换等结转存货跌价准备冲减当期主营业务成本或其他业务成本。

2. 销售商品涉及现金折扣、商业折扣、销售折让的账务处理

企业销售商品有时会遇到现金折扣、商业折扣、销售折让等问题，应当分不同情况进行处理。

（1）商业折扣。商业折扣是指企业为促进商品销售而在商品标价上给予的价格扣除。企业销售商品涉及商业折扣的，应当按照扣除商业折扣后的金额确定销售商品收入金额。

（2）现金折扣。现金折扣是指债权人为鼓励债务人在规定的期限内付款而向债务人提供的债务扣除。企业销售商品涉及现金折扣的，应当按照扣除现金折扣前的金额确定销售商品收入金额。现金折扣在实际发生时计入“财务费用”账户。

根据现行会计准则对现金折扣应采用总价法核算，即销售商品涉及现金折扣的，应当按照扣除现金折扣前的金额来确认销售商品收入金额。现金折扣实际上是企业为了尽快回笼资金而发生的理财费用，在实际发生时计入当期损益，列入财务费用。现金折扣一般用符号“折扣率 / 付款期限”表示，如“2/10，1/10，n/10”表示；购货方如在 10 天内付款，销货方将给予对方 2% 的折扣；如在 20 天内付款，则给予 1% 的折扣；如在 21~30 天内付款，将不给予折扣。

（3）销售折让。销售折让是指企业因售出商品的质量、规格等不符合要求而在售价上给予的减让。销售折让如发生在确认销售收入之前，则应直接按扣除销售折让后的金额确认销售收入；已经确认销售商品收入的售出商品发生销售折让，且不属于资产负债表日后事项的，应当在发生时冲减当期销售商品收入。如按规定允许扣减增值税税额的，还应冲减已确认的销项税额。对于销售折让，企业应分别不同情况进行处理：

①发生在收入确认之前的销售折扣，应按扣除折旧后的实际价款确认当期销售商品收入。

②已确认收入的售出商品发生销售折让的，通常应当在发生时冲减当期销售商品收入。

③已确认收入的销售折让属于资产负债表日后事项的，应当按照有关资产负债表日后事项的相关规定进行处理。

④发生销售折让时，如按规定允许扣减当期销项税额的，应同时扣减当期销项税额。

发生销售折让时，购货方应向当地税务机关索取“进货退出或索取折让证明单”，

将证明联转交销货方，由销货方开具红字增值税专用发票。本证明单一式三联（第一联，征收机关留存；第二联，交销货单位；第三联，购货单位留存）。

已确认收入的售出商品发生销售折让时，账务处理如下：

借：主营业务收入（冲减的当期销售商品收入）

应交税费——应交增值税（销项税额）（允许扣减的当期销项税额）

贷：应收账款

（四）销售退回及附有销售退回条件的商品销售的账务处理

1. 销售退回的账务处理

销售退回是指企业售出的商品由于质量、品种不符合要求等原因而发生的退货，企业应区分不同情况进行处理：

（1）未确认收入的已发出商品退回的账务处理

退回的已售商品如没有确认销售收入，则只需冲减“发出商品”科目，同时增加“库存商品”

借：库存商品

贷：发出商品（原计入“发出商品”账户的商品成本金额）

采用计划成本或售价核算的，应按计划成本或售价计入“库存商品”账户，同时计算商品成本差异或商品进销差价。若增值税纳税义务已发生，同时冲减“应交税费——应交增值税（销项税额）”账户原入账金额。

（2）已确认收入的商品销售退回的账务处理

对于已确认收入的售出商品发生退回的，企业一般应在发生时冲减当期销售商品收入，同时冲减当期销售商品成本。如该项销售退回已发生现金折扣的，应同时调整“财务费用”账户的相应金额；如该项销售退回允许扣减增值税额的，应同时调整“应交税费——应交增值税（销项税额）”账户的相应金额。账务处理如下：

借：主营业务收入（销售退回冲减的主营业务收入的金额）

应交税费

贷：银行存款 / 应收账款（已付或应付的金额）

财务费用（原提供的现金折扣金额）

借：库存商品（退回商品的成本）

贷：主营业务成本

已确认收入的售出商品发生的销售退回属于资产负债表日后事项的，应当按照有关资产负债表日后事项的相关规定进行会计处理。

2. 附有销售退回条件的商品销售的账务处理

附有销售退回条件的商品销售，是指购买方依照有关协议有权退货的销售方式。在这种销售方式下，企业根据以往经验能够合理估计退货可能性且确认与退货相关负债的，通常应在发出商品时确认收入；企业不能合理估计退货可能性的，通常应在售出商品退货期满时确认收入。

企业根据以往经验能够合理估计退货可能性的，确认估计的销售退回时，按估计的销售收入退回的金额，借记“主营业务收入”账户，按估计的销售收入退回对应的销售成本金额，贷记“主营业务成本”账户，差额贷记“预计负债”账户。

预收款销售方式下，在预收到货款时，商品尚未转移给购货方，商品所有权上的主要风险和报酬也还未转移，因此，不能确认收入，只能将预收的款项确认为“预收账款”，等到收到最后一笔款项并交付商品时，才确认收入，并用预收款项冲抵应收款项，多退少补。

委托代销是指销售方以支付手续费方式将商品委托给另一方代其销售。在这种销售方式下，委托方发出商品时，商品所有权上的主要风险和报酬均未转移，只有在收到受托方开出的代销清单并向受托方开具增值税专用发票时，才能证明商品销售实现并确认商品销售收入、结转商品销售成本，同时将支付的代销手续费计入销售费用。为了反映委托代销发出商品的成本，委托方需设置“委托代销商品”科目。对于受托方，收到的商品并非本企业所有，不能在“库存商品”中核算，此时应设置“受托代销商品”和“受托代销商品款”两个科目，并按售价核算。在实现销售时，由于销售的不是本企业的商品，不能确认收入，应结转受托代销商品，并确认销项税额。在收到委托方开具的增值税专用发票时，再确认进项税额。收到的代销手续费应作为“其他业务收入”处理。

企业在日常活动中，还可能发生对外销售不需用的原材料、随同商品对外销售单独计价的包装物等业务，这些销售业务收入确认和计量原则比照商品销售，其收入记入“其他业务收入”，如销售材料、出租包装物和商品、出租固定资产、出租无形资产等实现的收入；结转的相关成本记入“其他业务成本”，如销售材料的成本、出租固定资产的折旧额、出租无形资产的摊销额、出租包装物的成本或摊销额等。如果企业存货按计划成本核算，结转成本时还应结转其材料成本差异。

（五）具有融资性质的分期收款销售商品的账务处理

分期收款销售，是指商品已经交付，但货款分期收回的销售方式。在这种销售方式下，企业将商品交付给购货方，通常表明与商品所有权有关的风险和报酬已经转移给购货方，在满足收入确认的其他条件时，应当确认收入。按照合同约定的收款日期分期收回货款，强调的是一个结算时点，与风险和报酬的转移没有关系。因此，企业不应当按照合同约定的收款日期确认收入。

如果延期收取的货款具有融资性质，其实质是企业向购货方提供信贷，在符合收入确认条件时，企业应当按照应收的合同或协议价款的公允价值确定收入金额。应收的合同或协议价款的公允价值，通常应当按照其未来现金流量现值或商品现销价格计算确定。

应收的合同或协议价款与其公允价值之间的差额，应当在合同或协议期间内，按照应收款项的摊余成本和实际利率计算确定的金额进行摊销，作为财务费用的抵减处理。其中，实际利率是指具有类似信用等级的企业发行类似工具的现时利率，或者将应收的合同或协议价款折现为现销价格时的折现率等。

（六）特殊销售商品收入的核算

1. 需要安装和检验的商品销售

售出的商品需要经过安装、检验等过程，购买方在接受交货以及安装和检验完毕前一般不应确认收入，但如果安装程序比较简单，或检验是为最终确定合同价格而必须进行的程序，则可以在商品发出时或在商品装运时确认收入。

2. 订货销售

订货销售，是指已收到全部或部分货款而库存没有现货，需要通过制造等程序才能将商品交付购买方的销售方式。在这种销售方式下，应在商品交付给购买方时确认销售收入的实现，预收的货款作为一项负债，计入“预收账款”或“应收账款”账户。

3. 以旧换新销售

以旧换新销售，是指销售方在销售商品的同时回收与所售商品相同的旧商品。销售商品采用以旧换新方式的，销售的商品应当按照销售商品收入确认条件确认收入，回收的商品作为购进商品处理。

4. 售后回购

售后回购是指销售商品的同时，销售方同意日后将同样或类似的商品购回的销售方式。在这种方式下，销售方应根据合同或协议的条款判断企业是否已将商品所有权上的主要风险和报酬转移给购货方，以确定是否确认销售商品收入。通常情况下，售后回购交易属于融资交易，商品所有权上的主要风险和报酬没有转移，企业不应确认收入。回购价格大于原售价的差额，企业应在回购期间按期计提利息，计入“财务费用”账户。

5. 售后租回

售后租回，是指资产卖主（承租人）将资产出售后再从买主（出租人）处租回的交易。售后交易应认定为融资租赁或经营租赁。一般情况下，售后租回不应确认收入。

三、其他业务收入的核算

其他业务是指主营业务以外的其他日常活动，可以通过企业营业执照上注明的兼营业务来确定。例如，工业企业的材料销售、提供非工业性劳务等。在实际工作中，如果营业，上注明的兼营业务量较大，且为经常性发生的收入，也可归为主营业务收入。其他业务形成的收入，通常设置“其他业务收入”“其他业务成本”账户核算。

“其他业务收入”账户核算企业确认的除主营业务活动以外的其他经营活动实现的收入，包括出租固定资产、出租无形资产、出租包装物和商品、销售材料、不需用材料进行非货币性交换（非货币性资产交换具有商业实质且公允价值能够可靠计量）或债务重组等实现的收入。

“其他业务成本”账户核算企业确认的除主营业务活动以外的其他经营活动所发生的支出，包括销售材料的成本、出租固定资产的折旧额、出租无形资产的摊销、出租包装物的成本或摊销额等。采用成本模式计量投资性房地产的，其投资性房地产计量折旧额或摊销额也通过本账户核算。

其他经营活动发生的相关税费，在“税金及附加”账户核算。其他业务销售核算的账务处理：

（1）一般纳税人确认其他业务收入时，账务处理如下：

借：银行存款 / 应收账款 / 应收票据 / 预收账款等

　　贷：其他业务收入（已收或应收的合同或协议价款的公允价值确定的收入金额）

　　　　应交税费——应交增值税（销项税额）（应收取的增值税额）

（2）同时或在资产负债表日计算税金及附加时，账务处理如下：

借：税金及附加

　　贷：应交税费——应交消费税 / 应交资源税 / 应交城市维护建设税 / 应交教育费附加等（应交纳的税费金额）

（3）同时或在资产负债表日结转其他业务成本时，账务处理如下：

借：其他业务成本（结转已确认的其他业务成本）

　　贷：原材料等

四、提供劳务收入的核算

提供劳务的种类很多，如旅游、运输（包括交通运输、民航运输等）、饮食、广告、理发、照相、洗染、咨询、代理、培训、产品安装等。提供劳务的内容不同，完成劳务的时间也不等，有的劳务一次就能完成，且一般均为现金交易，如饮食、理发、照相等；有的劳务需要用较长一段时间才能完成，如安装、旅游、培训、远洋运输等。因此，劳务收入应分不跨期劳务、跨期劳务进行确认和计量。不跨期劳务是指劳务的开始和完成均在同一个会计期间，其劳务收入应当在劳务完成时予以确认。跨期劳务收入分别提供劳务交易结果能够可靠估计、提供劳务交易结果不能够可靠估计的情况进行处理。

提供劳务的划分标准有多种，为便于会计核算，一般以提供的劳务是否属于同一会计期间作为划分标准，从而把劳务分为在同一会计期间开始并完成的劳务、在不同会计期间开始和完成的劳务。无论是哪一种劳务，根据现行会计准则的规定，企业均应当根据从接受劳务者已收或应收的合同或协议价款确定提供劳务收入总额，已收或应收的合同或协议价款显失公允的除外，即提供劳务收入的计量采用与销售商品收入一样的计量原则：公允价值模式。对于确认的劳务收入，应根据劳务性质（是否属于主营业务）分别作为主营业务收入或其他业务收入处理，结转的相关成本也相应作为主营业务成本或其他业务成本处理。

（一）提供劳务交易结果能够可靠估计的跨期劳务收入的核算

企业在资产负债表日提供劳务交易的结果能够可靠估计的，应当采用完工百分比法确认提供劳务收入。

提供劳务交易的结果能够可靠估计是指同时满足以下个个条件：①收入的金额能够可靠的计量；②相关的经济利益很可能流入企业；③交易的完工进度能够可靠地确定；④交易中已发生和将发生的成本能够可靠的计量。

在实务中，如果特定时期内提供劳务交易的数量不能确定，则该期间的收入应当采用直线法确认，除非有证据表明采用其他方法能更好地反映完工进度。当某项作业相比其他作业都重要得多时，应当在该项重要作业完成之后确认收入。通常，企业在与交易的其他方就以下方面达成协议后，表明能够对交易的结果做出可靠的估计：①关于一方提供劳务和另一方获得劳务的强制执行权；②进行交换的对价；③结算的方式和条件。

（二）完工百分比法确认劳务收入的账务处理

完工百分比法是指按照提供劳务交易的完工进度确认收入和费用的方法。在这种方法下，确认的提供劳务收入金额能够提供各个会计期间关于提供劳务交易及其业绩的有用信息。企业应当在资产负债表日按照提供劳务收入总额乘以完工进度扣除以前会计期间累计已确认提供劳务收入后的金额，确认当期提供劳务收入；同时，按照提供劳务估计总成本乘以完工进度扣除以前会计期间累计已确认劳务成本后的金额，结转当期劳务成本。

提供劳务交易结果能够可靠估计的跨期劳务收入的账务处理。

（1）预收劳务款时账务处理如下：

借：银行存款

　　贷：预收账款（预收的劳务款）

（2）实际发生劳务成本时账务处理如下：

借：劳务成本（实际发生的劳务成本）

　　贷：应付职工薪酬等

（3）资产负债表日，采用完工百分比法确认劳务收入并结转劳务成本时账务处理如下：

借：预收账款

　　贷：主营业务收入（采用完工百分比法计算确认的劳务收入）

借：主营业务成本（采用完工百分比法计算确认的劳务成本）

　　贷：劳务成本

（三）提供劳务交易结果不能够可靠估计的跨期劳务收入的核算

企业在资产负债表日提供劳务交易结果不能够可靠估计的，即不能满足上述四个条件中的任何一条时，企业不能采用完工百分比法确认提供劳务收入。此时，企业应正确预计已经发生的劳务成本能够得到补偿和不能得到补偿，分别进行会计处理。

（1）已经发生的劳务成本预计能够得到补偿的，应按已经发生的能够得到补偿的劳务成本金额确认提供劳务收入，并结转已经发生的劳务成本。

（2）已经发生的劳务成本预计全部不能得到补偿的，应将已经发生的劳务成本计入当期损益，不确认提供劳务收入。

资产负债表日，确认提供劳务交易结果不能够可靠估计的跨期劳务收入时，账务处理如下：

借：预收账款

　　贷：主营业务收入（已经发生的能够得到补偿的劳务成本金额）

借：主营业务成本（已经发生的劳务成本金额）

　　贷：劳务成本

（四）同时销售商品和提供劳务交易的核算

企业与其他企业签订的合同或协议，有时既包括销售商品又包括提供劳务，如销售电梯时负责安装工作、销售软件后继续提供技术支持、设计产品同时负责生产等。此时，如果销售商品部分和提供劳务部分能够区分且能够单独计量的，企业应当分别核对销售商品部分和提供劳务部分，将销售商品的部分作为销售商品处理，将提供劳务的部分计为提供劳务处理；如果销售商品部分和提供劳务部分不能够区分，或虽能区分但不能够计量的，企业应当将销售商品部分和提供劳务部分全部作为销售商品部分进行会计处理。

（五）核算在同一会计期间开始并完成的劳务

对一次就能完成的劳务，企业应在提供劳务完成时按所确定的收入金额，借记“应收账款”“银行存款”等科目，贷记“主营业务收入”或“其他业务收入”科目；对发生的有关支出，借记“主营业务成本”或“其他业务成本”等科目，贷记“银行存款”科目。对持续一段时间、在同一会计期间开始并完成的劳务，企业应在提供的劳务完成时确认收入。有关支出确认为费用之前，企业可增设“劳务成本”科目予以归集，待确认为费用时，再借记“主营业务成本”或“其他业务成本”科目，贷记“劳务成本”科目。

（六）核算在不同会计期间开始和完成的劳务

如劳务的开始和完成分属不同会计期间，应根据企业在资产负债表日提供劳务交易的结果是否能够可靠估计分别进行处理。企业在资产负债表日提供劳务交易的结果能够可靠估计的，应当按照完工百分比法确认提供劳务收入。

企业确定提供劳务交易的完工进度，可以选用下列方法：（1）已完工作的测量，即由专业测量师对已提供的劳务进行测量，并按一定方法计算确定劳务完工进度；（2）已经提供的劳务占应提供的劳务总量的比例；（3）已发生的成本占估计总成本的比例。

如果企业在资产负债表日提供劳务交易结果不能可靠估计，即不能同时满足前述四个条件，不能按完工百分比法确认劳务收入，则应当分别按下列情况处理：（1）已发生的劳务成本预计能够得到补偿，应按已经发生的劳务成本金额确认收入，并按相同金额结转成本；（2）已发生的劳务成本预计不能够得到补偿的，应当将已经发生的劳务成本计入当期损益，不确认提供劳务收入。

五、让渡资产使用权收入的核算

让渡资产使用权收入是指出租、出借资产给他人使用而形成的经济利益的流入，包括让渡无形资产使用权的使用费收入、出租固定资产的租金、进行债权投资收取的利息、进行股权投资取得的现金股利等。

1. 利息收入

利息收入主要是指金融企业对外贷款形成的利息收入，以及同业之间发生往来形成的利息收入等。

2. 使用费收入

使用费收入主要是指企业转让无形资产（如商标权、专利权、专营权、软件、版权）等资产的使用权形成的使用费收入。企业对外出租资产收取的租金、进行债权投资收取的利息、进行股权投资取得的现金股利，也构成让渡资产使用权收入。

让渡资产使用权的使用费收入金额，应按有关合同或协议约定的收费时间和方法计算确定：（1）如果合同或协议规定一次性收取使用费，不提供后续服务的，应当视同销售该项资产，一次性确认收入；如提供后续服务，应在合同或协议规定的有效期内分期确认收入。（2）如果合同或协议规定分期收取使用费的，应按合同或协议规定的收款时间和金额或规定的收费方法计算确定的金额分期确认收入。企业确认的让渡资产使用权的使用费收入，一般作为“其他业务收入”处理；让渡资产使用权所计提的摊销额或折旧额等，一般作为“其他业务成本”处理；涉及增值税的，应通过“营业税金及附加”处理。对于利息收入金额，按照他人使用本企业货币资金的时间和实际利率计算确定；对于现金股利收入金额，按照被投资单位宣告的现金股利分配方案和持股比例计算确定。

3. 让渡资产使用权收入的确认条件

让渡资产使用权收入同时满足下列条件的，才能予以确认：

（1）相关的经济利益很可能流入企业；

（2）收入的金额能够可靠的计量。

六、政府补助收入

政府补助是指企业从政府无偿取得的货币性资产或非货币性资产，但不包括政府作为企业所有者投入的资本。其中，“政府”包括各级人民政府及政府组成部门（如财政、卫生部门）、政府直属机构（如税务、环保部门）等，联合国、世界银行等类似国际组织，也视同为政府。

1. 政府补助的特征

（1）无偿性。无偿性是政府补助的基本特征。政府无偿地补助企业，企业不需要以服务、转让资产等方式偿还。

（2）条件性。政府补助通常附有一定的条件，主要包括政策条件和使用条件。政府补助具有很强的政策性，只有符合政府补助政策规定的企业才能申报政府补助。当然，并非申报了就一定能取得政府补助；企业已获批准取得政府补助的，应当按照政府相关文件等规定的用途使用政府补助。否则，政府有权按规定责令其改正、终止资金拨付，甚至收回已拨付的资金。

（3）非资本性。政府的资本性投入无论采取何种形式，均不属于政府补助的范畴。因为政府以所有者身份向企业投入资本，享有企业相应的所有权，企业有义务向投资者分配利润，政府与企业之间是投资者与被投资者的关系，属于互惠交易。

（4）资产性。不涉及资产直接转移的经济支持不属于政府补助准则规范的政府补助，比如政府与企业间的债务豁免，除税收返还外的税收优惠，如直接减征、免征、增加计税抵扣额、抵免部分税额、增值税出口退税等。

2. 政府补助的主要形式

（1）财政拨款。这是政府为了支持企业而无偿拨付的款项。为了体现财政拨款的政策引导作用，这类拨款通常具有严格的政策条件，只有符合申报条件的企业才能申请拨款；同时，附有明确的使用条件，政府在批准拨款时就规定了资金的具体用途，企业必须按规定用途使用资金。

（2）财政贴息。这是政府为了支持特定领域或区域发展，根据国家宏观经济形势和政策目标，对承贷企业的银行贷款利息给予的补贴。财政贴息主要有两种方式：一是财政将贴息资金直接支付给受益企业；二是财政将贴息资金直接拨付贷款银行，由贷款银行以低于市场利率的优惠利率向企业提供贷款。

（3）税收返还。这是指政府按照国家有关规定采取先征后返（退）、即征即退等办法向企业返还的税款，属于以税收优惠形式给予的一种政府补助。

（4）无偿划拨非货币性资产。属于无偿划拨非货币性资产的情况主要有无偿划拨土地使用权、天然起源的天然林等。实务中这种情况已经很少。

3. 政府补助的分类

（1）与资产相关的政府补助。企业取得的、用于构建或以其他方式形成长期资产的政府补助称为与资产相关的政府补助，如政府拨付的用于企业购买无形资产的财政拨款、政府对企业用于建造固定资产的相关贷款给予的财政贴息等。这类补助一般以银行转账的方式拨付，企业应当在实际收到款项时按照到账的实际金额确认和计量；在很少的情况下，也可能表现为政府向企业无偿划拨长期非货币性资产，企业应当在实际取得资产并办妥相关受让手续时按照其公允价值确认和计量，公允价值不能可靠取得的，按照名义金额（1 元人民币）计量。

（2）与收益相关的政府补助。这是指除与资产相关的政府补助之外的政府补助，如按照有关规定对企业先征后返的增值税、储备粮的存储费用补贴等。这类补助通常以银行转账方式拨付。企业应当在实际收到款项时按照到账的实际金额确认和计量。只有存在确凿证据表明该项补助是按照固定的定额标准拨付的，才可以在这项补助成为应收款时予以确认并按照应收的金额计量。

（3）与资产和收益均相关的政府补助。政府补助的对象常常是综合性项目，既包括设备等长期资产的处置，也包括人工费、购买服务费、管理费等费用化支出的补偿，这种政府补助与资产和收益均相关。例如，企业获得的研发补贴，既可用于购置该研发项目所需设备，又可购买试剂、支付劳务费等。

4. 核算与收益相关的政府补助

与收益相关的政府补助应当在其补偿的相关费用或损失发生的期间计入当期损益，即用于补偿企业以后期间费用或损失的，在取得时先确认为递延收益，然后在确认相关费用的期间计入当期营业外收入；用于补偿企业已发生的费用或损失的，取得时直接计入当期营业外收入。

企业在日常活动中按照固定的定额标准取得的政府补助，应当按照应收金额计量，借记“其他应收款”科目，贷记“营业外收入”（或“递延收益”）科目。不确定的或者在非日常活动中取得的政府补助，应当按照实际收到的金额计量，借记“银行存款”科目，贷记“营业外收入”（或“递延收益”）科目。涉及按期分摊递延收益的，借记“递延收益”科目，贷记“营业外收入”科目。

5. 核算与资产相关的政府补助

企业取得与资产相关的政府补助，不能全额确认为当期收益，应当随着相关资产的使用逐渐计入以后各期的收益。也就是说，这类补助应当在实际收到款项时，按照到账的实际金额，借记“银行存款”科目，贷记“递延收益”科目。将政府补助用于购建长期资产时，相关长期资产的购建与企业正常的资产购建或研发处理一致，通过“在建工程”“研发支出”等科目归集，完成后转为固定资产或无形资产。自相关长期资产可供使用时起，在相关资产计提折旧或摊销时，按照长期资产的预计使用期限，将递延收益平均分摊转入当期损益，借记“递延收益”科目，贷记“营业外收入”科目。相关资产在使用寿命结束时或结束前被处置（出租、转让、报废等）的，尚未分摊的递延收益余额应当一次性转入资产处置当期的收益，不再予以递延。

第二节　费用的核算

一、费用的基础知识

（一）费用的概念

费用是指企业在日常活动中发生的、会导致所有者权益减少的、与向所有者分配利润无关的经济利益的总流出。

（二）费用的确认条件

费用的确认除了应当符合定义外，至少应当符合以三个下条件：一是与费用相关的经济利益应当很可能流出企业；二是经济利益流出企业的结果会导致资产的减少或者负债的增加；三是经济利益的流出额能够可靠计量。

（三）费用的特点

费用是与收入相配比的，并具有以下特点：

（1）费用是企业在日常活动中发生的经济利益的总流出。日常活动是指企业为完成其经营目标所从事的经济活动以及与之相关的其他活动，如工业企业制造并销售产品、商业企业购买并销售商品、咨询公司提供咨询服务等活动中发生的经济利益的总流出。工业企业对外出售不需用的原材料结转的材料成本等，也属于费用。需要注意的是，企业处置固定资产、无形资产等非流动资产，因违约支付罚款、对外捐赠，因自然灾害等非常原因造成财产毁损等，这些活动或事项形成的经济利益的总流出属于企业的损失而不是费用。

（2）费用会导致企业所有者权益的减少。费用的发生，既可能表现为资产的减少，如减少银行存款、库存商品等，也可能表现为负债的增加，如增加应付职工薪酬、应交税费等，根据会计恒等式“资产 = 负债 + 所有者权益”，费用一定会导致企业所有者权益的减少。不减少所有者权益的支出就不构成费用，如用银行存款偿还负债，只是资产和负债的减少，没有减少所有者权益，银行存款的支出就不构成费用。

（3）费用与向所有者分配利润无关。向所有者分配利润或股利属于企业利润分配的内容，不构成企业的费用。

（四）费用的主要内容

企业的费用按不同标准可以分为不同的种类，但其主要内容包括主营业务成本、其他业务成本、税金及附加、期间费用（销售费用、管理费用、财务费用）。

（1）主营业务成本。主营业务成本是指企业销售商品、提供劳务等经常性活动所发生的成本。企业一般在确认销售商品、提供劳务等主营业务收入时，或在月末将已销售商品、已提供劳务的成本结转入主营业务成本。

（2）其他业务成本。其他业务成本是指企业确认的除主营业务活动以外的其他经营活动所发生的成本，包括销售材料的成本、出租固定资产的折旧额、出租无形资产的摊销额、出租包装物的成本或摊销额等。

（3）税金及附加。税金及附加是指企业经营活动应负担的相关税费，包括消费税、城市维护建设税、资源税和教育费附加等。

（4）销售费用。销售费用是指企业在销售商品和材料、提供劳务过程中发生的各项费用，包括企业在销售商品过程中发生的保险费、包装费、展览费和广告费、商品维修费、预计产品质量保证损失、运输费、装卸费，以及为销售本企业商品而专设的销售机构的职工薪酬、业务费、折旧费等经营费用。企业发生的与专设销售机构相关的固定资产修理费用等后续支出，应在发生时计入销售费用。

（5）管理费用。管理费用是指企业为组织和管理生产经营活动而发生的各种管理费用，包括企业在筹建期间发生的开办费、董事会和行政管理部门在企业的经营管理中发生的或者应由企业统一负担的公司经费（包括行政管理部门职工薪酬、物料消耗、低值易耗品摊销、办公费和差旅费）、董事会费（包括董事会成员津贴、会议费和差旅费等）、聘请中介机构费、咨询费（含顾问费）、诉讼费、业务招待费、房产税、车船税、土地使用税、印花税、技术转让费、矿产资源补偿费、研究费用、排污费等。企业行政管理部门等发生的固定资产修理费用等后续支出，应在发生时计入管理费用。

（6）财务费用。财务费用是指企业为筹集生产经营所需资金等而发生的筹资费用，包括利息支出（减利息收入）、汇兑损益，以及相关的手续费、企业发生或收到的现金折扣等。企业应通过“财务费用”科目核算财务费用的发生、结转情况。借方登记企业发生的各项财务费用，贷方登记收到利息或折扣等冲减的财务费用及期末结转到“本年利润”科目的财务费用，期末结转后该科目应无余额。在实务中应按财务费用的费用项目进行明细核算。

二、生产费用的核算

“生产费用”账户核算生产企业进行工业性生产发生的各项生产成本，包括生产各种产品（产成品、自制半成品等）、自制材料、自制工具、自制设备等。

”制造费用“账户核算企业生产车间（部门）为生产产品和提供劳务而发生的各项间接费用，包括生产车间（部门）管理人员的职工薪酬、折旧费、办公费、水电费、机物料消耗、劳动保护费、季节性和修理期间的停工损失、为生产产品发生的符合资本化条件的借款费用等。

企业发生各项直接生产费用时，账务处理如下：

借：生产成本——基本生产成本 / 生产成本——辅助生产成本 / 制造费用 / 管理费用 / 销售费用 / 其他业务成本等

　　贷：原材料 / 库存现金 / 银行存款 / 应付职工薪酬等（发生的各项费用要素支出）

辅助生产成本归集后，进行辅助生产成本分配时，账务处理如下：

借：生产成本——基本生产成本 / 制造费用——基本生产车间 / 管理费用 / 销售费用 / 其他业务成本等

　　贷：生产成本——辅助生产成本

基本生产车间应负担的制造费用归集后，进行制造费用分配时，账务处理如下：

借：生产成本——基本生产成本

　　贷：制造费用——基本生产车间

期末，确定和结转完工产品成本时，账务处理如下：

借：库存商品

贷：生产成本——基本生产成本

三、期间费用的核算

（一）销售费用的核算

“销售费用”账户核算企业在销售商品和材料、提供劳务的过程中发生的各种费用，包括保险费、包装费（包括包装、销售本企业产品或有助于产品销售而发生的各种包装费用。如专设的产品包装车间所发生的各种包装费用、出售产品时领用的各种包装材料的价值、随同产品出售而不单独计价的包装物的价值、出借包装物的价值摊销等）、展览费和广告费、商品维修费、预计产品质量保证损失、运输费、装卸费，以及为销售本企业商品而专设的销售机构（含销售网点、售后服务网点等）的职工薪酬、业务费、折旧费等经营费用。

（二）管理费用的核算

1. 管理费用核算的内容

“管理费用”账户核算企业为组织和管理企业生产经营所发生的管理费用，包括企业在筹建期间发生的开办费、董事会和行政管理部门在企业的经营管理中发生的或者应由企业统一负担的公司经费（包括行政管理部门职工薪酬、物料消耗、低值易耗品摊销、办公费和差旅费等）、董事会费（包括董事会成员津贴、会议费和差旅费等）、聘请中介机构费、咨询费（含顾问费）、诉讼费、业务招待费、房产税、车船税、土地使用税、印花税、技术转让费、矿产资源补偿费、研究费、排污费、高危行业企业提取的安全生产费、企业生产车间和行政管理部门发生的固定资产修理费用、企业辞退福利及以现金结算的股份支付等。

2. 管理费用核算账户

“管理费用”账户主要用于核算企业为组织和管理企业生产经营所发生的管理费用。企业应通过“管理费用”科目核算管理费用的发生和结转情况。该科目借方登记企业发生的各项管理费用，贷方登记期末转入“本年利润”科目的管理费用，结转后该科目应无余额。在实际工作中应按管理费用的费用项目进行明细核算。

（三）财务费用的核算

“财务费用”账户核算企业为筹集生产经营所需资金等而发生的筹资费用，包括利息支出（减利息收入）、汇兑损益以及相关的手续费、企业发生或收到的现金折扣等。为购建或生产满足资本化条件的资产发生的应予资本化的借款费用，在“在建工程”“制造费用”等账户核算。

企业应通过“财务费用”科目核算财务费用的发生和结转情况。借方登记企业发生的各项财务费用，贷方登记收到利息或折扣等冲减的财务费用及期末结转到“本年利润”科目的财务费用，期末结转后该科目应无余额。在实务中应按财务费用的项目进行明细核算。

第三节　利润的核算

一、利润的基础知识

（一）利润的定义

利润是指企业在一定会计期间的经营成果。利润的变化通常影响企业所有者权益的增减变动，利润是评价企业管理层业绩的一项重要指标，也是投资者等财务报告使用者进行决策时的重要参考。

（二）利润的来源构成

利润包括收入减去费用后的净额、直接计入当期利润的利得和损失等。其中，收入减去费用后的净额反映的是企业日常活动的经营业绩，直接计入当期利润的利得和损失是企业非日常活动取得的。企业应当严格区分收入和利得、费用和损失，以更加全面地反映企业的经营成果。

（三）利润的确认条件

利润反映的是收入减去费用、加上直接计入当期利润的利得、减去直接计入当期利润的损失后的净额，因此，利润的确认主要依赖于收入和费用以及利得和损失的确认，其金额的确定也主要取决于收入、费用、利得、损失金额的计量。利润区别于综合收益，综合收益=已确认已实现的损益（净利润）+已确认未实现的利得和损失（其他综合收益），其他综合收益反映企业根据企业会计准则规定未在损益中确认的各项利得和损失扣除所得税影响后的净额。

利润是企业一定会计期间的经营成果，也是一定期间收入和支出配比的结果。对利润进行核算，可以及时反映企业在一定会计期间的经营业绩和获利能力，反映企业的投入产出效率和经济效益，有助于企业投资者和债权人据此进行盈利预测，做出正确的决策。

利润是反映企业的投入产出，评价企业经营绩效的重要指标，根据现行企业会计准则的规定，利润包括收入减去费用后的净额、直接计入当期利润的利得和损失等。收入和费用在前面已学习，至于直接计入当期利润的利得和损失，是指应当计入当期损益、会导致所有者权益增减变动的、与所有者投入资本或者向所有者分配利润无关的利得或损失，如现金盘盈、接受捐赠、罚没利得等，一般计入营业外收入或营业支出中。根据利润表的编制要求，利润可分为营业利润、利润总额、净利润。利润相关计算公式如下：

1. 营业利润

营业利润 = 营业收入—营业成本—营业税金及附加—销售费用—财务费用—资产减值损失 + 公允价值变动收益（—公允价值变动损失）—投资收益（—投资损失）

其中，营业收入是指企业经营业务所确认的收入总额，包括主营业务收入和其他业务收入。营业成本是指企业经营业务所发生的实际成本总额，包括主营业务成本和其他业务成本。资产减值损失是指企业计提各项资产减值准备所形成的损失。公允价值变动收益（或损失）是指企业交易性金融资产等公允价值变动形成的应计入当期损益的利得（或损失）。投资收益（或损失）是指企业以各种方式对外投资所取得的收益（或发生的损失）。

2. 利润总额

利润总额 = 营业利润 + 营业外收入—营业外支出

其中，营业外收入是指企业发生的与其日常活动无直接关系的各项利得，主要包括非流动资产处置利得、盘盈利得、罚没利得、捐赠利得、确实无法支付而按规定程序经批准后转作营业外收入的应付款项等。非流动资产处置利得包括固定资产处置利得和无形资产出售利得。盘盈利得主要是指对于清查盘点中盘盈的现金等，无法查明原因并报经批准后转作营业外收入的金额。罚没利得是指企业取得的各项罚款，在弥补由于对违反合同或协议而造成的经济损失后的罚款净收益。

营业外支出是指企业发生的与其日常活动无直接关系的各项损失，主要包括非流动资产处置损失、盘亏损失、罚款支出、公益性捐赠支出、非常损失（自然灾害）等。非流动资产处置损失包括固定资产处置损失和无形资产出售损失。盘亏损失主要是指对于固定资产清查中盘亏的固定资产，在查明原因处理时确定的损失。罚款支出是指企业由于违反税收法规、经济合同等而支付的各种滞纳金和罚款。

企业应通过“营业外收入”科目核算营业外收入的取得和结转情况。该科目贷方登记企业确认的各项营业外收入，借方登记结转入“本年利润”的营业外收入，结转后该科目应无余额。在实际工作中应按营业外收入的项目进行明细核算。

同时，企业应通过“营业外支出”科目核算营业外支出的取得和结转情况。该科目借方登记企业发生的各项营业外支出，贷方登记期末结转入“本年利润”的营业外支出，结转后该科目应无余额。在实际工作中应按营业外支出的项目进行明细核算。

3. 净利润

净利润 = 利润总额—所得税费用

其中，所得税费用是指企业确认的应从当期利润总额中扣除的所得税费用，是企业在计算确认当期所得税以及递延所得税费用（或收益）的基础上，确认的并在利润表中反映的所得税费用（或收益）。

二、利润总额的核算

利润总额又称税前利润，是在营业利润的基础上，加上营业外收入，减去营业外支出后的金额。

（一）营业利润的核算

营业利润是指企业在一定时期内从事生产经营活动取得的利润，是企业利润的主要来源。

营业利润＝营业收入—营业成本—营业税金及附加—销售费用—管理费用—财务费用—资产减值损失＋公允价值变动收益（—公允价值变动损失）＋投资收益（—投资损失）

（二）直接计入当期损益的利得和损失的核算

1. 营业外收入的核算

（1）营业外收入核算的内容。营业外收入核算企业发生的直接计入当期利润的与其生产经营无直接关系的各项营业外收入，主要包括处置非流动资产利得、非货币性资产交换利得、债务重组利得、政府补助、盘盈利得、捐赠利得、确实无法支付的应付款项等。此外，权益法下长期股权投资的初始投资成本小于取得投资时应享有被投资单位可辨认净资产公允价值份额的差额计入取得投资当期的营业外收入。营业外收入并不是由企业经营资金耗费所产生的，不需要企业付出代价，实际上是一种纯收入，不可能也不需要与有关费用进行配比。在会计核算上，应严格区分营业外收入和营业收入的界限。

（2）营业外收入的账务处理。营业外收入应按实际发生额进行核算，企业发生各项营业外收入时，账务处理如下：

借：固定资产清理/银行存款/库存现金/应付账款/递延收益等

　　贷：营业外收入（确认的营业外收入的金额）

（3）与营业外收入有关的政府补助的账务处理。政府补助是指企业从政府无偿取得货币性资产或非货币性资产，但不包括政府作为企业所有者投入的资本。政府补助具有无偿性和直接取得资产的特征。在实际工作中，政府补助的形式主要有财政拨款、财政贴息、税收返还和无偿划拨非货币性资产等。企业在会计处理上应当划分与资产相关的政府补助和与收益相关的政府补助。

企业取得的政府补助一般通过“银行存款”“其他应收款”“营业外收入”“递延收益”（专为核算不能一次而应分期计入当期损益的政府补助而设置）账户核算。

①与收益相关的政府补助的账务处理。企业按照固定的定额标准取得的政府补助，

应当按照应收金额计量；而对于不确定的或非日常活动中取得的政府补助，则应按照实际收到的金额计量。

a. 确认应收、实收的政府补助款的账务处理：

借：其他应收款（确认应收的政府补助款）

银行存款（确认实际收到的政府补助款）

贷：递延收益

b. 确认分期计入当期损益的政府补助的账务处理：

借：递延收益

贷：营业外收入（分摊计入本期损益的政府补助款）

②与资产相关的政府补助的账务处理。用于购买固定资产或无形资产的财政拨款、固定资产专门借款的财政贴息等与资产相关的政府补助，账务处理如下：

第一步，企业实际收到款项时，按照到账的实际金额计量，确认资产（银行存款）和递延收益。

第二步，企业将政府补助用于购建长期资产。

第三步，该长期资产交付使用，自长期资产可供使用时起，按照长期资产的预计使用期限，将递延收益平均分摊转入当期损益（营业外收入）。

2. 营业外支出的核算

（1）营业外支出核算的内容。营业外支出核算企业发生的直接计入当期利润的与其生产经营无直接关系的各项营业支出，包括处置非流动资产损失、非货币性资产交换损失、债务重组损失、公益性捐赠支出、非常损失、盘亏损失等。营业外支出是指不属于企业生产经营费用，与企业生产经营活动没有直接关系，但应从企业实现的利润总额中扣除的支出。

（2）营业外支出的账务处理。营业外支出应当按照实际发生额进行核算。企业发生各项营业外支出时，账务处理如下：

借：营业外支出（发生的各项营业外支出的金额）

贷：固定资产清理 / 待处理财产损溢 / 库存现金 / 银行存款等

营业外收入和营业外支出应当分别核算。由于营业外收入和营业外支出所包括的项目互不相关，一般不得以营业外收入直接冲减营业外支出。

（三）利润总额、净利润的计算及利润结转的账务处理

1. 利润总额、净利润的计算

利润总额 = 营业利润＋营业外收入－营业外支出

净利润 = 利润总额—所得税费用

2. 利润结转的账务处理

企业一般应按月计算利润，按月计算利润有困难的企业，可以按季或按年计算利润。利润的计算结转可采用表结法，也可采用账结法。每月月末，企业可以根据实际情况自行选用，年终则应采用账结法。

账结法是指企业每月结账时，将损益类账户的余额全部转入“本年利润”账户，通过“本年利润”账户结出本月份的利润额或亏损额以及本年累计损益。

表结法是指企业每月结账时，不需要把损益类各账户的余额全部转入“本年利润账”户，而是通过结出各损益类账户的本年累计余额，就可以逐项填制利润表。通过利润表算出从年初到本月止的本年累计利润，然后减去上月止本表中的本年累计利润，就是本月的利润或亏损。表结法下，年终仍需要采用账结法将损益类各账户的全年累计余额结转入“本年利润”账户，使各损益类账户余额为零，在“本年利润”账户集中反映本年的全年利润及其构成情况。期末，企业进行利润结转的账务处理程序如下：

（1）期末结转损益类账户中各收入类账户的余额；（2）期末结转损益类账户中各费用类账户的余额；（3）年末结转本年利润。

期末，利润结转的账务处理如下：

借：主营业务收入 / 其他业务收入 / 营业外收入 / 投资收益（投资净收益）

公允价值变动损益（公允价值变动净收益）

　　贷：本年利润

借：本年利润

　　贷：主营业务成本 / 税金及附加 / 其他业务成本 / 销售费用 / 管理费用 / 财务费用 / 投资收益（投资净损失）

　　公允价值变动损益（公允价值变动净损失）

　　资产减值损失（资产减值净损失）/ 营业外支出 / 所得税费用

年末，结转净利润的账务处理如下：

借：本年利润（实现的净利润）

　　贷：利润分配——未分配利润

如为净亏损，编制相反的会计分录。

三、利润分配的核算

企业当期利润总额扣除所得税费用后即为企业的净利润。净利润按照规定的顺序进行分配。

利润分配是指企业根据法律规定、由董事会或类似权力机构提请股东大会或类似机构批准的、对企业可供分配利润指定其特定用途和分配给投资者的行为。

（一）利润分配的顺序

1. 弥补以前年度亏损。利润分配中的弥补以前年度亏损是指超过用税前利润抵补亏损的期限后仍未补足的部分。

2. 提取法定盈余公积。此外，外商投资企业还应当按照法律、行政法规的规定按净利润提取储备基金、企业发展基金、职工奖励及福利基金等。

3. 支付优先股股利。

4. 提取任意盈余公积。

5. 支付普通股股利。

6. 转作资本（或股本）的普通股股利。转作资本（或股本）的普通股股利是指企业按照利润分配方案以分派股票股利的形式转作的资本（或股本）。企业以利润转增的资本，也在利润分配项目核算。

企业当期实现的净利润，加上年初未分配利润（或减去年初未弥补亏损）和以盈余公积弥补亏损后的余额，为可供分配的利润。但是，企业提取法定盈余公积和任意盈余公积的基数是当年实现的净利润。决定分配给普通股股东的股利或利润，应当按各普通股股东持有股份比例进行分配。已分配但尚未交付股东的股利，应当作为负债计入“应付股利”账户。

（二）利润分配的核算

1. 企业以税后利润补亏的账务处理

企业弥补亏损的渠道主要有以下几种：

（1）用以后年度税前利润弥补；

（2）用以后年度税后利润弥补；

（3）用盈余公积弥补。

企业用税前利润、税后利润弥补以前年度亏损，无须进行专门的账务处理。因为企业在当年发生亏损的情况下，应将本年发生的亏损从“本年利润”账户的贷方，转入“利润分配——未分配利润”账户的借方；在以后年度实现利润的情况下，应将本年实现的利润从“本年利润”账户的借方，转入“利润分配——未分配利润”账户的贷方；“本年利润”账户的借贷发生额抵销，自然就弥补了亏损，无须专门进行账务处理。

2. 企业按规定提取盈余公积的账务处理

借：利润分配——提取法定盈余公积（本年实现净利润 × 法定盈余公积的计提比例）

——提取任意盈余公积（本年实现净利润 × 任意盈余公积的计提比例）

贷：盈余公积——法定盈余公积

——任意盈余公积

3. 外商投资企业按规定提取储备基金、企业发展基金、职工奖励及福利基金的账务处理

借：利润分配——提取储备基金

——提取企业发展基金

——提取职工奖励及福利基金

贷：盈余公积——储备基金

——企业发展基金

应付职工薪酬

4. 经股东大会及类似机构决议，分配给股东或投资者现金股利或利润的账务处理

借：利润分配——应付现金股利或利润（分配给股东或投资者的现金股利或利润）

贷：应付股利

5. 经股东大会等类似机构决议，分配给股东股票股利（应办理增资手续）的账务处理

借：利润分配——转作股本的股利（分配给股东的股票股利）

贷：股本

6. 用盈余公积弥补亏损的账务处理

借：盈余公积——法定盈余公积（或任意盈余公积）

贷：利润分配——盈余公积补亏（以盈余公积弥补亏损）

7. 外商投资企业用利润归还投资的账务处理

借：利润分配——利润归还投资

贷：盈余公积——利润未归还投资

8. 年度终了，结转本年实现的净利润的账务处理

借：本年利润（企业实现的净利润）

贷：利润分配——未分配利润

年度终了，企业结转发生的净亏损，编制相反的会计分录。

9. 年度终了，结转“利润分配”账户所属其他明细账户余额的账务处理

年度终了，企业在方面结转本年实现净利润同时，应将利润分配账户所属其他明细

账户的余额转入“利润分配—未分配利润”明细账户。结转后，利润分配账户除“未分配利润”明细账户外，其他明细账户应无余额。“利润分配——未分配利润”明细账户的余额即为历年积存的未分配利润（或未弥补亏损）。

年度终了，结转利润分配账户所属其他明细账户余额时，账务处理如下：

借：利润分配——未分配利润（转入的“利润分配”账户所属其他明细账户的余额）

贷：利润分配——提取法定盈余公积

——提取任意盈余公积

——应付现金股利或利润

——转作股本的股利

借：利润分配——盈余公积补亏

贷：利润分配——未分配利润（转入的“利润分配——盈余公积补亏”明细账户的余额）

当股东大会或类似机构批准的利润分配方案与董事会或类似机构提请批准的报告年度利润方案不一致时，其差额应当调整批准年度财务报表有关项目的年初数。调整增加的利润分配。借记“利润分配——未分配利润”账户，贷记“盈余公积”等账户；调整减少的利润分配，编制相反会计分录。

可供分配的利润减去利润分配各项目后的余额，为未分配利润，可留待以后年度进行分配，企业如发生亏损，可以按规定由以后年度利润进行弥补。

第四节　所得税的核算

一、企业所得税

企业所得税是指国家对企业的生产经营所得和其他所得征收的一种税。企业每一纳税年度的收入总额，减除不征税收入、免税收入、各项扣除以及允许弥补的以前年度亏损后的余额，为应纳税所得额，以此作为计算企业所得税税额的依据。企业所得税的基本税率为 25%。

应纳税所得额也可以经会计利润调整而得：

应纳税所得额 = 会计利润 + 按照会计准则规定计入利润表，但计税时不允许税前扣除的费用 ± 计入利润表的费用与按照税法规定可于税前抵扣的费用金额之值差额 ± 计入利润表的收入与按照税法规定应计入应纳税所得额的收入之间的差额—税法规定的不

征税收入 ± 其他需要调整的因素。

企业的应纳税所得额乘以适用税率，减除依照税收优惠的规定减免和抵免的税额后的余额，为应纳所得税税额。

企业应当自月份或者季度终了之日起 15 日内，向税务机关报送预缴企业所得税纳税申报表，预缴税款。企业应当自年度终了之日起 5 个月内，向税务机关报送年度企业所得税纳税申报表，并汇算清缴，结清应缴应退税款。企业所得税按纳税年度计算，纳税年度自公历 1 月 1 日起至 12 月 31 日止。

所得税费用是指按照会计准则的规定计算的，应从当期利润总额中扣除的金额。所得税费用列示在利润表中。由于企业的会计处理和税收处理分别遵循不同的原则，服务于不同的目的，导致按所得税法规计算的“应交所得税”和按会计准则规定计算的“所得税费费用”的相互分离。两者分离的程度和差异的种类、数量直接影响和决定了所得税会计处理方法的改进。

所得税是根据企业应纳税所得额的一定比例上交的一种税金。《企业会计准则》规定，企业应采用资产负债表债务法核算所得税。企业在计算确认当期所得税及递延所得税费用（或收益）的基础上，应将两者之和确认为利润表中的所得税费用（或收益）。其计算公式为：

所得税费用 = 当期所得税 + 递延所得税费用（—递延所得税收益）

递延所得税费用 = 递延所得税负债的增加额 + 递延所得税资产的减少额

递延所得税收益 = 递延所得税负债的减少额 + 递延所得税资产的增加额

（1）当期所得税的计算。应纳税所得额是在企业税前会计利润（利润总额）的基础上根据税法规定进行调整确定的。其计算公式为：

应纳税所得额 = 税前会计利润 + 纳税调整增加额—纳税调整减少额

纳税调整增加额主要包括税法规定允许扣除的项目中，企业已计入当期费用但超过税法规定扣除标准的金额，如超过税法规定标准的工资支出、业务招待费支出等，以及企业已计入当期损失但税法规定不允许扣除项目的金额，如税收滞纳金、罚款、罚金等。纳税调整减少额主要包括按税法规定允许弥补的亏损和准予免税的项目，如前五年内的未弥补亏损和国债利息收入等。企业当期所得税的计算公式为：

应交所得税 = 应纳税所得额 × 所得税税率

（2）所得税费用的核算。为核算企业所得税费用的发生与结转情况，企业应设置以下科目与账户：

“所得税费用”科目，核算企业根据所得税准则确认的应从当期利润总额中扣除的所得税费用，并按照“当期所得税费用”“递延所得税费用”进行明细核算。期末，应将该科目的余额转入“本年利润”科目，结转后本科目应无余额。

“递延所得税资产”科目，核算企业根据所得税准则确认的可抵扣暂时性差异产生的所得税资产，并按照可抵扣暂时性差异的具体项目进行明细核算。该科目期末借方余额反映企业已确认的递延所得税资产的余额。根据税法规定可用以后年度税前利润弥补的亏损及税款抵减产生的所得税资产，也在该科目核算。

“递延所得税负债”科目，核算企业根据所得税准则确认的应纳税暂时性差异产生的所得税负债，并按照应纳税暂时性差异的具体项目进行明细核算。该科目期末贷方余额反映企业已确认的递延所得税负债的余额。

“应交税费——应交所得税”科目核算企业当期应交的所得税。贷方登记应缴纳的所得税，借方登记已缴纳的所得税，贷方余额表示尚未缴纳的所得税。

二、计税基础

所得税会计的关键在于确定资产、负债的计税基础，资产、负债的计税基础一经确定，即可计算出暂时性差异，并在此基础上确认递延所得税资产、递延所得税负债和递延所得税费用，最终计算出所得税费用。

（一）资产的计税基础

1. 资产计税基础的概念

一项资产的确认意味着该资产的账面价值在未来期间将以经济利益流入企业的形式收回，如果该经济利益是应税的，则资产的计税基础就是企业收回资产账面价值（未来使用、最终处置）的过程中，计算应纳税所得额时按照税法规定可以自应税经济利益中抵扣的金额，即某一项资产在未来期间计税时按照税法规定可以税前扣除的金额（意味着目前不能税前抵扣）。如果这些经济利益流入不需要纳税，则该资产的计税基础即为其账面价值。资产计税基础＝未来期间可以税前抵扣的金额。比如，某企业购入一批商品，入账价值为 100 万元，税法允许这 100 万元在未来期计入成本或费用，从预期的经济利益中抵扣，如果将来出售这批商品可获得 150 万元的经济利益，其中这 100 万元经济利益允许抵扣、不需再交纳企业所得税，150 万元抵扣了 100 万元后剩余 50 万元计算应交的所得税。这 100 万元是在收回资产账面价值时可以税前扣除的金额，就是该批商品的计税基础。

2. 资产计税基础的确认

对于以购买方式取得的资产，初始确认时按照会计准则规定确定的入账价值基本上是被税法认可的，即企业为取得某项资产支付的成本在未来期间准予税前扣除。其计税基础一般为取得成本。

在资产持续持有的过程中，其计税基础是指资产的取得成本减去以前期间按照税法规定扣除金额后的余额，该余额代表的是按照税法规定，就涉及的资产在未来期间计税时仍然可以税前扣除的金额。持有资产的期间内，在对资产计提了减值准备以后，因税法规定企业计提的资产减值准备在资产发生实质性损失前不允许税前扣除，所以计算计税基础时，不受已计提（或转回）的资产减值准备的影响。以公允价值计量且其变动计入当期损益的金融资产在持有期间市价的波动在计税时不予考虑，有关金融资产在某一会计期末的计税基础为其取得成本。

（二）负债的计税基础

1. 负债计税基础的概念

负债的计税基础是指负债的账面价值减去未来期间计算应纳税所得额时按照税法规定的资源从企业可予抵扣的金额。一项负债的确认意味着该负债的账面价值在未来期间将通过体现经济利益流出予以清偿。如果该项经济利益的流出在未来期间可以全部从应纳税所得额中抵扣，则该负债的计税基础为零。如果该项经济利益的流出在未来期间不可以从应纳税所得额中抵扣，该项负债的计税基础为账面价值。通俗地讲，负债的计税基础就是将来支付时不能税前扣除的金额。负债的计税基础＝账面价值－未来期间按照税法规定可予税前扣除的金额。

2. 负债计税基础的确认

除企业在正常生产经营活动过程中取得的资产和负债以外，对于某些特殊交易中产生的负债，其计税基础的确定应遵从税法规定，如企业合并过程中取得资产、负债计税基础的确定。

三、暂时性差异

（一）会计与税收差异的分类

按照会计利润与应纳税所得额之间的不同，会计与税收之间的差异主要包括永久性差异、暂时性差异。

（二）永久性差异

1. 永久性差异的概念

永久性差异的发生仅影响发生当期，不影响以后期间，对企业未来期间计税没有影响；账面价值与计税基础相同，不会形成暂时性差异，不产生递延所得税。

2. 永久性差异的分类

（1）会计收入收益、税法规定免税的收入。例如，利用废水、废气等为主要原料生产产品取得的收入、国债利息收入等。

（2）计算会计利润时可作为费用予以扣除，但计税时不允许扣除。例如，超标准的业务招待费、超标准的公益救济性捐赠、超标准的职工福利费、工会经费等。

（3）不构成税前会计利润，但计算应纳税所得额时作为收益。例如，将自产商品用于本企业的在建工程等。

（4）计算税前会计利润时不能扣除的费用，计算应纳税所得额时可予扣除。例如，盈利企业的技术开发费等，税法规定加计扣除。

（三）暂时性差异

1. 暂时性差异的概念

暂时性差异是指资产、负债的账面价值与其计税基础不同产生的差额。其中，资产的账面价值是资产的账面余额减去折旧、摊销、资产减值准备后的金额。大多数情况下，暂时性差异仅涉及对利润表有影响的项目，这属于时间性差异。此外，某些不符合资产、负债的确认条件，未作为财务报表中资产、负债列示的项目，如果按照税法该计税基础与其账面价值之间的差额也属于暂时性差异，这属于其他暂时性差异。

如果存在暂时性差异就表明资产或负债将在未来期间导致所得税流入或流出企业，资产负债表债务法要求将这一影响确认为资产或负债。

2. 暂时性差异的分类

根据暂时性差异对未来期间应纳税所得额影响的不同，暂时性差异分为应纳税暂时性差异和可抵扣暂时性差异。

（四）应纳税暂时性差异

应纳税暂时性差异是指在确定未来收回资产或清偿负债期间的应纳税所得额时，将导致产生应税金额的暂时性差异，该差异在未来期间转回时，会增加转回期间的应纳税所得额，增加未来期间的应交所得税金额。资产的账面价值大于其计税基础或是负债的账面价值小于其计税基础时，会产生应纳税暂时性差异。

1. 资产的账面价值大于其计税基础

一项资产的账面价值代表的是企业在持续使用或最终出售该项资产时将取得的经济利益的总额，而计税基础代表的是一项资产在未来期间可予税前扣除的金额。资产的账面价值大于其计税基础，该项资产未来期间产生的经济利益不能全部税前抵扣，两者之间的差额需要交税，产生应纳税暂时性差异。通俗地讲，如果会计上某项资产的账面价值高于其计税基础，就意味着未来由该资产转化为成本费用的金额大于税前允许抵扣的金额，税前会计利润就会小于应税所得，应当确认一项递延所得税负债。

2. 负债的账面价值小于其计税基础

一项负债的账面价值为企业预计在未来期间清偿该项负债时的经济利益流出，而其计税基础代表的是账面价值在扣除税法规定未来期间允许税前扣除的金额之后的差额。因负债的账面价值与其计税基础不同产生的暂时性差异，本质上是税法规定就该项负债在未来期间可以税前扣除的金额（与该项负债相关的费用支出在未来期间可予税前扣除的金额）。

负债产生的暂时性差异 = 账面价值—计税基础

= 账面价值 –（账面价值 – 未来期间计税时按照税法规定可予税前扣除的金额）

= 未来期间计税时按照税法规定可予税前扣除的金额

负债的账面价值小于其计税基础，意味着就该项负债在未来期间可以税前抵扣的金额为负数，即应在未来期间应纳税所得额的基础上调增，增加应纳税所得额和应交所得税金额，产生应纳税暂时性差异，应确认相关的递延所得税负债。

（五）可抵扣暂时性差异

可抵扣暂时性差异是指在确定未来收回资产或清偿负债期间的应纳税所得额时，将导致产生可抵扣金额的暂时性差异，该差异在未来期间转回时会减少转回期间的应纳税所得额，减少未来期间的应交所得税。资产的账面价值小于其计税基础或负债的账面价值大于其计税基础时，会产生可抵扣暂时性差异。

1. 资产的账面价值小于其计税基础

从经济含义来看，资产在未来期间产生的经济利益少，按照税法规定允许税前扣除的金额多，则就其账面价值与计税基础之间的差额，企业在未来期间可以减少应纳税所得额并减少应交所得税，符合确认条件时，应当确认相关的递延所得税资产。通俗地讲，如果会计上某项资产的账面价值低于其计税基础，就意味着未来由该资产转化为成本费用的金额小于税前允许抵扣的金额，税前会计利润就会大于应税所得，应当确认一项递延所得税资产。

2. 负债的账面价值大于其计税基础

负债产生的暂时性差异（账面价值—计税基础）实质上是税法规定就该项负债可以在未来期间税前扣除的金额。一项负债的账面价值大于其计税基础，意味着未来期间按照税法规定与该项负债相关的全部或部分支出可以自未来应税经济利益中扣除，减少未来期间的应纳税所得额和应交所得税。通俗地讲，负债的账面价值大于其计税基础，则意味着就该项负债在未来期间可以税前抵扣的金额为正数，即应在未来期间应纳税所得额的基础上调减，减少应纳税所得额和应交所得税金额，产生可抵扣暂时性差异，应确认相关的递延所得税资产。

（六）特殊项目产生的暂时性差异

1. 未作为资产、负债确认的项目产生的暂时性差异

某些交易或事项发生以后，因为不符合资产、负债的确认条件而未体现为资产负债表中的资产或负债，但按照税法规定能够确定其计税基础的，其账面价值（视为零）与计税基础之间的差异也构成暂时性差异。

例如，企业发生的符合条件的广告费和业务宣传费支出，该类支出在发生时按照会计准则规定已计入当期损益，不形成资产负债表中的资产。如果将其视为资产，账面价值为零。税法规定，该类支出不超过销售收入15%的部分准予扣除，超过部分准予向以后纳税年度结转扣除（其计税基础）。两者之间的差异形成可抵扣暂时性差异，符合确认条件时，应确认相关的递延所得税资产。

2. 可抵扣亏损及税款抵减产生的暂时性差异

按照税法规定可以结转以后年度的未弥补亏损及税款抵减，虽不是因资产、负债的账面价值与计税基础不同产生的，但本质上可抵扣亏损和税款抵减与可抵扣暂时性差异具有同样的作用，均能够减少未来期间的应纳税所得额和应交所得税，会计处理上视同可抵扣暂时性差异，在符合确认条件的情况下，应确认与其相关的递延所得税资产。

四、递延所得税

递延所得税是指按照所得税准则规定应予确认的递延所得税资产和递延所得税负债在期末应有的金额相对于原已确认金额之间的差额，即递延所得税资产及递延所得税负债当期发生额的综合结果。在计算出应交所得税后，如何确定所得税费用，关键是确定暂时性差异影响额。在资产负债表债务法下，对于可抵扣暂时性差异的影响额应确认为递延所得税资产，对于应纳税暂时性差异的影响额应确认为递延所得税负债。

（一）递延所得税资产的确认原则

递延所得税资产的确认应以未来期间很可能取得的用来抵扣可抵扣暂时性差异的应纳税额为限。在可抵扣暂时性差异转回的未来期间内，企业无法产生足够的应纳税所得额用以利用可抵扣暂时性差异的影响，使得与可抵扣暂时性差异相关的经济利益无法实现的，则不应确认递延所得税资产。足够的应纳税所得额包括通过正常的生产经营活动能够实现的应纳税所得额，以及以前期间产生的应纳税暂时性差异在未来期间转回时将增加的应纳税所得额。

（二）递延所得税资产确认的相关问题

1. 确认递延所得税资产的特殊情况

（1）对与子公司、联营企业、合营企业的投资相关的可抵扣暂时性差异，同时满

足下列条件的，应当确认相关的递延所得税资产：一是暂时性差异在可预见的未来很可能转回；二是未来很可能获得用来抵扣可抵扣暂时性差异的应纳税所得额。

（2）对于按照税法规定可以结转以后年度的未弥补亏损（可抵扣亏损）和税款抵减，应视同可抵扣暂时性差异处理。

2. 不确认递延所得税资产的情况

某些情况下，如果企业发生的某项交易或事项不属于企业合并，并且交易发生时既不影响会计利润也不影响应纳税所得额，且该项交易中产生的资产、负债的初始确认金额与其计税基础不同，产生可抵扣暂时性差异的，按规定在交易或事项发生时不确认相关的递延所得税资产。

该项无形资产并非产生于企业合并，同时在初始确认时既不影响会计利润也不影响应纳税所得额，确认其账面价值与计税基础之间产生暂时性差异的所得税影响需要调整该项资产的历史成本。因该资产并非产生于企业合并，同时在初始确认时既不影响会计利润也不影响应纳税所得额，不应确认相关的递延所得税资产。

例如，融资租赁中承租人取得的资产，按照会计准则规定应当将租赁开始日租赁资产公允价值与最低租赁付款额现值两者中较低者及相关的初始直接费用作为租入资产的入账价值，而税法规定融资租入固定资产应当按照租赁协议或者合同确定的价款加上运输费、途中保险费等的金额计价，作为其计税基础。基于上述同样的原因，该种情况下不确认相应的递延所得税资产。

（三）递延所得税的计量

1. 递延所得税本期发生额

递延所得税本期发生额是指按规定应予确认的递延所得税资产和递延所得税负债在应有的金额相对于原已确认金额之间的差额。其计算公式为：

递延所得税负债 = 应纳税暂时性差异 × 所得税税率

递延所得税资产 = 可抵扣暂时性差异 × 所得税税率

本期递延所得税负债 = 期末递延所得税负债余额—期初递延所得税负债余额本期递延所得税资产 = 期末递延所得税资产余额—期初递延所得税资产余额递延所得税 =（期末递延所得税负债 – 期初递延所得税负债）—（期末递延所得税资产—期初递延所得税资产）

2. 递延所得税的适用税率

资产负债表日，对于递延所得税资产和递延所得税负债，应当按照预期收回该资产或清偿该负债期间的适用税率计量，而不是本期所得税税率。当然，如果税率不变，则这两个时期的税率是相同的。因适用税收法规的变化，导致企业在某一会计期间适用的所得税税率发生变化的，企业应对已确认的递延所得税资产和递延所得税负债按照新的税率进行重新计量，反映税率变化带来的影响。税率变化的当期，期初递延所得税的调整数的计算公式如下：

期次递延所得税调整数＝期初暂时性差异余额 ×（新税率—旧税率）

＝［递延所得税资产（负债）期初余额 ÷ 旧税率］×（新税率—旧税率）

五、所得税的核算

（一）所得税费用的计量

企业在利润表中确认的所得税费用或收益由当期所得税和递延所得税两个部分组成。在资产负债表债务法下，所得税费用的计算公式如下：

所得税费用＝当期所得税＋递延所得税＝当期应交所得税＋（期末递延所得税负债—期初递延所得税负债）—（期末递延所得税资产—期初递延所得税资产）

当期所得税负债就是当期计算的应交所得税。当期所得税是计入利润表的所得税费用的一个组成部分，另一部分是递延所得税，它是由暂时性差异的影响所形成的。

（二）所得税的账务处理

企业因确认递延所得税资产和递延所得税负债产生的递延所得税，一般应当计入所得税费用，但以下两种情况除外：

一是某项交易或事项按照会计准则规定应计入所有者权益的，由该交易或事项产生的递延所得税资产或递延所得税负债及其变化也应计入所有者权益，不构成利润表中的递延所得税。

二是企业合并中取得的资产、负债，其账面价值与计税基础不同，应确认相关递延所得税的，该递延所得税的确认影响合并中产生的商誉或是计入合并当期损益的金额，不影响所得税费用。

1. 资产负债表日，按税法确定的当期应交所得税的账务处理

借：所得税费用——当期所得税费用

　　贷：应交税费——应交所得税

2. 资产负债表日，递延所得税资产增加的账务处理

借：递延所得税资产

　　贷：所得税费用——递延所得税费用 / 资本公积——其他资本公积

资产负债表日，递延所得税资产减少，编制相反分录。

3. 资产负债表日，递延所得税负债增加的账务处理

借：所得税费用——递延所得税费用资本公积——其他资本公积

　　贷：递延所得税

资产负债表日，递延所得税负债减少，编制相反分录。

4. 递延所得税资产减值及其转回的账务处理

（1）递延所得税资产减值的账务处理。资产负债表日，企业应当对递延所得税资产的账面价值进行复核。如果未来期间很可能无法获得足够的应纳税所得额用以利用可抵扣暂时性差异带来的经济利益，应当减少递延所得税资产的账面价值，账务处理如下：

借：所得税费用——递延所得税费用 / 资本公积——其他资本公积

　　贷：递延所得税资产（预期无法实现的部分）

（2）递延所得税资产减值转回的账务处理。在很可能获得足够的应纳税所得额时，减记的金额应当转回，账务处理如下：

借：递延所得税资产

　　贷：所得税费用——递延所得税费用 / 资本公积——其他资本公积

参考文献

[1] 邹秋艳 . 探讨行政事业单位会计集中核算及财务管理 [J]. 市场周刊，2024，37（3）:37-40.

[2] 章美玲 . 政府会计制度下科研事业单位成本核算探析 [J]. 投资与创业，2024，35（1）:188-190.

[3] 张洁 . 基于新会计制度行政事业单位会计核算工作策略探讨 [J]. 财会学习，2024（1）:77-79.

[4] 郭凤萍 . 加强行政事业单位财会监督质量的思考 [J]. 财会学习，2024（1）:83-85.

[5] 桂花 . 预算管理一体化下行政事业单位会计核算变动探究 [J]. 财会学习，2024（1）:101-103.

[6] 苏振济 . 事业单位科研经费预算科目与会计核算科目探讨 [J]. 合作经济与科技，2024（3）:148-149.

[7] 张郁琦 . 事业单位财务会计和预算会计核算模式探讨 [J]. 活力，2023，41（24）:34-36.

[8] 朱琳，王爱辰 . 科学事业单位成本核算探析——以 A 农业科学事业单位为例 [J]. 中国农业会计，2024，34（1）:27-29.

[9] 邹文鲲 . 事业单位双分录核算模式的思考 [J]. 中国总会计师，2023（12）:115-118.

[10] 韦利 . 现代信息技术对事业单位会计核算的影响 [J]. 商业 2.0，2023（36）:4-6.

[11] 王继范 . 基于全面预算管理的事业单位财务管理探讨 [J]. 财会学习，2023（36）:59-61.

[12] 钟玉平 . 基于新预算法的行政事业单位会计核算分析 [J]. 财会学习，2023（36）:84-86.

[13] 游媚娜 . 事业单位财务管理与会计核算提质增效路径探讨 [J]. 财会学习，2023（36）:102-104.

[14] 姚珍珍 . 预算一体化下行政事业单位会计核算问题分析 [J]. 财经界，2023（36）:108-110.

[15] 匡小林 . 论新制度下事业单位固定资产核算与管理 [J]. 行政事业资产与财务，

2023（24）:7-9.

[16] 黄芳 . 会计集中核算下行政事业单位财务管理研究 [J]. 行政事业资产与财务，2023（24）:70-72.

[17] 张洁 . 新政府会计制度视域下事业单位会计核算问题研究 [J]. 大陆桥视野，2023（12）:104-106.

[18] 刘柏凤 . 新会计准则下预算会计在事业单位核算中的应用研究 [J]. 商讯，2023（24）:69-71.

[19] 段春香 . 关于事业单位会计固定资产的管理和核算的探讨 [J]. 经济师，2023（12）:82-83.

[20] 白凌昕蕾，谭桂菲，陆敏 . 信息化管理在林业事业单位会计核算中的应用 [J]. 纳税，2023，17（34）:40-42.

[21] 韩晓雪 . 新政府会计制度对事业单位资产和收支核算的影响 [D]. 太原：山西大学，2020.

[22] 张慧 . 行政事业单位会计集中核算制度完善对策研究 [D]. 厦门：厦门大学，2020.

[23] 阴静静 . 基层行政事业单位会计集中核算问题探究 [D]. 北京：北京化工大学，2019.

[24] 王国生 . 事业单位会计实务 [M]. 北京：中国人民大学出版社，2019.

[25] 李启明 . 政府单位会计实务 [M]. 北京：中国人民大学出版社，2019.

[26] 温显章 . 国库集中支付体系下事业单位会计集中核算研究 [D]. 福州：福州大学，2018.

[27] 王姚仙 . 事业单位基建会计并入事业会计核算研究 [D]. 北京：北京交通大学，2017.

[28] 李启明 . 新编行政事业单位会计实务 [M]. 北京：人民邮电出版社 :2017.

[29] 周蕾芳 . 公益类事业单位会计核算问题的研究 [D]. 南昌：江西财经大学，2017.

[30] 段小存 . 我国政府收支分类改革对行政事业单位会计核算的影响 [D]. 西安：陕西科技大学，2017.

[31] 谷玉霞 . 科研事业单位会计核算模式问题研究 [D]. 济南：山东大学，2015.

[32] 闫邹先，尚秋芬，杨智慧，等 . 新编行政事业单位会计 [M]. 北京：人民邮电出版社，2015.

[33] 管亚梅 . 政府与事业单位会计 [M]. 北京：人民邮电出版社 :2015.

[34] 周美辰 . 经营性事业单位会计核算模式研究 [D]. 昆明：云南师范大学，2014.

[35] 张岩磊 . 新《事业单位会计制度》资产核算研究 [D]. 北京：北京交通大学，2014.